アメリカの貿易政策と合衆国輸出入銀行

日本大学法学部叢書第34巻

はしがき

二〇一一年「米国経済白書」第四章では「世界経済」について論じているが、今年の「白書」の核心がこの章にあることを強調している。そのなかで焦点は「グローバル不均衡」にある。このグローバル不均衡について、アメリカは九〇年代後半から二〇〇〇年代前半の好況と旺盛な消費が経常収支赤字拡大を招き、その結果、アメリカの経常収支は〇六年のピーク時でGDP比六％にまでふくらみ、他方、中国、日本、ドイツなどは経常収支黒字を維持した。しかし、昨年のわが国の貿易収支は三一年ぶりに赤字を計上し、所得収支が大幅な黒字を計上したことから経常収支の黒字は維持されている。前述、この一方的な経常収支赤字・黒字の状況を指して「グローバル不均衡」と言っている。今回の経済・金融危機に及ぼした影響を分析するなかでグローバル不均衡は是正されねばならないという姿勢が明確に示されている。このグローバル不均衡是正策の一環として、TPP構想（環太平洋戦略的経済連携協定）が出てくる。昨年一〇月に菅直人首相がTPP参加協議への発言以降、わが国では、にわかにこの問題が浮上し、賛成あるいは反対の議論が沸騰している状況である。

九〇年代後半から〇六年までアメリカの消費は世界経済において大きな役割を果たし、それは世界経済の成長の約二二～二三％がアメリカの消費から生じている。この水準はもともと維持するには無理があり、この期間にアメリカの消費は経済の七〇％に上昇、個人貯蓄はきわめて低い水準に低下し、企業設備投資、ソフトウェア投資の伸びではGDP成長を下回った。加えて、財政赤字状態は九〇年代末の黒字から二〇〇〇年代前半に大幅な赤字へと推移した。この財政赤字も国民貯蓄の低下をもたらした。経済の急成長と貯蓄の減少が意味するのは、アメリカが一層多く海外から借り入れるようになり、経済収支赤字を拡大させる要因になったということである。このアメリカへのグローバル貯蓄（海外からの借り入れ）の還流によって金利が低く維持されることでインセンティブをゆがめ、借入超過と資産バブルをもたらし、前述不均衡が経済・金融危機において主導的役割を果たすことになった。一方で海外の諸要因は一国の経常収支に対して決定的なものではなく、貯蓄をするか借り入れをするかはそれ自身の選択に基づくものであり、その点においては不均衡は単なる症状に過ぎないとも主張される。

ＴＰＰは当初、シンガポールなど太平洋地域の四カ国が加盟するＦＴＡ（自由貿易協定）の「Ｐ４」（パシフィック４）が発効した〇六年に端緒をもつが、これがＴＰＰと呼ばれ注目される契機となったのは、それまでＰ４の対象外であった投資と金融サービスの交渉にアメリカが〇八年三月に参加して以降のことである。ブッシュ政権は〇八年九月に全分野の交渉に参加することを決定し、オバマ大統領も〇九年一一月ＴＰＰへの参加を正式に表明している。アメリカのＴＰＰへの参加は、当然世界の成長センターであるアジア太平洋地域でアメリカの利益を確保する狙いがある。前述のグローバル不均衡をもたらす古い成長から脱して、新たな成長モデルを確保しなければならないと主張している。新たな成長モデルはイノベーション、教育、インフラ投資と賢明な通商政策を組合せて輸出を増大させることにあり、それがグローバル不均衡を是正し、世界経済においてアメリカが決定的に果たすべき役割だとしている。オバマ政権は二〇一〇年の一般教書で〇九年から〇四年の五年間でアメリカの輸出を一兆五、七〇〇億ドルから三兆一、四〇〇億ドルへ倍増させると宣言した。ＴＰＰに参加すればアジア太平洋地域への輸出増加が期待できるようになる。本書は一九三〇年代以降の貿易政策を明らかにすることが課題であるが、オバマ政権のＴＰＰ参加交渉に対してはＦＴＡとの関連でわずかに触れただけである。九〇年代以降、グローバル化が進展するなかでＦＴＡ締結の動きが活発化するなかで、アメリカが加盟するＮＡＦＴＡ（北米自由貿易協定）は最も規模の大きなもので、アメリカ、カナダ、メキシコ三カ国合わせた域内GDPは一六・七兆ドルに達する。これにASEN（東南アジア諸国連合）と中国を加えたFTAのGDP、人口はそれぞれ世界の約三割の規模となり、TPP交渉へのアメリカの参加のメリットはきわめて大きなものとなる。したがって、アメリカにとってメリットの大きいTPP参加交渉は、アメリカの参加が排除されないASENに日中韓を加えて、これをAPEC全体にまで包括的な性格をもつFTAを拡大するという長期的な戦略に基づくものとなっている。

本書はまた、合衆国輸出入銀行（Eximbank）の活動も主要な課題である。政府系金融機関としてのEximbankは当然、アメリカ経済の推移および貿易政策と密接な関連を有する。Eximbankが設立される一九三〇年代前半は二九年大恐慌の経済困難に直面し貿易金融において民間金融の補完機能を果たした。しかし、大不況からの経済回復を図るなかでもEximbankの設立に当たっては、民間金融との競合の問題が提起され、常に懸念が表明される状況にあった。それでもなお政府系金融機関としてのEximbankは、諸リスクと貿易相手国との条件の交渉あるいは期間延長等を集中的に吸収し市場の不完全性を克服するのにすぐれた機能をもっていた。こうしたEximbankの活動をアメリカ経済の推移のなかで詳細に位置付ける試みも本書の大きな課題である。

二〇一二年五月

山城秀市

アメリカの貿易政策と合衆国輸出入銀行／目次

はしがき……3
第一章　一九三〇年代アメリカ経済とワシントン輸出入銀行の設立……11
はじめに　11
一　一九二九年大恐慌と三〇年代のアメリカ経済　13
二　ニューディール—全国産業復興法（ＮＩＲＡ）と農業調整法（ＡＡＡ）　20
三　ワシントン輸出入銀行の設立　24
四　ワシントン輸出入銀行（Eximbank）の業務と実績　30
むすびにかえて　36
第二章　第二次世界大戦期アメリカの戦時経済とEximbankの役割……42
はじめに　42
一　第二次世界大戦期のアメリカ経済—戦争経済への転換　44
二　武器貸与法にもとづく輸出拡大と対外経済政策の転換　56
三　Eximbankの信用供与と実績　66
むすび　73
第三章　復興期アメリカ経済とEximbankの役割変化……78
はじめに　78
一　戦時経済から平時経済への再転換過程　79
二　一九五〇年代アメリカ経済と景気循環抑制政策の特徴　91

三　貿易政策の変貌　100
四　Eximbankの信用供与活動　106
Eximbankの役割変化（むすびにかえて）　116

第四章　一九六〇年代および七〇年代初頭アメリカの貿易政策と Eximbankの信用供与……122
はじめに　122
一　一九六〇年代および七〇年代初頭の国際収支の構造　124
二　貿易政策の変遷　134
三　Eximbankの活動　144
四　戦略としての農産物輸出　154
むすび　158

第五章　レーガン政権の貿易政策とEximbankの活動……166
はじめに　166
一　貿易収支の推移と為替政策　168
二　貿易政策の変化　181
三　岐路に立つEximbank　189
四　商業用航空機および原子力プラント輸出におけるEximbankの役割　196
むすび　205

第六章　一九九〇年代クリントン政権の貿易政策とEximbankの役割……212
はじめに　212
一　一九九〇年代の国際収支不均衡調整政策　214
二　八〇年代、九〇年代貿易政策　223
三　管理貿易および競争力政策　241
第七章　ブッシュ政権の貿易政策……258
一　対外経済政策の方向性と継続性　259
二　ブッシュ政権の貿易政策　267
三　経常収支赤字拡大の貿易政策への含意　277
あとがき……289
参考文献　298
人名索引　300
事項索引　310

装幀　比賀祐介

第一章　一九三〇年代アメリカ経済とワシントン輸出入銀行の設立

はじめに

一九二九年一〇月ニューヨーク株式市場における株価大暴落に端を発した大恐慌は、世界のほとんどすべての国々に深刻な破壊と衝撃をもたらした。これによる大不況はまず国際収支に影響を及ぼし、経済政策措置だけでなく国内政治体制における防衛措置を招き、事態をいっそう悪化させた。とくに、ラテン・アメリカ諸国では、輸出減少によって通貨切下げを余儀なくされ、それにつづいて為替管理も導入されるようになった。また、パックス・ブリタニカのイギリスは工業品輸出が減少、一方で安価な農産物輸入の増大によって貿易収支が悪化し資本逃避が突然に発生した。それによってイギリスは金本位制を離脱するが、ポンド建契約を有していた各国の債権・債務者、あるいはイギリス市場に関与していた貿易業者にただちに影響を与えた。同時に、その他の国々も金本位を離脱、さらに、これが拡大し世界各国に波及していった。

一九三〇年代のアメリカはパックス・ブリタニカに代わって台頭してきたパックス・アメリカーナの形成期にあた

る。しかし、三〇年代のアメリカ経済は未曾有の大不況に苦しみ、経済回復を意図して行われたニューディール政策ですら当初の目的を達成したとはいえず、その後、世界大戦争に突入していった。アメリカがパックス・アメリカーナの盟主として登場してくるのは大不況と第二次世界大戦の経験を経て、そこから多大な教訓を得たことが大きいともいえる。

三〇年代初期のアメリカ経済は、この大不況によって製造工業生産と農業生産の激しい低落をこうむったが、同時に、対外部門における貿易収支も急激に低下した。貿易収支あるいは国際収支の変動には輸入水準と輸出水準双方にまたがる不均衡調整の問題がある。国民所得と輸入額の下落が輸出水準の安定性をそこない、輸出価格と輸出量の減少をもたらす。事実、これは後にみるように、ヨーロッパ先進工業諸国および南米諸国に対する工業製品や農産物の輸出と輸入はそれぞれ各国においても緊密な関係を有している。アメリカの輸出は、その輸入に比して、輸出量の減少が大きかったが、輸出価格と輸入価格の動きの対応関係は、完成品の工業製品輸出が多く、輸入において粗原料として農産物が多かった。アメリカの製造工業生産の落ち込みと諸外国の輸入水準はその経済活動とほぼ対応関係にあり、そこからアメリカの輸出が輸入より低落が大きかったということは、諸外国の輸入先がアメリカ以外の諸国に向かっていく傾向があったということである。事実、二〇年代末に世界第一の貿易国となったアメリカはこの不況期にイギリスにその地位をゆずっている。(1) 世界貿易の輸出総額に占めるアメリカの割合が一九三二年一〇・九パーセントであったのに対してイギリスは一三・四パーセントを占めている。これは、一九三七年にはアメリカの世界貿易・輸出総額に占める割合が一三・六九パーセントと再びイギリスに逆転し、さらに第二次大戦終戦直後の一九四七年には三一・七二パーセントとアメリカが圧倒的地位を占めるに至る。しかし、三〇年代初のアメリカ経済は先述の事実のなかに、二九年恐慌の勃発とともに尖鋭化されてきた諸国の通商政策とブロック経済形成の影響をみることができ、

それはまたその背後にアメリカの資本輸出の動向がみてとれる。(2)

本章は政府機関のワシントン輸出入銀行に関して、政策金融の視点で論述を試みたものである。叙述の対象期間は一九三四年から三九年とした。一九三〇年代のアメリカ経済はルーズベルト政権のもとで二九年大恐慌の克服が緊急な政策課題であり、このような状況においてワシントン輸出入銀行が設置される。この期間のアメリカの国内経済は、史上例をみない経済困難に直面してアメリカが執る貿易政策がつづく第二次世界大戦の要因の一つを用意したということも言われる。叙述課題は、また前記の設置の目的に加え、ワシントン輸出入銀行の設立理念および存立の問題点を検討することである。設立理念は三〇年代初のワシントン輸出入銀行設置に際しての論議と貿易政策における政策理念の対立のなかにあったことをみる。

一　一九二九年大恐慌と三〇年代のアメリカ経済

一九二九年〜三三年の世界大恐慌は、その規模の大きさ、深さで資本主義の歴史において未曾有のものとされるが、もっとも深刻な破壊と衝撃をうけたのはアメリカであった。(3) アメリカ経済は二九年大恐慌の規模と深さだけでなく、その長さと破壊的な影響はそれにつづく不況の特殊性において史上その例をみない破滅的な恐慌を記録した。ダウ＝ジョーンズ指数は一九二九年九月から三三年一月の三〇種産業株式一株あたり平均が三六四・九ドルから六二・七ドル、公共事業二〇社の一株当り平均が一四一・九ドルから二八・〇ドル、そして鉄道二〇社の株式が一社当り平均一八〇・〇ドルから二八・一ドルへ下落した。最終的に一九三三年七月に株式価格が底を打った時には、市場で一九二九年九月の約七四〇億ドル、六分の五が消失していた。

株式価格は全体的な経済状況を反映するが、一般的な指標は合衆国の労働統計局（the United States Bureau of Labor Statistics）の統計によってみることができる。アメリカ労働連合の推計による雇用指数は、一九三〇年一〇月、約四六三万九千人の失業が発生し、これが一九三二年一〇月には約七七七万八千人、一九三三年初の約一、一五八万六千人が一、三〇〇万人以上に激増している。これらの推計値は一九一九年の約四、八〇〇万人を多少上回る合計全労働力と比較しなければならないが、これらのかなりな失業者数が賃金稼得者である世帯主であったことを考えると、失業によって影響を受ける数はさらにぼう大なものになる。公的に救済を必要とする公式な推計人数は、一九三四年末で一、七〇〇万人に及ぶ。従業員名簿の指標数値は、給与支払総額が大不況の当初四年間で約半分以上の削減であることを示している。生産が主として市場の購買力次第であるように、事業が成り立たないか企業活動の比率が低落していくことは、驚くことではない。当局は一九三二年の全国産業指数を通常の四七パーセントであることを示し、それがつづく数ヶ月でさらに下落するとした。ニューヨーク連邦銀行の企業手形交換指数にもとづく実際の貿易額の推計（一九二六年＝一〇〇）は、一九二九年の一〇三から一九三三年の五三への下落を示した。農業部門では状況は幾分、異なった。一般的な生産の水準は主要な穀物のいくつかについてはそれほど急激な変化がなかったことを示している。しかし、農業者の所得はこの期間、同じように急激に低落した。一九二九年から三二年の間の農産物はすでに、価格が低落していたが、さらに三三パーセントの低下、農業者の粗所得が五七パーセントの暴落をこうむっている。農業部門はすでに見てきたように第一次世界大戦以来、大不況の激しい苦しみの中にあったが、これらの数値はきわめて重大なものである。

上記、大不況による経済状況の悪化を説明するこれらの数値よりもさらに衝撃的なことは、外国貿易の低落傾向において示された数値であろう。二九年までの不況の一般的な特徴を要約すると、(1)アメリカ国内だけでなく世界の市

表Ｉ－１　物価および雇用指数（1926年＝100）

	卸売物価	雇用	給料支払
1929平均	95.3	97.5	100.5
1930 〃	86.4	84.7	81.3
1931 〃	73.0	72.2	61.5
1932 〃	64.8	60.1	41.6
1933 〃	65.9	64.6	44.0

	トウモロコシ（ブッシエル）	小麦（スリシェル）	綿花（梱）
1929	2,622,189,000	806,508,000	14,919,000
1930	2,081,048,000	850,965,000	14,243,000
1931	2,567,306,000	900,219,000	17,097,000
1932	2,908,145,000	726,863,000	12,727,000

	輸出（100万ドル）	輸入（100万ドル）
1929	5,241	4,399
1930	3,843	3,061
1931	2,424	2,091
1932	1,611	1,323

出所） Harold, Underwoad Faulkner, "American Economic History," Harper & Row, 1960, p.645

場のどこでも見られた購買力の減退、(2)一九二九年以後のアメリカの対外貸付金の停止、(3)外国為替取引におけるアメリカドルの手数料は、アメリカ商品に対する購買を妨げた、(4)アメリカの高関税政策はアメリカ商品に対する報復関税と許認可あるいは割当政策による特別な差別化をもたらした。(4)

大不況によって生じたアメリカ国内の需要減退とそれまで累積していた在庫放出が農業生産の不規則性（非弾力性）と相俟って、農産物および一般商品の価格の下落を加速することになった。さらに、アメリカ資本の引揚げとアメリカ国内およびヨーロッパ諸国の購買力の減退が国際貿易に影響を及ぼし、これらの世界的な物価下落に結びついて、今度はヨーロッパ各工業国に累積的な不況を与え始めた。このことがまた世界各地域において商品の需要を一層減少させ、卸売物価の低下と世界貿易の減少に拍車をかけた。そこで、世界各国は世界経済不況に適応する手段として、金本位制の離脱と国内経済の自立

図Ⅰ－1　各種経済指標、1929－1940

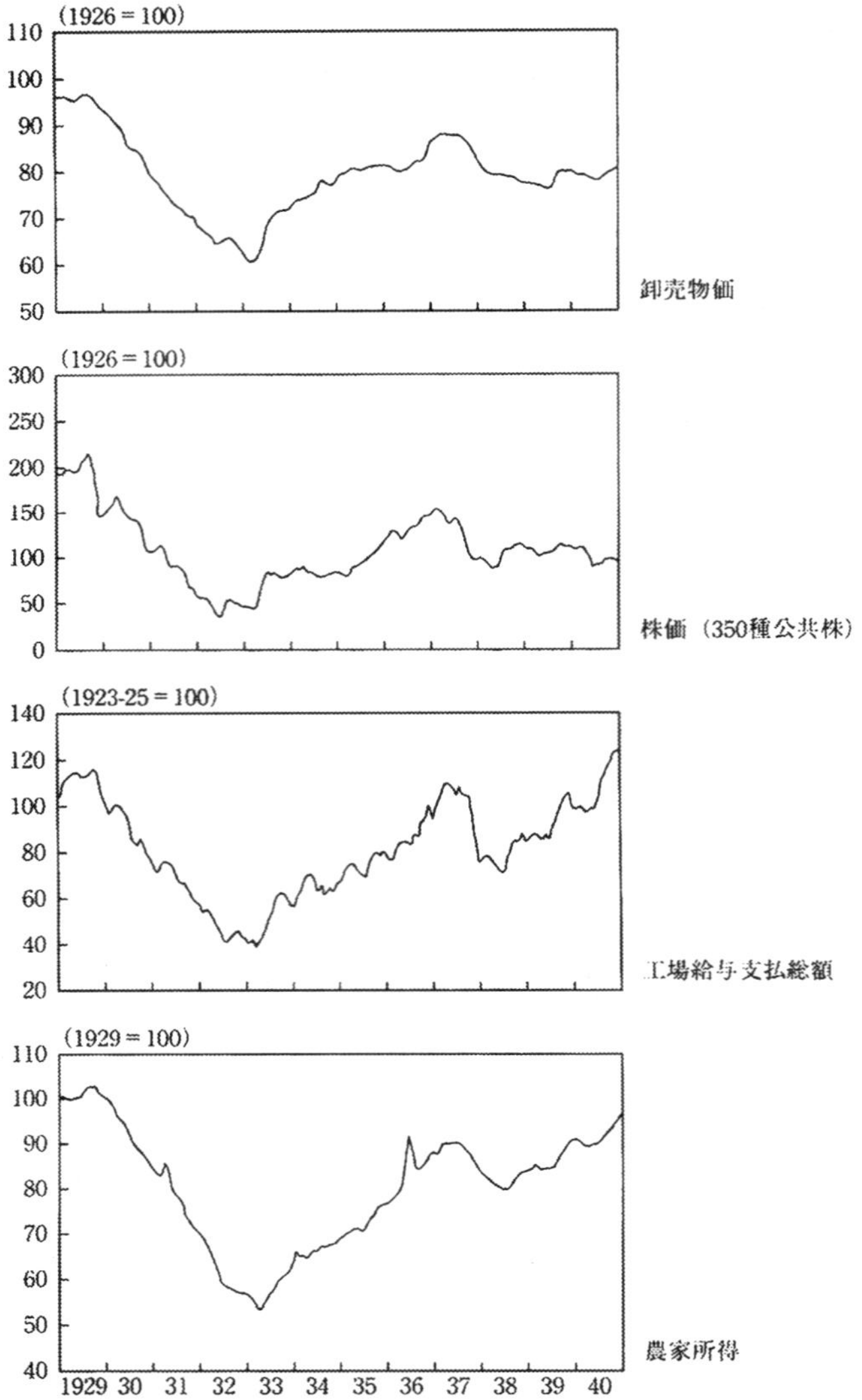

出所）*Excerpted from* Survey of Current Business, *February 1941.*
Nicoras Spulber, "Managing" The American Economy From Roosevelt to Reagan, Indiana University Press, 1989, p-3

計画の着手を余儀なくされる。これは、より直接的には自国の工業と農業を外国の価格切下げ競争から輸入削減による国際収支の維持のために、各国は輸入関税の改定および切上げを行い、さらに輸入の数量制限をおこなった。これら世界各国の貿易政策は、さらに報復措置といっそうの需要減退、価格下落を招き、とくにアメリカの輸出にきびしくはねかえってきた。[5]

ホーレイ＝スムート関税法（Hawley-Smoot Act of 1930）は、共和党フーバー政権のもとで一九二九年五月に下院を通過した後、三〇年に上院を通過し、四月には両院協議会で討議されて最終的に可決され、三〇年六月一七日に成立した。同法は農業不況のもとで農産物関税引上げの政治的な意図を反映したものであるが、関税措置として一九二一年の緊急関税法、フォードニィー＝マッカンバー関税法（Fordney-McCumber tariff of 1922）と同様、保護関税の性格を強くもっていた。[6]これによって税率の引上げられたものが八九〇品目、引き下げられたもの二三五品目で、関税委員会の報告によると、農業原材料に対する平均税率は従来の三八・一〇パーセントから四八・九二パーセントに引上げられ、農産物以外の平均従価税率は三一・〇二パーセントから三四・三〇パーセントに引上げられている。[7]同法による大幅な関税引上げは、ただちに各国の報復を招いた。スイスはアメリカの輸出品をボイコット、スペインがパイス関税をもって、カナダは三二年八月のオタワ協定まで三回にわたって関税を引き上げ、イタリアはアメリカ製自動車に対し報復措置をとった。さらに、三一年九月にイギリスが金本位制を離脱した後、通貨不安が一挙に生じ、関税引上げなどの貿易制限措置が相次いで実施されるようになる。これらの関税引上げ競争は世界貿易の減退によって加速され、世界経済の縮小を招いた。

しかしながら、きわめて非合理的な三〇年ホーレイ＝スムート法と高率関税の実施はそれ自体の中に自己修正すべき要因を含んでいた。すでに到達したアメリカの経済的地位から見て、三〇年関税法の失敗によって世界経済のなかで孤立することはアメリカの利益に反することが自覚させられるに至った。一九三三年に始まるニューディール政策では当面する大不況の克服を目的とする国内政策が中心を占め、関税政策は副次的なものだったが、また議会においても関税制度を合理化すべき反省が生まれてきた。ここにおいて、互恵通商協定を通じて関税率を引下げる方向が模索される。

一九三四年六月一二日互恵通商協定法案（Reciprocal Trade Agreement Acts, Public Law No.316, 73rd Congress）は議会を通過し、ルーズベルト大統領（Franklin Delano Roosevelt）がこれに署名した。同法案は三〇年関税法の修正法でわずか三頁の法律にすぎないが、大幅な関税権限を大統領に認め、国際協定を重視する行政主導の通商政策への政策転換をもたらすことになった。[8] 互恵通商協定法の通過の意義は輸入からの国内産業の保護ではなく、輸出拡大を通じて景気拡大を図るということと同時に、関税引下げによる輸入の拡大もやむを得ないと公式に認めた点にある。すなわち、保護関税の孤立主義的政策から自由貿易主義的政策への転換を余儀なくされる情勢にあったといえる。そして、この政策転換の動因は世界恐慌とホーレイ＝スムート法の関税のもとでの四年間の国内・国外における経済困難の深刻化ということにあった。

しかし、一方で輸入の拡大から自国産業を保護するという産業育成論が伝統的に根強く存在していたことはいうまでもない。これには国務長官のコーデル・ハル（Cordel Hull）とブレーンであったセイヤー（Francis B.Sayre）は自由貿易、関税の全面的引下げではなく、無条件最恵国原則に立つ互恵通商協定締結の考えを主張していた。それには当時、農業調整局にいたピーク（George N.Peek, のちに輸出入銀行の初代の総裁となる）がこの方針に反対していた。ピークはアメリカの貿易構造がヨーロッパの工業国に対しては農産物を輸出して工業製品を輸入、南米・アジア等低開発国に対しては農産物その他の原材料を輸入して工業製品を輸出するということから互恵通商が国内工業と農業を世界との競争にさらすことになるという農業保護の見地に立つものであった。このように互恵通商協定法をめぐっては、議会における与党と野党の対立とともに政府部内におけるハルとピークの対立があった。(9)

互恵通商協定法の目的は、(1)アメリカの輸出市場を確保し、これによって国内の雇用を増加させること、(2)アメリカの農業、鉱業、および商業の各部門によりよい関係を打ち立て、かつ、これを維持すること、(3)貿易の障壁を引下げ、差別的貿易制限および国家の手による双務貿易の傾向の阻止、(4)緊急事態に応じて時宜に適した行動がとれるように伸縮的で差別的な権限を大統領に付与する、(5)無条件的な平衡待遇に基づいた多角的な貿易体系を再建すること、等々である。(10)

この目的達成のために、大統領に対して現行関税率を最高五〇パーセントまで増減でき、必要に応じ相手国と交渉して相互的に貿易上、譲許できる権限を与えた。ここに関税引下げと無条件最恵国待遇を通じてアメリカの貿易政策に自由主義がとり入れられることになった。各国との互恵通商協定の締結はきわめて緩慢ではあるが確実に達成され、一九三九年までに一、〇〇〇品目以上の関税率を引下げ、有税品目のうち六二・七パーセントが引下げ税率の適用を受けた。協定締結国は一九三八年のキューバを最初に、その後、一九三九年までにベルギー、ハイチ、スウェーデン、ブラジル、カナダ、オランダ、スイス、ホンジュラス、コロンビア、グアテマラ、フランス、フィンランド、コスタリカ、サルバドル、チェコスロバキア、エクアドル、イギリス等二九国と協定が結ばれた。その結果、一九三四年〜三五年に比較して一九三八年〜三九年の非協定国からの輸入金額の増加が一二・五パーセントにすぎないのに対して協定国からの輸入総額は二一・六パーセントの増加率を示した。(11) しかし、協定締結国の多くが中南米諸国であったことはアメリカの通商拡大策の意図がどこにあったかを示すものであろう。

連邦政府はまた、通商拡大策の一環として、輸出入銀行を創設した。一九三四年二月、初期ニューディールの主要な法律のひとつ国家産業復興法（National Industrial Recovery Act: NIRA）によるルーズベルト大統領の権限によって、対ソビエト貿易の拡大を目的とする第一輸出入銀行、また三月には対キューバ貿易の金融の円滑化を目的として第二輸出入銀行が設置された。のちにこの二つの輸出入銀行は合併され、その目的も輸出入および輸入のための融資を援助し、対ソビエト、キューバに限定せずアメリカとその他各国間の通商を促進するものであるとされた。しかし、実際には、その活動は中国、中南米諸国を中心に、それも輸出のための貿易資金を援助することによって、アメリカ商品の市場の拡大を図ることに終始した。(12) 輸出入銀行の業務と活動については、次節以降で詳しく述べる。

二　ニューディール—全国産業復興法（NIRA）と農業調整法（AAA）

一九三三年春、アメリカ経済は不況の底に達した。この年の三月四日に第一次ルーズベルト政権が成立したが、その時アメリカは、資本主義国がかつて経験したことのなかったような極度の経済困難に苦しんでいた。それ以後の五年間、アメリカの経済政策は主として国内経済を不況から脱出させることを課題とした。ニューディールはそれまでの経済政策のなかでも最も壮大な試みであった。先述の輸出入銀行の設置もその一環であり、ニューディールの残したものでもある。(13) しかし、ニューディール政策の一般的な方向はすでに決定されていたものの、一九三三年三月に新政権が経済回復計画に着手する際には政策遂行のため理論的に周到な計画が存在していたわけではなかった。ニューディール政策の大部分は、当面の差迫った状況に対応して採用されたものであった。新政権は最初に銀行恐慌に対処するための緊急な対策を立てる必要があったが、新政権の政策は試行錯誤を繰り返し、度々矛盾する勧告に従ったり、また矛盾する政策を採用したりした。全国産業復興法や農業調整法の大規模な立法計画を通して、またニューディールの後期の公共事業計画に至るまで変わることはなかった。[14]

金融恐慌に対して、ルーズベルト大統領は、まず就任の翌三月五日全国の銀行に四日間の休業を命じ、金の輸出を禁止する措置をとり、特別議会で緊急銀行法を三月九日に成立させてただちに実施した。この緊急銀行法にもとづいて連邦準備制度と復興金融公社を銀行と企業の支援に動員した。特別議会はその後も活発に続き、禁酒法修正法、失業救済法を制定し、さらに、農業調整法、緊急農地抵当法および連邦救済法、テネシー河域開発公社（TVA）、全国職業紹介法、復興金融公社修正法、住宅所有者貸付法、一九三三年銀行法、全国産業復興法、緊急鉄道運送法、農業信用法など一〇〇日間で一八の重要な法律を矢つぎばやに制定して、ニューディール政策は急速に進展する。[15]

それら緊急な一連の法律のなかでもニューディールの性格を位置付け、その経済政策の支柱をなしたのは、全国産業復興法（National Industrial Reconstruction Act: NIRA）と農業調整法（Agricultural Adjustment Act: AAA）であった。全国産業復興法は二つの主要な目標をもつが、第一は、緊急の救済と公共の福祉に加えて、現行の経済困難に対して強力な対応策を模索することであった。第二の目的は、広い範囲に及びアメリカの歴史上、産業の安定を最も強く志向したものであった。この法律はこれまで実施されてきた産業政策よりも一層持続的に平常時の状態を回復し、生産と雇用をもたらすのに必要不可欠な政策手段を提供する意図をもつものであった。法案を起草した一人である上院議員ロバート・ワグナー（Robert F.Wagner）は、この法律の唯一の目的が「快適で品性のある生活を十分に保障する賃金でもって労働者の広い範囲と継続的な再雇用」[16]にあることを宣言している。全国産業復興法の草案には、ワグナー上院議員のほかに、ディキンソン商務長官、新政権で農務次官となったタグウェル、パーキンス労働長官等の行政部門の高官グループがかかわっていた。

全国産業復興法にもとづく経済政策の実施は、次の五つの方策が議論された。

(1) 貿易および産業の提携は大統領による認可を通して公正な競争を規約とし、世界貿易あるいは全産業のための法律とする。
(2) 貿易と産業、労働組織、および貿易と産業組織、協会、団体等々に従事する諸個人間の協定は大統領の認可するものとし、また反トラスト法の規定を免除し、唯一、これにかかわる事業体のみに義務づけられる。
(3) 貿易と産業、あるいはその支部の雇用主と従業員は最大労働時間、最低賃金支払率、および労働条件について協定に従う。
(4) 上記に関して、相互的な協定がなく、問題の存在する義務的な規約の場合、その制限的な規約は無効とされる。
(5) 大統領は全国産業復興法以前に施行されてきたいくつかの規約や規則を無効あるいは修正することができる。[17]

全国産業復興法にもとづく経済政策の展開は、緊急の課題の解決を迫られたものではあったが、従来の方向を大きく変えたというものではなかった。期待されたのは、同法によって産業に適正な利潤が保障されれば、企業は投資を再び活発化させるであろうというもので、最低価格の設定か、あるいはそれにかわる生産制限の決定であった。事実、これは産業制限とカルテル化を促進した。価格引上げ政策の背後には、物価の低下を防ぐ手段をこうじなければ経済の回復は不可能であるという認識が存在したことも確かである。[18] 他方、賃金引上げ、労働組合組織と団体交渉権の強化、労働時間短縮、労働条件の改善を促す諸方策は、経済回復に対して直接的な刺激となることが意図されていた。購買力と有効需要を増加させ、これによって直接的には消費財産業、間接的には投資に対する刺激効果が期待されたものであった。しかし、これら政策の実施は成功したとの評価は得ていない。[19] また、同法にもとづいて、特別行政機関「産業復興庁」(National Recovery Administration: ＮＲＡ) が設置されたが、全国産業復興計画にとって、行政上致命的な打撃となったのは、公共事業庁の同庁からの分離の決定で、本来、復興の原動力であった大規模な公共事業活動と資本財産業の活動再開に齟齬をもたらした。同法はまた、連邦最高裁判所から違憲判決をうけ、その間、政府の期待した景気回復効果も十分挙げえないまま、法的効力を終結した。

ニューディールの経済政策のもう一つの支柱は農業調整法（ＡＡＡ）である。一九三三年五月一〇日に成立した農業調整法は行政機関として農務省内に農業調整庁（Agricultural Adjustment Administration）が設置され、その長官には後に輸出入銀行の総裁となるジョージ・Ｎ・ピーク（George N.Peek）が任命された。[20] 農業調整法は生産の規制を通して価格を引上げるという点で先述の全国産業復興法と似た性格をもつが、農業調整法の主要な目的は全国産業復興法の賃金引き上げ政策と同様に、消費階層としても重要な位置を占める農業者の利益を増加させ、消費需要を促進するように所得再配分のねらいをもったものであった。

農業部門は不況期を通して最も苦しんだ部門であるが、農産物価格とともに農産物需要も低落した。しかし、その反面では農業生産が拡大したため価格の低落がいっそう加速される。この農産物価格の低下は農業者の貨幣所得を大幅に減少させ、また、ドルの為替相場上昇によって農業者の実質的な負担が自動的に増加したため農業者の購買力は一層低下した。これはのちに、農業者の救済を図り、同時に購買力と有効需要を増大させるために、農業調整法にもとづいて連邦政府予算からの直接的な金融支援の方策が緊急農地抵当法において実施された。[21] 農業調整法の当面の目標は農産物価格の引上げにあったが、そのために農業生産の制限という方法がとられた。農業者は政府の提示する生産制限を受け入れるかわりに、政府から補償金支払を受け入れた。農業調整庁は一六の農産物の減反に関して農業者と契約を結ぶと同時に、その取扱い業者と価格安定のために市場協定を締結する権限を認め、また農産物加工税を財源にして作付制限の契約をした農業者に対して補償支払を行なった。

農業調整法による作付制限計画は一九三六年一月に最高裁が違憲判決を下すまで三年間にわたって実施された。この作付制限計画は補償金が減反の余地のある大農業者に集中しただけでなく、作付制限計画の結果、小作農が農地から追われるといった弊害が問題視され、農業不況における農業政策の基本的な矛盾が批判された。しかし、行政的には、全国産業復興法よりもかなり円滑に機能し、農産物価格引上げと農業者の国民所得に占める割合の上昇という当面の目標は三五年末には達成されたという評価がなされている。[22]

他方、作付制限計画のみでは農業生産の減少を保証するものとはならず、政策的に限界があった。したがって、市場面への介入を通して過剰農産物の貯蔵を回避して価格支持を図るとともに、貯蔵可能な農産物を有利な条件で市場に出さずにすます政策措置が求められた。ルーズベルト政権はこうした動きに対応して一九三三年一〇月行政命令によって商品信用公社（Commodity Credit Corporation: CCC）を設立した。これは農産物を担保に農業者への融資を認めて市場流通を規制しようとするものであった。商品信用公社は資本の全額政府出資の金融機関で政府の直接的介入という性格が濃厚で農業調整政策と関連づける方針がとられていた。融資の対象となる農業者を農業調整庁の作付制限契約の締結者に限定し、生産制限を側面的に支援する役割を果たした。この点で農業調整庁と商品信用公社は形式上、両輪のように機能する存在であった。[23]

三　ワシントン輸出入銀行の設立

(1)　ワシントン輸出入銀行の設置

ワシントン輸出入銀行（The Export-Import Bank of Washington: 以下Eximbankと略称）[24]は、一九三四年二月ルーズベルト政権により対ソビエト貿易の拡大を目的として首都ワシントンに設置され、第一輸出入銀行（The First

Export-Import Bank of Washington）と呼ばれる。さらに、一ヶ月後の三月、ソビエトを除く国々、とくにキューバからの硬貨鋳造用銀の輸入促進のために第二輸出入銀行（The Second Export-Import Bank）が設置された。第二輸出入銀行の性格と業務は第一輸出入銀行とほぼ同様であるが、第二輸出入銀行は支援国の範囲の多さにもかかわらず、資本金は第一輸出入銀行の四分の一にすぎなかった。その後、一九三五年初めのソビエトの債務問題をめぐる米ソ交渉の不調にともない、第二輸出入銀行は一九三六年六月に清算され第一輸出入銀行と合併された。

Eximbankの設立に至る一九三〇年代のアメリカの貿易政策の動向については、前節において詳述したところであるが、二〇年代のアメリカ経済の好況、とりわけ貿易収支黒字の増大と重工業製品等資本財の輸出の好調は、貿易金融にとって重要な意味をもっていた。アメリカの貿易収支の黒字累増は、ヨーロッパやその他諸国のアメリカの輸出品の購入において必要なドル不足をもたらすものであり、さらに一九二二年と三〇年の関税法（Fordney-McCumber and Hawley-Smoot）による高率関税は海外の輸出入業者にとってアメリカへの輸出とアメリカの商品購入の際の外国為替手形の取得を一層困難なものにした。このような状況はやがて〝ドル不足〟あるいは〝ドル格差〟として表面化する。(25) ほとんどのヨーロッパ諸国は外国債券の発行が不可能となり、新たな輸入に対する支払激減の原因を作った。

このような状況に対して銀行家と輸出業者は、ドルの流出を促進する諸手段を要求したのである。そして、輸出業者とアメリカ銀行家協会（American Bankers Association: ＡＢＡ）の性急な要求に対して、議会は一九二九年緊急法（Edge Act）を通過させ、銀行に対して独占禁止法にもとづく諸制限を緩和するとともに国際貸付に特定化した機関を合同で設置することを許可した。その結果、その機関は短期の貿易受取手形の割引と長期の貸付金の融資を可能とするような計画が意図された。そこで、五〇〇名以上の銀行家と企業家は緊急法のもとで長期貿易信用を目的とした外国貿易金融会社（Foreign Trade Financing Corporation）を設置することに同意した。外国貿易金融会社は一〇億ドルの資本金で、その一〇倍の貸出能力を有するものとされていた。その設立準備委員会はスタンダード・オイル、インターナショナル・ハーベスター、ウェスチングハウス・エレクトリック、ジェネラル・モーターズ等の主要企業と多数の都市銀行の代表者で構成されていた。また、会社の設立は、ＡＢＡをはじめとして、全国貿易評議会(National Foreign Trade Council: ＮＦＴＣ)、全国製造業者協会(National Association of Manufactures)、アメリカ輸出入業者協会(American Exporters and Importers Association)およびアメリカ農業局連合(American Farm Bureau Federation)等からも支持されていた。しかしながら、このような広範囲な支持にもかかわらず、外国貿易金融会社はその株式発行の予約を受け付けることができず、結局、実現するにはいたらなかった。[26]これは外国貿易金融会社の長期貸付の提案が本来の機能から離れて短期手形割引で民間銀行との競合をもたらすのではないかとの懸念が銀行家にもたれたためであった。ヨーロッパの市場は依然、決済が不可能であり、第一次世界大戦の後遺症と賠償金債務に苦しんでいた。Eximbankは、このような外国貿易金融会社設立の準備過程において障害を克服するべく設立の計画がなされたものであった。一九二〇年代中期のアメリカの対外貸付は大きなものであった。三〇年代の債務不履行は債務者が適切な判断を欠いたためであるというもので、対外的な信用量の増大にもかかわらず、アメリカの銀行制度は外国貿易金融会社の意図する役割あるいは資本財輸出金融に必要な長期信用よりもむしろ短期貸付を選択する傾向にあった。

一九二九年の大不況による経済崩壊にともないドル不足は縮小した。アメリカの純資本の流れは逆転し、アメリカに向けて流入した。一九二五年から二七年の間のアメリカからの民間資本の年平均純流出は、一〇億ドルを超えていたが、三一年から三三年においては、年平均純流出は四億ドルである。そのようにしてもたらされた国際流動性の減少は、アメリカの輸出の急激な落ち込みの要因となり、一九二八年の五一億ドルから三二年には二六億ドルに減少した。とくに、機械および輸送設備の輸出は大きな打撃を受け、一一億ドルから二億九、〇〇〇万ドルに急減している。貿易信用の不足が世界的な不況の影響とともに波及し悪化したのである。また、アメリカが大幅な貿易収支の黒字を計上していなかったにしろ、その輸出品構成の変化は、資本財について重要性が高まり、さらに、短期の資産を選好する民間商業銀行が対応できない信用問題を発生させていたと思われる。

ここで、再度、Eximbankの設立当初にかえって資本構成についてみてみる。一九三六年六月の輸出入銀行の合併にともなって第二輸出入銀行の二五〇万ドルの優先株は償還され、配当金は収益資産のなかから支払われた。また、普通株の発行に依った総額二五万ドルの現金は財務省に返還されている。Eximbankの一九三八年の資本構成は、額面価格一、〇〇〇ドルの優先株四〇万五、〇〇〇株の割当てと額面価格一〇〇ドルの普通株一万株の発行済株式からなり、総資本は四、六〇〇万ドルであった。普通株は国務長官と商務長官により合同で保有されたが、優先株は復興金融公社（RFC）によってそのほとんどが保有されていた。復興金融公社は一九三七年三月、Eximbankの業務拡大の見通しにしたがい、総額二、五〇〇万ドルの優先株の購入に同意し、追加株式が三八年中に発行されている。Eximbankの資本は、このように主として復興金融公社に依ったが、復興金融公社の役割は貿易政策あるいは農業、商業および産業全体に対する金融支援が重視されており、それに従いEximbankは貿易金融の分野に集中され、資本財産業の再建に対するEximbankの役割に大きな期待がかけられていた[27]。

Eximbankの役員の構成をみると、Eximbankは年々、受託者理事会（board of trustees）によって運営され、理事会はEximbankの政府機関の性格から復興金融公社、国務長官、商務長官等政府代表者によって構成されている。理事会は当初、五名で構成され、のちに一一名に増員されたが、再び五名に減少している。また、理事会は総裁に加えて、国務省二名、商務省二名、財務省一名、復興金融公社四名等の政府の各部局の代表者を含んでいた。

Eximbankは理事会の一般的な監督のもとにあるが、通常の活動は総裁、副総裁、事務官、財務部長および弁護士等は、すべて理事会によって選任される。[28]

(2) ワシントン輸出入銀行（Eximbank）設立の理念

ここで、Eximbankの具体的な業務内容の説明をする前に設立の理念にかかわる問題に触れておきたい。Eximbankの設立は一九三〇年代前半の大不況からの再建という目的にしたがうものであったが、他方で、民間金融機関との競合が懸念され、Eximbankの性格について多くの論議が行なわれている。[29] Eximbankの設立に批判的な立場をとるのは、コーデル・ハル（Cordell Hull）であり、自由企業体制に対する政府の侵害を懸念したのである。Eximbankは当初、一見して脅威に写った。しかし、このような懸念は根拠のあるものではなかった。Eximbankの一般政策声明(General Policy Statement) は直接、その点について、輸出入信用の既存の源泉と競合するものではなく、むしろ補完に徹することがうたわれている。そして、貿易信用は商業銀行が取り扱うことのできない事業についてのみ供給が行われることが強調され、さらにEximbankはＡＢＡおよび信用計画の展開においては全国貿易評議会（ＮＦＴＣ）の助言にしたがい運営されるというものであった。ＡＢＡの理事長ヘクト（R.S.Hecht）は、一九三四年末、次のように述べている。「Eximbankの公式の声明はEximbankがわれわれの商業銀行と競争する考えのないことをわれわれに対して明瞭に説明している。しかし、通常の商業銀行業の範囲外にある特定の事業については、単に提携の計画をはずれて実施されるだけである。[30]」

アメリカにおける貿易政策の展開は、一般的にEximbankが設立される一九三四年から三九年、第二次大戦の戦時体制がとられる三九年から戦争が終結する四五年の期間、Eximbankの再法制化と再編成される四五年と第二次大戦後の復興期の五〇年代と六〇年代前半、とくにアイゼンハワー政権時代の貿易政策、七〇年代と八〇年代の新たな展開、というように区分されて論じられることが多い。その区分にしたがうと、三四年から三九年の期間は、大不況の克服策としてのニューディールと、一九三四年相互貿易法にもとづく貿易政策によって特徴付けられるように思われる。Eximbankが設立されるEximbankの設立当初、連邦政府には貿易政策について二つの対立する政策理念が存在した。ルーズベルトの行政令にはEximbankが進める貿易政策については詳しい記述はなかった。対立する政策理念とは、双務主義（bilateratism）と多角的相互主義（multilateral reciprocity）であり、これらの主唱者は双方ともEximbankが貿易政策において果たす有効な役割を重要視したのである。第一輸出入銀行の総裁ピークは双務主義とバーター協定の強硬な主唱者であった。一九三四年末、ピークは全体主義国ドイツの双務貿易の提唱に賛成し、協定締結の交渉を行っている。これによって、ドイツはアメリカの綿花の購入を意図し、Eximbankはドイツの製造品購入を望むアメリカにドイツマルクで販売することを含め、為替取引を扱うことを望んだのである。しかし、ルーズベルトにはそのような考えはなかった。[31]また、双務貿易協定におけるEximbankの有用性を信じるのはピークだけでなく、ＡＢＡの諮問委員会はEximbankに勧告書を送り、Eximbankの支援は、アメリカの商品の優先的な割り当てが確保されているところでは、とくに妥当するものであることを勧告している。しかし、バーター貿易は国務省の承認を要したのである。他方、無条件の最恵国待遇（most-favored nation treatment）の原則を支持する人々は、Eximbankの役割が一九三四年相互貿易法に規定されているものと見なしていた。Eximbankの政策理念について、当初、懸念をもっていたのは、前記の国務長官コーデル・ハルである。彼は最恵国待遇の原則を支持していたが、彼もまた、Eximbankを関税引き下げによって増大する貿易のための信用供与を含め、多くの有効な機能をもつと見なしたことには変わりがなかった。自由貿易の主唱者は、その経済計画を世界平和のユートピア的な理想像と同一視していたが、貿易の世界は、実際には、激しい競争と民族主義者の軋轢の世界であった。[32] 貿易量が増加するのに伴い、国内政策よりも経済回復の通常の政策と見なされ、市場の競争は激しいものとなっていった。また、主要な貿易国で政府機関が相次いで設立されるにともない、政府による輸出信用と保険機関の必要性が繰り返し論議されている。

四　ワシントン輸出入銀行（Eximbank）の業務と実績

Eximbankの一般的な業務は、輸出入業者の貸付申込に対して、直接あるいは商業銀行を通して支援を行うことである。商業銀行が仲介業務を行う場合、商業銀行は必要な審査業務において共同体制をとり、必要ならばEximbankの取立業務を引き受け、さらに、貸付金を供与することも認められていた。貸付金には短期、中期、長期があるが、短期が期限一八〇日以内、中期が一八〇日から一二ヶ月、長期信用は一年以上五年、例外的に五年以上のものがあった。これらの貸付金の金利は、復興金融公社（Reconstruction Finance Corporation: RFC）からEximbankへの貸付金利に上乗せした利子率であり、長期貸付金が一パーセントの最低利率、中期貸付金は、一パーセントの四分の三の最低利率であった。利子率の決定はEximbankの役員の自由裁量にまかされ、短期金利についての規定はなかった。また、外国の類似機関とEximbankの基本的な差異は輸出信用に対する保険業務がなかったことである。また、Eximbankはこのような多様な業務の権限を与えられながらも預金保有を認められていなかった。[33] その点、先述の既存の民間金融機関との競合という批判はいろいろな方法で慎重に回避されている。さらに、輸出業者の代理機関が特定の取引を行う場合、Eximbankの指名手順が慣行として確立していた。代理機関として地方銀行は貸付金供与の権限が認可されるほか、現実の手形割引、そして日常の通信および海外取引における船積み手続業務を行うことも認められていた。

また、商業銀行およびその他金融機関は、場合によってはEximbankの行う諸業務において、参加の機会が与えられていた。これらの方策をみるかぎり、Eximbankの諸活動は、付与された法的な権限の範囲以上に明白に制限されていたのである。Eximbankは一般的には国法銀行（national bank）を規定する法に従う。そのことから預金保有の要求がされたが、預金を受け入れないということから預金準備の保有は避けられている。信用供与がなされる場合、通常の商業銀行の業務のように貸付金は借入者の信用となるわけではない。その手続は、基本的に信用制限の設定と類似するものであり、資金が利用される場合にのみ、資金移転の効果がある。その結果、EximbankはＲＦＣで保有し資金需要に対応して顧客に移転することになる。このようにEximbankは特別な位置にあり、準備金の形態での非収益資産保有の必要がなく、復興金融公社の有利子の遊休資金を利用することができたのである。(34)

Eximbankの主要な活動は次の三分野に分けられる。第一は、農産物の輸出に関連する中期信用の期間延長、第二に、耐久財の輸出における長期信用の助成、そして第三が外国為替管理制約の障碍をもつ民間企業に対する支援である。(35)

第一の農産物輸出に対するEximbankによる中期信用の助成は、主として綿花とタバコに関して行われた。一九三八年末、助成された船積み総額は七〇〇万ドルにのぼった。タバコの輸出量の大部分はスペイン専売公社（Spanish Government Monopoly）に向けられたものであり、他方、綿花は主にイタリア、チェコスロバキア、ドイツ、ラトビア、ポーランドなどに向けられている。このような業務は一般に、次のような手続を踏む。まず、海外の輸入業者は期限九〇日から三ヶ月という条件のもとに約束手形を発行し、輸入業者取引銀行がこの約束手形の保証を行い、手形割引時に必要ドル交換額が可能な適正為替管理当局の保証書類を取得する。その時、Eximbankはその約束手形をおよそ四パーセントの平均利率で輸出業者向けに割り引く。輸出業者の取引銀行はその取引における代理機関としてサービス手数料を受け取る。

第二の耐久財の輸出については、一九三〇年以前、アメリカは、ラテンアメリカ、東南アジアの主要な市場で重機械、鉄道関連機器、設備等の主導的な輸出国であった。一九三〇年から三三年の間、この種の製造品に対する海外の注文は急激に減少した。しかし、世界経済の回復とともに耐久財に対する海外需要は増加に転じたが、アメリカの企業はヨーロッパの競争企業に与えられている長期信用がないため、増加する需要にもかかわらず、市場におけるシェアを維持することができなかった。不安定な外国為替相場と一般の経済条件のために、アメリカの銀行は適切な信用供給の意志を欠き、加えて、そうした金融業務のなかにリスクが含められていたことが要因となっていた。Eximbank創立以来四年半の時点で耐久財のアメリカの輸出業者を支援するEximbankの信用取引総額は三〇〇万ドルを下回った。トラクター等の産業用機械設備を含め、このような取引は主としてラテンアメリカ諸国と中国に対する鉄道機関車と機器の販売であった。一九三八年一二月、南米における活動の拡大を促すために国際電話電信会社向け信用一、〇〇〇万ドルの期間延長の声明が行われている。ハイチ政府に対しては、アメリカの土木建設会社が道路建設と公共事業の契約をし、すべての資材と備品の供給を行っている。そうした商品に対する支払いはハイチ政府の信用保証である一連の約束手形の発行を通して行われた。Eximbankはアメリカの企業からこれら限度額五〇〇万ドルまでの約束手形を購入することに合意した。供給するすべての備品と建設資材はアメリカにおいて購入された。この取引は一般には、建設信用をドイツによる供給を阻止するためにアメリカ政府の役割への期待によって動機づけられているとされた。中国に対して二、五〇〇万ドルの貸付金が供給されてきたことはよく知られている。供与金は実際には、中国において営業するニューヨークのユニバーサル貿易会社（Universal Trading Corporation）に対して供給されたが、中国政府の仲介と貸付金は中国銀行の保証付きであった。その貸付の目的は、建て前としてアメリカの農産物と工業品の中国向け輸出と中国のウール油（wool-oil）の輸入の金融にあった。これは一般的に、内外では日本との紛争において公式に中国政府支援の一部をなすものだと解釈されている。議会に対しては、貸付が戦争資材の輸出と関連して使用されないという合意があるものとの報告が行なわれていた。(36)

Eximbankの第三の活動分野は、外国為替管理により制約を受ける企業に対する支援であるが、他の分野に比べてそれほど重要視されてはいなかった。とくに、アメリカとブラジルの間で締結された互恵貿易協定（Reciprocal Trade Agreement）の規制によって、ブラジルは為替管理を段階的に緩和することに同意した。その結果、ブラジル銀行（Bank of Brazil）とアメリカの輸出業者間で一九三五年二月以前のすべての封鎖された為替が五年間、月払いによる清算という形で調整された。支払いはブラジル銀行の振出しとブラジル政府の保証が付与された多様な期限付ドル手形の形態で行なわれ、これらの手形は年四％の平均利率であった。Eximbankは、このような手形を総額二、七七五万ドル割引くことに同意し、この割引によって取得された金額が債権者にもたらされ、その輸出事業をさらに増加させたのである。

前述の主要な三つの業務分野に加えてEximbankは、キューバに対する硬貨鋳造貸付の期限延長、種々の合衆国政府機関に対する海外商業支払債務の処理、そして中小貿易業者への信用供給等の三つの特定分野においても活動した。キューバ共和国に対する五種類の貸付金がアメリカの銀塊購入の融資と標準規格のキューバペソの鋳造が行なわれていた。このような貸付金は基本的には短期資金の性格をもち期間九〇日以下であった。政府機関に対する海外商業未払債務は一つの機関への適切な集中という前提において、Eximbankは小麦と小麦粉購入融資のために一九三一年の穀物安定公社貸付金および一九三二年の復興金融公社貸付金を担保にして発行された中国政府の未決済手形を一九三六年六月に取得した。Eximbankの取得したその手形の総額はおよそ一、三〇〇万ドル以上にのぼっていた。戦争に

表４－１　ワシントン輸出入銀行の活動　1934－1938[1]

年	認可	支出	払戻金	純利益
1934	$ 11,466,137	$ 3,774,864	$ 3,774,725	(a)
1935	45,658,010	10,255,164	5,983,876	(a)
1936	55,603,867	21,113,216	7,812,015	$ 597,258
1937	21,327,824	7,690,316	7,891,790	853,910
1938	74,808,092	18,602,974	9,772,940	1,081,346
	208,863,930	61,436,534	35,235,346	

解約金合計	$ 101,260,888
満期支払高	26,201,188
売買約定 December 31, 1938	46,165,508

(a)Not available.

[1]*Annual Reports of the Export-Import Bank*, 1936 to 1938.
出所）　Ch. R. Whittlesey, "Five Years of Export-Import Bank." The American Economic Review, Sept. 1939. p.496

よる金融負担にもかかわらず、中国当局はこれら二つの貸付金の支払期日のきた手形支払への対応を続けた。(37) Eximbankはまた、一九三一年の穀物安定公社から小麦購入に関連してドイツ穀物商事会社（the Deutsche Getreide Handelsgsellschaft, m.b.H.）発行の手形の代金取立においても金融代理機関としての業務を行なっている。ドイツ政府の保証が付与されたこれらの債務は通常、支払期日到来に沿って支払われている。Eximbankは個々の零細貿易業者に対して一万ドルの限度額の設定を引き受けている。そこでのEximbankの事業規模はそれほど大きなものではなかったが、業務の功績はきわめて大きいということが報告されている。(38)

表４－１は、一九三四年から三八年のEximbankの活動を示したものであるが、Eximbankの取引活動は三七年払戻金を除き、増加傾向を辿っている。一九三八年の売買契約のかなりな部分がその年の後半におこなわれるということから、支払い実行は認可の増加傾向の維持ができなかったということを示している。但し、この格差は年間を通して解消されるものである。実績値は大部分の譲許信用が未利用であることを示している。また、払戻金は主に民間部門から調達された資金の数値である。

上記、表に示された取引期間の売買契約は貿易取引の取引国、それにはラテンアメリカとカナダを含めた三一カ国、ヨーロッパ諸国一一カ国、およびアジア六カ国がEximbankとの間で行なわれている。Eximbankは本来、ロシアとの貿易促進に向けられたものであるにもかかわらず、貿易信用では認可されていない。一般に、イギリス、フランス、スウェーデン、ベルギーのような金融的に強力な国々は、金融事業においては計上されない。これらの国々との貿易取引での貿易金融の困難性は小さなものであったからである。一九三九年法では、Eximbank業務の一九四一年六月三〇日までの延長を決めたが、常時一万ドルの残高が信用量の限度額であった。この数字はこれまでかなりな部分は達成されなかったが、Eximbankの可能な活動範囲は、この制約が効力を有するかぎり、むしろ厳格に制限されるであろうとしている。

Eximbankが一九三八年までに実現した事業取引の総額は六、二〇〇万ドルを下回っていた。これは年度末で四、六〇〇万ドルおよびEximbank の営業年度でもっとも大きい二、一〇〇万ドルの資本水準に匹敵する。Eximbankの急速な事業拡大と密接に関連する期間を考えると、これまでの事業取引量は、それほど大きなものではない。個別の取引を検証してもそれほど目覚ましいものでもない。[39] Eximbankによって行なわれた最も大きな業務は対キューバの二、四〇〇万ドルにのぼった鋳造貸付であった。他方、Eximbankは、これらの資金供給において有効な機能が果たされたとみなされ、資金の基本的な契約はどの点でもEximbankの存在に左右されていない。以前の契約について、キューバ政府は、キューバ財務省と合衆国造幣局の直接交渉による同様な業務内容をもち、これらの施策においても実施が可能であった。第二の取引業務は連邦政府の他機関に対する支払債務を取扱うことである。対中国政府を見ると、取引量はアメリカの農産物の販売のみで総額約一、三〇〇万ドルにのぼっている。Eximbankの存在によって可能になったというより一国にこれらの債権を集中することでいくつもの行政上の優位をもってきた。しかし、ここで行なわれる事業は再びEximbankに還ってきている。[40]

むすびにかえて

政府系貿易金融機関としてのEximbankは民間金融の補完機能を果たしたが、その活動は民間金融との競合の問題が提起され、常に懸念が表明されている。Eximbankは設立以来の存立根拠に関して貿易政策の基本的な方針を次のように表明している。

(1) 海外貿易金融の民間の源泉との競争の回避。

(2) 輸入貿易金融に関しては不参入。これは必ずしも強調して言われてきたものでもない。Eximbankの役員は日常の取引のなかのわずかな業務さえ取扱わなかった理由として信用すべてを拡張して行なう民間金融機関の意向をくんだものとしていたが、信用は貿易金融において不可欠なものであった。

(3) より民主的な貿易政策について提示された財務省の意図との衝突の回避。しかし、この方針に関してEximbankはバーター協定や為替清算を含めた業務に従事することでその活動がより大きく拡大される可能性があった。[41]

これらの方針は、Eximbankの個別の取引のなかで底流をなし政策実施において常に考慮されてきたものである。Eximbank設立の当面の目的が一九三〇年代の大不況からの経済回復を図ることにあり、Eximbankの政策は対外諸国との経済関係より国内の経済政策をより重視するものとなった。

さらに、Eximbank設立の理論的根拠は、国際金融市場の不完全性に求められている。市場の不完全性は輸出に対して抑圧的に作用し、金融に感応的な貿易に出ていてマイナス要因となる。商業銀行やその他の民間金融機関は市場の不完全性のために輸出金融に固有のリスクを吸収できないことから貿易金融に対して消極的な姿勢をとらざるをえない。市場の不完全性はまた、商業銀行等のリスク回避活動において誤解を生み、通常の金融以上の慎重さと、行政的、法的な制約をもたらした。しかし、これらのリスクは直接、政府によって負担されなかったのである。そのなかで、政府機関としてのEximbankは、諸リスクと貿易相手国との条件の交渉、あるいは期間延長等を集中的に吸収し市場の不完全性を克服するのにすぐれた機能をもっていたことは疑えない。しかし、民間金融機関の限定的な機能において、市場の不完全性はリスクに対する誇張された認識のみを継続し、健全で安定的な金融制度の構築に多大な制約を強いることの理論的根拠となった。[42]このように連邦政府は、Eximbank設立の目的が大不況からの経済回復にあること、そして、民間金融機関の業務を侵害する意図がないことを繰り返し強調した。Eximbankは一九四五年第二次世界大戦後に正式に法制化され、政府の独立機関としての地位が確定する。そこでは戦争の崩壊からの復興と戦争被災国に対する緊急の経済援助ということがEximbankの活動継続の主要な根拠となっている。輸出業者の貿易金融の利用可能性を制約する諸要因は三〇年代において一層大きなものであった。現在、アメリカの主要銀行の活動は拡大し、一方、ユーロ・カレンシー市場等、国際金融市場の発展は、流動性を増加させ、さらに国際金融を源泉とするリスク負担も大きく増加している。しかしながら、国際金融市場では依然として流動性に対して経験未熟な貸し手は誇張してリスクを見る傾向がある。その意味においては、Eximbank存立の根拠は三〇年代より稀薄なものになっていることが指摘されるに至っている。

先述の国際金融市場の不完全性とは、競争を阻害する要因であるが、政府機関の本来の信用補完を越えた融資活動は、逆に競争の阻害要因を形成するおそれをもっている。しかし、Eximbankの存立を規定する経済の理論的根拠は経済問題を明確化する概念が検討されている段階である。確かに、貿易の増加は生産量、雇用増加と波及し、さらに貿易収支の改善あるいはドル価値の再評価をもたらす。その点でEximbank計画の輸出促進機能は貿易の金融的側面における基本的な存立の根拠である。政府系金融機関としてのEximbankの役割は、その他の政府機関以上に、とくに、その観点からの再評価が行なわれているのが現状である。

註

（1）玉野井芳郎編著「大恐慌の研究」東大出版会、一九六四年三月三一日、二〇七頁

（2）有澤廣己、脇村義太郎、美濃部亮吉著「世界経済図説」岩波書店、昭和二七年六月二六日、一一三頁

（3）向山巌、「アメリカ経済の発展構造」未来社、一九六六年三月三一日、三八頁

一九二九年の大恐慌がアメリカにおいて、どうしてもっとも激烈できびしい経済的破綻を招来したのか。その理由の一つとして、西ヨーロッパ諸国が二〇年代に入り長期的な停滞局面へと移行をはじめ第一次大戦前の水準では僅かな成長にとどまるのに対して、アメリカ経済は二九年までの一〇年間、「景気循環運動をふくみながらも独自の発展諸要因に支えられて、対戦前水準をはるかに凌ぐ、アメリカ経済史上数少ない高い成長と繁栄を謳歌したのであり、その意味では、二〇年代は、資本主義世界にとって、はげしい不均等発展の時代であった」ことに求められる。

（4）Harold Underwood Faulkner, "American Economic History", Harper & Row, 1960, p-647

（5）H.W.Arndt, "The Economic Lessons of the Nineteen-Thirties", Frank Cass & Co. L.T.D., 1963, pp31-32

（6）C.P.Kindleberger, "The World in Depression 1929-1939", pp.131-135（石崎昭彦、木村一朗訳「大不況下の世界 一九二九年〜一九三九年」東京大学出版会、一九八二年一月、一〇九頁）

（7）Harold Underwood Faulkner, op. cit., p-647

（8）Abraham Berglund, "The Reciprocal Trade Agreements Act of 1934", The American Economic Review, September, 1935, Vol. xxv, No.3, pp-415-417

（9）Frederick C.Adams, "Economic Diplomacy: The Export-Import Bank and American Foreign Policy",

University of Missouri Press, 1976, pp87-90

(10) 吉澤清「一九三四年通商協定法の成立とパックス・アメリカーナの形成」『政経研究』第三四巻第四号、四三五頁、Abraham Berglund, op.cit.,p-416

(11) J.M.Letiche, "Reciprocal Trade Agreement in the World Economy", New York: King's Crown Press, 1948, pp27-30

(12) Frederick C.Adams, op. cit., p-72

(13) Ibid,p-66

(14) H.W.Arndt, op.cit. pp-34-35

(15) アメリカ経済研究会編「ニューディールの経済政策」慶應通信刊、昭和四〇年一二月二五日、一三頁

(16) Otto Nathan, "The N.I.R.A. and Stabilization", The American Economic Review, Vol. xxv, March, 1935, No.1, p-44

(17) Ibid, p-47

(18) H.W. Arndt, op. cit. p-43

(19) Ibid, pp44-46

(20) Frederick C.Adams, op.cit.,p-80

(21) H.W.Arndt, op.cit, pp46-47

(22) Ibid, p-48

(23) 拙著「アメリカの政策金融システム」国際書院、二〇〇七年九月二〇日、二四三頁

(24) 現在、ワシントン輸出入銀行（Eximbank）は合衆国輸出入銀行（The Export-Import Bank of the United States）とも呼ばれるが、その呼称は一九六八年三月、議会決議により継続され、一九七一年輸出促進金融法（the Export Expansion Finance Act of 1971）により合衆国予算による銀行の受取勘定と支払勘定がワシントン輸出入

銀行に移動し、その貸出権限の拡大が契機となっている。また、ワシントン輸出入銀行はコロンビア地区法（the Law of the District of Columbia）のもとで、一九三四年二月行政命令六五八一号によって設立されている。その後、一九三五年、三七年、三九年および四〇年の議会決議により合衆国の一機関として継続され、一九四五年輸出入銀行法（the Export-Import Bank Act of 1945）によって連邦政府の独立機関となった。（"Encyclopedia of Banking Finance" Salena Press Inc. p.330）

(25) M.E.Falkas, "United States Economic Policy and the "Dollar Gap" of the 1920's", The Economic History Review, Vol.29, No.4, November 1976

(26) Richard, E.Feinberg, "Subsidizing Success; The Export-Import Bank in the U.S.Economy", Cambridge University Press, 1982, p.10

(27) Richard, E.Feinberg, Ibid, p.12, Charles R.Whittlesey, "Five Years of Export-Import Bank", The American Economic Review, Vol. 29, September 1939, p.489

(28) Charles R.Whittlesey, Ibid, p.490

(29) 政府金融機関の民間金融機関との競合の問題は、金融の分野を問わず、政府金融機関設立の際の基本的な問題である。ワシントン輸出入銀行の設立においても競合問題は多くの著作と論文のなかで言及されている。

(30) Rita M.Rodriguez, "Expot-Import Bank at Fifty", Lexington Books, 1987, pp. 2-3

(31) Richard E.Feinberg, op. cit., pp 14-15

(32) Ibid., p. 15

(33) Richard E.Feinberg, op. cit., pp.12-13

(34) Charles R.Whittlesey, op. cit., pp.490-491

(35) Ibid, p. 491

(36) Ibid, p. 494

(37) Ibid, p. 495
(38) Annual Report of Export-Import Bank, 1938, p.3
(39) Charles R.Whittlesey, op. cit., p. 498
(40) Ibid, pp. 499
(41) Ibid, pp. 487-498
(42) James J.Emery, Norman A.Graham, Richard L.Kauffman, Michael C.Oppenheimer, "The U.S.Export-Import Bank-Policy Dilemmas and Choices", op. cit., pp. 3-7

第二章　第二次世界大戦期アメリカの戦時経済とEximbankの役割

はじめに

一九三九年のヨーロッパにおける大戦の勃発は二週間以上の期間にわたってダウ＝ジョーンズ産業平均の二三パーセントもの低落の原因となった。穀物価格は戦争が拡大するにつれてヨーロッパ市場が閉鎖されるに至り低下する。これらの戦争による影響は長続きせず短期的な現象に終わったが、商品価格は激しく上昇と下落を繰り返した。そして、投資資金は食糧の主要な原料となる小麦に流入していった。ヨーロッパにおける戦争は、小麦、トウモロコシ、綿花等々、アメリカの余剰供給商品のすべてに対する需要を増大させた。アメリカの産業の成長は三〇年代初の大不況から再び回復を始め、戦争による物資需要が増加するにしたがい拡大していく。アメリカの国民総生産（GNP）は一九三九年から四五年の間に二倍に増加し、一人当たり所得は四〇パーセント以上増大する。産業の成長は日本の真珠湾攻撃以前でさえ達成されなかったような記録的な水準で推移している。軍事支出は一九三九年の約一三億ドルから四一年には六〇億ドル以上に増加した。一九三九年に一四パーセント以上もあった失業率は四一年にはこれまでにもなかった三パーセント以下にまで低下する。しかし、経済安定化を図る目標の達成にはまだまだ時間を必要とした。

一方、戦時経済への移行は国民生活における影響にも大きなものがあった。雇用労働力については男性の場合で半分、女性で三分の二が年間一、〇〇〇ドル弱を稼得していたが、一億三、二〇〇人の全人口のうち四八、〇〇〇人の納税者のみが年間二、五〇〇ドル以上を稼得していたにすぎない。アメリカの家計部門では、わずか三一パーセントが水道設備や屋内トイレを備えていたにすぎず、また、五八パーセントは暖房装置がなかった。[1] 一九四一年四月、安定化計画が実施されるが、生活費は戦争の継続によって上昇し、一九三五年から三九年平均に比較しておよそ一一八パーセントもの上昇であった。しかし、実際には衣料や家具設備の価格に変化はなく、賃貸料も安定していた。その他、生活関連の諸商品についても同様な動きであった。大戦中の戦時経済は広範囲にわたり国民生活に影響を与えたが、国民の消費水準は戦争遂行による耐久財の需要増加の影響で低下することが予想された。しかし、実際の国民の消費水準はこのような予想に反して、悪化することはなかった。[2]

本章の叙述課題は第二次世界大戦期アメリカの戦時経済におけるワシントン輸出入銀行（Eximbank）の役割を検討することである。これは第三節のEximbankの信用供与と実績値の検討とともに説明する。叙述の対象期間はヨーロッパにおける戦争勃発の一九三九年から大戦終結の四五年である。第一節では、大戦期のアメリカ経済を把握する。同時に、平時経済から戦時経済への転換によるアメリカ経済の推移の詳細な検討も課題とした。第二節は戦時経済がアメリカの対外的な経済関係と武器貸与法にもとずく輸出拡大をもたらしたことをみる。

一　第二次世界大戦期のアメリカ経済―戦争経済への転換

ワシントン輸出入銀行（the Export-Import Bank of Washington, 以下Eximbankと略称）の業務は一九三九年から四五年の期間、戦争体制の拡大とともに貸付国が増加し、貸付額においても規模の大きなものとなり、その役割が改めて評価される過程であった。とくに、第二次大戦期のEximbankは外交政策の手段としての役割を担い、その機能は戦争遂行の目的に集中されるようになる。一九三九年四月、Eximbankの法的な地位が修正され、連邦政府の融資機関として、復興金融公社（ＲＦＣ）の業務の一部がEximbankの貸付業務に編入される。しかし、Eximbankの貸付規模拡大については、従来の基本的な外交方針に抵触するという懸念から、与信限度額が貸付高一億ドルに制限された。一方で、輸出入支援貸付が拡大するにともない、業務上の法的な制約が大幅に緩和されるにいたった。これは、ヨーロッパにおける戦争突入の結果、とられた体制であり、三九年以降、Eximbankの民間輸出金融を通して貿易拡大を促進するという政策は後退し、Eximbankは外交政策の手段および国家防衛としての役割を分担することになる。

これに先立つ一九三三年から三八年のニューディールの政策は、世界的な大不況に際して、ルーズベルト政権が当面の差し迫った状況に対応して採用した景気回復政策であった。すなわち、ニューディールの景気政策は政策遂行のため理論的に周到に準備されたものではなかったが、制度的に、また恒久的な性格をもった財政支出を中心に強力に推進されはじめた。しかし、景気政策の経済的効果に対する客観的評価が定まらないまま、一九四〇年以降軍事支出が急激に膨張を開始した。ニューディールの景気政策が平和的手段をもって不況克服をはかったのに対して、軍事支出の増大の前に次第に意義を失っていくとともに、それに代わって景気政策的支出とは性格を異にする軍事支出がその目的とは別に、結果として景気回復に重要な役割を果たすこととなったのである。

ニューディール期は同時に、ファシズムと軍国主義が強まり、対外侵略が拡大した時代である。しかし、三〇年代初のルーズベルト政権は国内問題を最優先課題とし、対外問題は副次的な問題でしかなかった。しかも当時、アメリカに固有の孤立主義が高まり、議会では中立法の制定が準備され、ルーズベルト政権は中立法制定という手段で世界情勢の緊迫化に対応した。一九三五年の中立法（Neutrality Act）はイタリアとエチオピア間の紛争を契機に制定されたが、その後中立法は、三六年、三七年と部分的に修正と補強がされ、三九年改訂中立法が制定される。三五年の中立法は戦争状態の存在することが宣言（中立宣言）された場合、アメリカ国民が武器、弾薬等の兵器を交戦国に輸出すること、およびそれらを禁止したものであった。三九年改訂中立法は、ドイツが対ポーランド戦を開始し、イギリスとフランスがその報復としてドイツに宣戦した後に、前記、中立法の武器輸出禁止条項の廃止あるいは修正とアメリカ人がイギリスおよびフランス政府に軍需品を売ることを内容とするものである。しかし、ルーズベルト大統領が議会に提出した教書では武器輸出禁止条項の廃止はアメリカが戦争状態に入ることが計画されたものではなく、戦争を回避するためのものであることが提言されているにすぎない。すなわち「アメリカの中立、アメリカの安全、とくにアメリカの平和[3]」のためであることが確言されていた。一九三五年の中立法が三九年に改正されてからは、軍需品を「現金払自国船」方式（cash and carry）でなら積み出すことを認めた。

その後、一九四〇年ヨーロッパにおける宣戦拡大に対してアメリカの姿勢に関する論議が高まるにともない、議会は海外貸付権限の管理とともに、その拡大を意図するようになった。他方、Eximbankの業務に対しては、一九三九年の「ジョンソン債務不履行法」（Johnson Act）の適用と国際法に違反する国々に対する貸付を排除すること、一九三九年の中立法に反して戦争遂行のための貸付をおこなうことなどを決定している。貸付権限の拡大は、とくに、当時ソ連の侵略に苦しむフィンランドに対する信用供与のために不可欠であった。これには、Eximbankの法的な権限が制約されていたため、法的に利用可能な復興金融公社（Reconstruction Finance Corporation: ＲＦＣ）の資金が緊急な戦争関連貸付のために検討されたのである。加えて、Eximbankの貸付権限は、戦争遂行に影響のあったラテンアメリカ、キューバ、メキシコ等、中央アメリカ経済の支援のためにも大幅に強化され、資源開発、経済安定化に資するものであった。さらに、ヨーロッパおよび東南アジア諸国に対する支援は、生産物市場の安定に役立った。[4]

周知のように、第二次世界大戦は一九三九年九月一日、ナチス・ドイツがポーランドに侵攻し、イギリスおよびフランスがドイツに宣戦を布告することによって開始される。一九三〇年代末、こうして国際情勢が極度に緊迫化するにともない、大統領とアメリカ国民の間の考え方に差が目立つようになっていった。ルーズベルト政権の外交・経済政策は次第に、いわば外側からの強制によって軍事的性格に傾斜していった。

アメリカは直ちに戦争資源委員会（War Resources Board: ＷＲＢ）を設け、専業動員案の検討をはじめ、イギリスは一九三九年の中立法によってアメリカから大量の軍需物資を購入していたものの、金・ドル準備が枯渇し、急速に支払能力を低下させていた。そこに、通称「武器貸与法、あるいはレンド・リース法」（Lend-Lease Act）が成立する。正式には、一九四一年三月一一日「アメリカ国防推進法」（“An Act to Promote the Defense of the United States”, PL 11, 77th Congress）として議会を通過し、成立した。その武器貸与法はその後、対日戦争の終結まで実施され、一九四五年九月に廃止された。さらに、武器貸与法にもとづいて運営されたレンド・リース・プログラムは、一九四五年後半にいたるまで総額四六〇億ドルにのぼった。これはアメリカの第二次大戦期の同盟国援助体制とその機構に画期的な意義をもつものであったと評価されている。[5] また、レンド・リース・プログラムの運営は緊急管理本部（Office of Emergency Management: ＯＥＭ）内に国防援助報告部（Division of Defense Aid Reports: ＤＤＡＲ）

と同時に権限がより強化されたレンド・リース庁（Office of Lend-Lease Administration: ＯＬＬＡ）が設置されている。[6]武器貸与法による援助については次節で説明する。

こうして、アメリカの軍需生産は、戦争経済への転換をとげつつ、大幅に拡張されていく。また、その実現のためには、民需生産との調整、あるいはその制限も必要であった。すでに、ルーズベルトは一九四一年一月の段階で、行政命令によって緊急管理本部（ＯＥＭ）を戦争経済遂行のための最高機関と定めていたが、さらに、その下に、軍需生産を直接に統轄する生産管理局（Office of Production Management: ＰＭ）と価格管理局（Office of Price Administration: ＯＰＡ）を設けていた。しかし、それが進展せず、それら機関の権限強化と物資割当の優先順位を定めるために軍需生産を総合的に調整する機関として供給・優先度割当委員会（Supply, Priorities, and Allocations Board: ＳＰＡＰ）が設けられた。その議長には副大統領ウォーレス（Wallace）が任命され、常任理事としてドナルド・ネルソン（Donald Nelson）、そのほかＯＰＭ理事のクヌードセンとヒルマン（Knudosen and Hillman）、ＯＰＭのレオン・ヘンダーソン（Leon Henderson）など関係する分野のすべてを網羅していた。そして、この委員会は日米戦争開始以前の段階で、国防生産体制をほぼ整え、真珠湾攻撃による戦争状態突入時で、すでに生産体制は最終的な段階にあった。[7]

三〇年代のニューディール期を通じ不況を克服できなかったアメリカ経済は一九三九年以降、ヨーロッパにおける戦争を拡大した。さらに四一年の日米戦争を機にアメリカ自身が大戦に参加するに及んで、本格的な戦時経済に突入し、それにともない国防支出の急激な増大によって景気上昇を遂げることになった。戦争期間中の国民総生産の増加を平時経済期と比較すると、三六年～四〇年間の増加が三四〇億二、〇〇〇万ドル、四〇年比で七・七パーセントの増加率であるのに対して、四一年～四五年間の増加九一億五、〇〇〇万ドルで四一年比増加率は三四・六パーセントである（表１－１、表１－２）。第二次大戦期のアメリカ経済の国民総生産（ＧＮＰ）は名目では約七割も増加し、実

表1-1　国民総生産と総支出の推移

（単位：10億ドル，1958年価格）

年	国民総生産	個人消費支出				総民間国内投資							
							固定投資						
								非住宅			住宅建物		
		計	耐久財	非耐久財	サービス	総計	合計	計	建造物	耐久設備生産者	計	非農業部門	農業
1947	309.9	206.3	24.7	108.3	73.4	51.5	51.7	36.2	11.6	24.6	15.4	14.5	—
1946	312.6	203.5	20.5	110.8	72.1	52.3	42.3	30.2	12.5	17.7	12.1	11.3	—
1945	355.2	183.0	10.6	104.7	67.7	19.6	22.6	19.8	5.7	14.1	2.8	2.5	—
1944	361.3	171.4	9.4	97.3	64.7	14.0	15.9	13.4	3.8	9.6	2.5	2.2	—
1943	337.1	165.8	10.2	93.7	61.8	12.7	12.9	10.0	2.9	7.2	2.9	2.6	—
1942	297.8	161.4	11.7	91.3	58.5	21.4	17.3	12.5	4.6	7.9	4.9	4.5	—
1941	263.7	165.4	19.1	89.9	56.3	41.6	32.0	22.2	8.1	14.2	9.8	9.1	—
1940	227.2	155.7	16.7	84.6	54.4	33.0	28.1	18.9	6.8	12.1	9.2	8.6	—
1939	209.4	148.2	14.5	81.2	52.5	24.7	23.5	15.3	5.9	9.4	8.2	7.8	—
1938	192.9	140.2	12.2	77.1	50.9	17.0	19.4	13.7	5.6	8.1	5.7	5.4	—
1937	203.2	143.1	15.1	76.0	52.0	29.9	24.5	18.8	7.1	11.8	5.6	5.3	—
1936	193.0	138.4	14.5	73.4	50.5	24.0	20.9	15.8	5.4	10.3	5.1	4.8	—
1935	169.5	125.5	11.7	65.9	47.9	18.0	15.6	11.5	4.0	7.5	4.0	3.8	—
1934	154.3	118.1	9.4	62.5	46.1	9.4	12.1	9.2	3.6	5.6	2.9	2.7	—
1933	141.5	112.8	8.3	58.6	46.0	5.3	9.7	7.6	3.3	4.3	2.1	1.9	—
1932	144.2	114.8	8.4	60.4	45.9	4.7	10.9	8.2	4.4	3.8	2.7	2.5	—
1931	169.3	126.1	11.2	65.6	49.4	16.8	19.2	14.1	7.5	6.6	5.1	4.9	—
1930	183.5	130.4	12.9	65.9	51.5	27.4	28.0	21.7	11.8	9.9	6.3	6.0	—
1929	203.6	139.6	16.3	69.3	54.0	40.4	36.9	26.5	13.9	12.6	10.4	9.9	—

出所）Historical Statistics of the United States, Part1, U. S. Department of Commerce, p. 229.

質でも約三五パーセント増加した。とくに、四一年の成長率は一五・九パーセントにのぼっていた。また、戦時中の四年間でも、平均八・八パーセントの非常に高い成長率を示した。したがって、第二次大戦期はアメリカ経済がもっとも発展した時期だったといっても過言ではないであろう。この成長は個人所得ではやや小さくなるが、それでも実質で三割近い大きなものであった。このGNPの増加は必ずしも国民に分配されるものではなかったが、概してアメリカ国民の経済状況が戦争によって大きく好転したことになる。

「配給制度や一部の物資不足な

表1-2　実質国民生産の推移

（単位：10億ドル）

年	実質国民生産	国民所得	個人所得	個人可処分所得
1945	200.7	181.5	171.1	150.2
1944	199.1	182.6	165.3	146.3
1943	181.3	170.3	151.3	133.5
1942	148.1	137.1	122.9	116.9
1941	116.3	104.2	96.0	92.7
1940	92.2	81.1	78.3	75.7
1939	83.2	72.6	72.8	70.3

出所）Historical Statistics of the United States, Part1, U. S. Department of Commerce, p. 224.

ど若干の不便はあったものの、アメリカ国民にとって第二次大戦は、三〇年代の大不況を補って余りある『天恵』の側面をもっていたといえなくもない(8)」。

こうした第二次大戦中のアメリカ経済の高成長の基本的な要因は第一に、大戦勃発による需要増大と一方でそれに応ずることのできる潜在的な生産能力が存在していたことが考えられる。これは三〇年代を通して遊休生産設備として膨大な量が蓄積されていた。第二には他方で、大量の過剰労働力が存在していたことである。事実、これについては、ニューディール期の懸命な経済回復策にもかかわらず膨大な数の失業者の存在が認められる。この期の失業者数は、一九二九年の一五五万人に対して三三年一、二八三万人、三八年一、〇三九万人、三九年九、〇四八万人にのぼった。一九四〇年のGNPの増加率が七・七パーセント、二九年の水準を上回り高い成長率を示したのに対して、四〇年時で八一二万人の失業者が存在したということは、その後の高成長が、いわば産業予備軍ともいうべき失業者の吸収によって達成されたということがいえる。失業者数は四〇年を境に急速に減少していく。四一年五五六万人、四二年二六六万人、四三年一〇七万人となり二九年水準をかなり下回り、四四年には六七万人、失業率が一・二パーセントと完全雇用状態を実現している（表1－3）。これを就業者の増加程度でみると、四四年には四〇年を約九八六万人増加したが、民間の労働力が同期間一〇一万人減少

表１-３　失業者数と失業率

（千人，年平均）

年	失業者数	失業率（民間）
1945	1,040	1.9
1944	670	1.2
1943	1,070	1.9
1942	2,660	4.7
1941	5,560	9.9
1940	8,120	14.6
1939	9,480	17.2

出所）Historical Statistics of the United States. Part1. U. S. Department of Commerce. p. 135.

したのに対して、軍隊への参加が民間就業者を上回り一、〇八七万人増加し、四〇年の失業者数八一二万人がほぼ吸収されたことでまかなえたことがうかがえる。しかし、それ以外の労働力の増加分は、人口の自然増加と平時では就業の意志をもたない老人、婦人、学生等によってまかなわれた。加えて、労働時間は急増し、週平均労働時間はとくに製造業部門で増大している。(9)

ところで、一九三九年～四四年の大戦中、国民総生産の圧倒的な部分が国防支出の増加分によって占められている点は、戦時経済の一般的な特徴を示している。しかし、同時に個人消費支出もまた一九三八年以降、増加傾向を辿っていることである。これは大戦中にもかかわらず国民の消費生活が引き上げられていることを示し、他の大戦参加国にはその例をみない事実であった。もっとも個人消費支出の増加は、民間需要の耐久財生産あるいは戦時の直接統制と軍事物資生産に振り向けられ、個人消費支出の増加は非耐久財とサービス、とくに前者に依存したことが考えられる。軍需生産の急速な増加と非耐久財消費支出の増大に対し民間投資が建設投資で漸減、企業の設備投資が四二年以降横ばいといった状態におかれていた。この点は、全体として軍需生産と関連をもたない不急の建設投資がこの時期、急激に増加し民間企業投資の減少分をカバーしたこと、さらに、非耐久財の需要増加に対して設備投資を拡大させずに生産増を図ったということがうかがえ、三〇年代の非

表1-4　労働力と構成

（千人，年平均）

年	労働力		軍人	民間労働力	雇用者数			失業者数		
	人数	非労働力人口比			計	農業	非農業部門	計	比率	
									民間労働力	雇用者非農業部門
1947	61,758	57.4	1,590	60,168	57,812	8,256	49,557	2,356	3.9	5.4
1946	60,970	57.2	3,450	57,520	55,250	8,320	46,930	2,270	3.9	5.5
1945	65,290	61.9	11,430	53,860	52,820	8,580	44,240	1,040	1.9	2.7
1944	66,040	63.1	11,410	54,630	53,960	8,950	45,010	670	1.2	1.7
1943	64,560	62.3	9,020	55,540	54,470	9,080	45,390	1,070	1.9	2.7
1942	60,380	58.8	3,970	56,410	53,750	9,250	44,500	2,660	4.7	6.8
1941	57,530	56.7	1,620	55,910	50,350	9,100	41,250	5,560	9.9	14.4
1940	56,180	56.0	540	55,640	47,520	9,540	37,980	8,120	14.6	21.3
1939	55,588	56.0	370	55,218	45,738	9,710	36,028	9,480	17.2	25.2

出所）Historical Statistics of the United States, Part1, U. S. Department of Commerce, p. 126.

耐久財消費産業の潜在的生産能力の大きさを反映したともいえる(10)。

前述のように、ニューディールの経済政策の基本課題は、不況から脱出することであり、そのために必要な有効需要をいかにして造出するかにあった。しかしながら、ニューディール期の財政支出は年間一七億ドル〜二〇億ドルの範囲であり、好況を実現するには全く不十分であった。ところが、一九四〇年以降、軍事支出の急激な増大は有効需要の増加を通じ不況を克服するという問題を解決することになった。国防計画にもとづくぼう大な財政支出は大きな有効需要をごく短期間にうちに作り出した。すなわち、巨額な軍事支出がもたらした十分な総需要によってアメリカ経済は前述のような特異な繁栄の現出を可能にしたのである。ここでニューディール期と第二次大戦期の軍事支出を隔年毎にみると、(表1—5)一九三六年〜四〇年は総計五四億八、五〇〇万ドル、四〇年〜四四年が一七五億九、四〇〇万ドルで三・二倍、およそ約一二一億ドルの増加である。軍事支出の詳細はここでは、断片的な数値でしか知りえないが、船舶、兵器、弾薬などを含

表 1 - 5　連邦政府，州政府および地方政府分野（機能）別支出

（単位：100 万ドル）

年	総支出	一般支出														
		合計	国家防衛と国際関係		郵便サービス	教育				高速道路	公共福祉				病院	保健	警察
			計	軍事サービス		計	州高等教育	地方教育	その他教育		計	無条件公的扶助	その他公的扶助	その他公共福祉			
1948	55,081	50,088	16,075	10,642	1,715	7,721	895	4,363	2,463	3,071	2,144	1,473	357	314	1,398	536	724
1946	79,707	75,582	50,461	42,677	1,381	3,711	397	2,886	428	1,680	1,435	1,014	216	205	762	380	549
1944	109,947	107,823	85,503	74,670	1,085	2,805	380	2,344	81	1,215	1,150	842	166	142	568	289	497
1942	45,576	43,483	26,555	22,633	878	2,696	296	2,225	175	1,765	1,285	761	345	179	517	197	444
1940	20,417	18,125	1,590	1,567	808	2,827	290	2,292	245	2,177	1,314	611	438	265	537	195	386
1938	17,675	16,273	1,041	1,021	776	2,653	268	2,172	213	2,150	1,233	483	485	265	496	182	378
1936	16,758	15,835	932	916	751	2,365	231	1,904	230	1,945	997	731		266	461	131	331
1934	12,807	12,086	553	541	651	2,005	177	1,623	205	1,829	979	796		183	416	119	306
1932	12,437	11,748	721	702	794	2,325	234	2,050	41	1,766	445	366		79	462	121	349

出所）Historical Statistics of the United States, Part2, U. S. Department of Commerce, p. 1120.

む軍需品、軍事建設および軍事工場、兵員に対する衣食住や給与支払、その他非軍需品等々とあり、大きな経済効果を生んだことが考えられる。さらに、政府資金が全面的に直接的に民間工業部門に投入され、それによって建設された工場、施設が政府自身によって直接経営、運営された。また、こうして経営される国有工場、施設の一部は民間巨大企業へ経営移管され、その結果、必然的に軍需品の市場を巨大企業に保証することにもなった。これは、巨大企業が軍事支出に伴う軍需契約を政府と結び高利潤の保証を得ることになり、この面でも経済力の集中を促進することになる。軍需契約は一九四〇年〜四四年までの間、約二万社と結ばれ、莫大な金額とそのうち三分の二以上が上位一〇〇社によって受け取られている。(11) こうした大会社は第二次大戦後、社会的弊害を引き起こすおそれのある軍産複合体の成立の要因となる。

ここで、戦時財政の収支構造を概観する。一九四一年一二月の真珠湾攻撃時は一九四二年会計年度の途中であり、戦時財政は一九四三年会計年度（一九四二年七月〜四三年六月）からとなり、戦時体制による増税と税収の伸びが本格化するのは四四年度からである。まず、財政支出は一九四一年度に一二七億ドルであったのが四二年度に三二三億ドル、四三年度には七八一億ドルと二・四倍にも増加しており、その増加分のほとんどが軍事支出にあてられている。四一年度の財政支出一二七億ドルのうち軍事支出は六三億ドルで四九パーセントを占めていたのに対して、四三年度には軍事支出が九二パーセントも占めるようになっていた。一方、財政収入は財政支出よりもテンポは緩やかながらも増加し、一九四一年度に八二億ドルであったのが、四三年度に二三三億ドル、四四年度四五四億ドル、四五年度には四四七億ドルと戦時財政でピークに達している。参戦中の一九四二年度〜四六年度を合計すると財政支出が三、三九五億ドルであるのに対して財政収入は一、七四二億ドルにすぎず財政収支差が一、六五三億ドルにのぼる。また、一九四四年度第二次大戦中の財政支出の対GNP比率が四四パーセントであるのに対して、財政収入は二一パーセントにすぎない。そこでは、財政支出が膨張する過程で、当然、財政赤字が激増し、四三年末の歳入法をはじめとする租税政策をめぐっては、政府と議会の衝突が戦時中を通じて続けられることになった。さらに、一九四三年六月の一般納税法（Current Tax Payment Act of June 1943）の変更が戦時中の連邦租税制度の中では最も積極的に、かつ広範囲にわたっておこなわれた。個人所得税の免税点の引下げ、源泉徴収制での課税、さらに遺産税や贈与税、および奢侈品と考えられた物品への消費税の税率引上げ等によって増税がおこなわれた結果でもあった。(12)

前述したように、第二次大戦中の連邦政府は所得税、とくに個人所得税の増税を中心に租税収入を増加させたが、それでも膨張する戦時財政需要をまかなえず、財政赤字は増加しつづけた。一九四一年度〜四六年度間の連邦財政支出総額は三、八二三億ドルに達したが、財政収入の四七パーセントにすぎず、残りの五三パーセントは借金によって調達されたものであった。

政府財務省は財政の赤字を埋め、かつ日常必要な現金バランスを保有するために、大戦中の五年間に五、一四〇億

表1-6　連邦政府歳入および歳出

（100万ドル，1941年度～46年度）

	1941	1942	1943	1944	1945	1946
収入高（歳入高）						
個人所得税	1,416	3,216	6,505	19,779	19,146	18,331
個人所得税（含，超過利潤）	2,053	4,744	9,589	14,876	16,027	12,554
国内税収入	2,967	3,847	4,553	5,291	6,949	7,725
社会保障	932	1,194	1,508	1,751	1,793	1,714
関　税	392	389	324	431	355	435
その他（含，再調整）	508	277	906	3,280	3,470	3,480
総　計	8,269	13,668	23,385	45,408	47,740	44,239
支出高（歳出高）						
防衛費	6,301	26,011	72,109	87,039	90,029	48,542
退役軍人年金	563	556	602	730	2,060	4,253
国債利子	1,111	1,260	1,808	2,609	3,617	4,722
社会保障	588	659	735	803	815	852
公共事業・救済，農業援助金	3,307	3,038	2,023	1,359	1,085	1,387
その他	840	873	901	1,203	2,799	5,263
総　計	12,711	32,397	78,179	93,744	100,405	65,019
年度末の総負債額	48,961	72,422	136,696	201,003	258,682	269,422
国民総所得（10億ドル）	125.8	159.1	192.5	211.4	213.6	210.7

出所）Annual Report of the Secretary of the Treasury, 1946, pp. 398-99.
Margaret G. Myers, "A Financial History of the United States, Columbia University Press, 1970, p. 349.

ドルを借金した。その内訳は約一、二八〇億ドルが銀行以外の投資者から、約二二億ドルが連邦準備銀行から調達され、そして、全体の三〇パーセントにあたる残りの六四〇億ドルは、商業銀行からであった。一九四一年七月一日に商業銀行は一九七億ドルの政府公債を保有していたが、一九四六年六月三〇日までに公債増加額が六三六億ドルと四倍以上も激増した。しかし、この間の商業銀行の公債保有額の公債総額に対する比率は逆に三六パーセントから三一パーセントに低下した。商業銀行は企業貸付と投資家の政府証券購入を可能にするような貸付をおこなうことで、国防および戦時目的のために追加的な資金を供給した。商業銀行はまた公債保有額の激増にもかかわらず、

表1-7　国債の市場取引割合

（1945年末，単位：10億ドル）

	財務省手形，証書および証券	国　債	総　計
連邦準備銀行	23.3	1.0	$24.3
商業銀行	36.3	46.5	82.8
貯蓄銀行および保険会社	1.3	32.4	33.8
その他	17.3	33.6	51.0
計	78.2	113.5	191.8

出所：Federal Reserve Bulletin, March 1946, p. 318.
（Margaret G. Mayers, p. 351.）

私的貸付に対する貸付業務は、戦時中九〇億ドル増加したにすぎなかった。商業銀行の貸付増加の約六〇パーセントは、証券購入（その大部分は政府証券）のための貸出だったのである。すなわち、戦時中の商業銀行は、信用上の便宜を与えるなど、銀行以外の一般公衆の戦時公債購入を促進、政府の公債消化運動に協力し、公債引受機関としての性格を有するようになる。[13]

このように、商業銀行は公債保有総額の増加にもかかわらず、全体に対する比率では戦時経済の進行過程で低下したが、戦時経済において商業銀行の役割には大きなものがあった。一九四二年一一月から四五年一二月にかけて七回の戦時公債運動と最後の戦勝公債は個人の購買者から機関の購買者まで広範囲に消化されることで政府の支出によって引き起こされる購買力の増大を吸収してインフレーションを抑制することも企図されていた。

一九四五年末までの国債保有状況は政府財務省の低利子率政策によって国債よりも短期の債務の比率が大きかった。これは戦後、商業銀行の貸付業務が増加する際には、それら短期の債券を売却せざるを得ず、それはまた実際に市場利子率が騰貴することでリスクが高まり低利回りの債券価格を押し下げることになった。戦時中、市場で取引される債券は短期および長期の債券だけでなく、多種類の貯蓄債券が財務省から売出されていた。これは大部分が商業銀行によって購入されたが、一九四一年から四六年の間、個人の購入はわずかな額にとどまったものの、それらは所得

から支払われたためにインフレーションを抑制する効果をもった。(14)

二　武器貸与法にもとづく輸出拡大と対外経済政策の転換

貿易は各国民経済を相互に関連させ結びつける重要な役割を果たす。資本主義が高度に発達すると、国内市場において消費されない余剰生産物はその市場を求めて国外に輸出される。経済の発達に伴って生産と消費が増加すると、必要な商品の海外からの輸入も増大する。かくして、無数の商品の複雑な取引の流れを通じて有機的な世界経済が構成される。そして、世界経済が順調に発展していく場合には、世界の貿易も順調に発展していくはずである。しかし、第二次世界大戦は世界経済の発達を中断させ、寸断し、一時消滅の危機にも直面した。

戦時下の対外経済関係を検討すると、まず貿易においては、図2－1にみられるように輸出が平時の四倍以上に増加している。その大部分は武器貸与法にもとづく軍需物資輸出であった。しかし、輸入の伸びがわずかな程度にとどまったため貿易収支は巨額の黒字を示すようになった。こうして輸出貿易におけるアメリカの輸出総額の割合は一九三七年の一三・六九パーセントから大戦後の四七年には三一・七二パーセントに上昇、世界の輸出貿易の約三分の一がアメリカによって占められていたことになる。イギリスとの対比でも一九三六年～三八年の平均貿易高はアメリカが五五億ドル弱、イギリスが七〇億ドル弱だったものが、貿易高が最高に達した大戦中の四四年には、アメリカの一八二億ドルに対してイギリスは一〇九億ドルにとどまっている。(15)

アメリカの商品輸入は同様に大戦によって促進されたものであったが、大戦前の年平均二五億ドルから大戦中の年平均四〇ドル程度の増加の大部分は価格上昇によるものであった。図2－1において、輸入の経緯は三段階に分けて

図2-1　合衆国の外国貿易

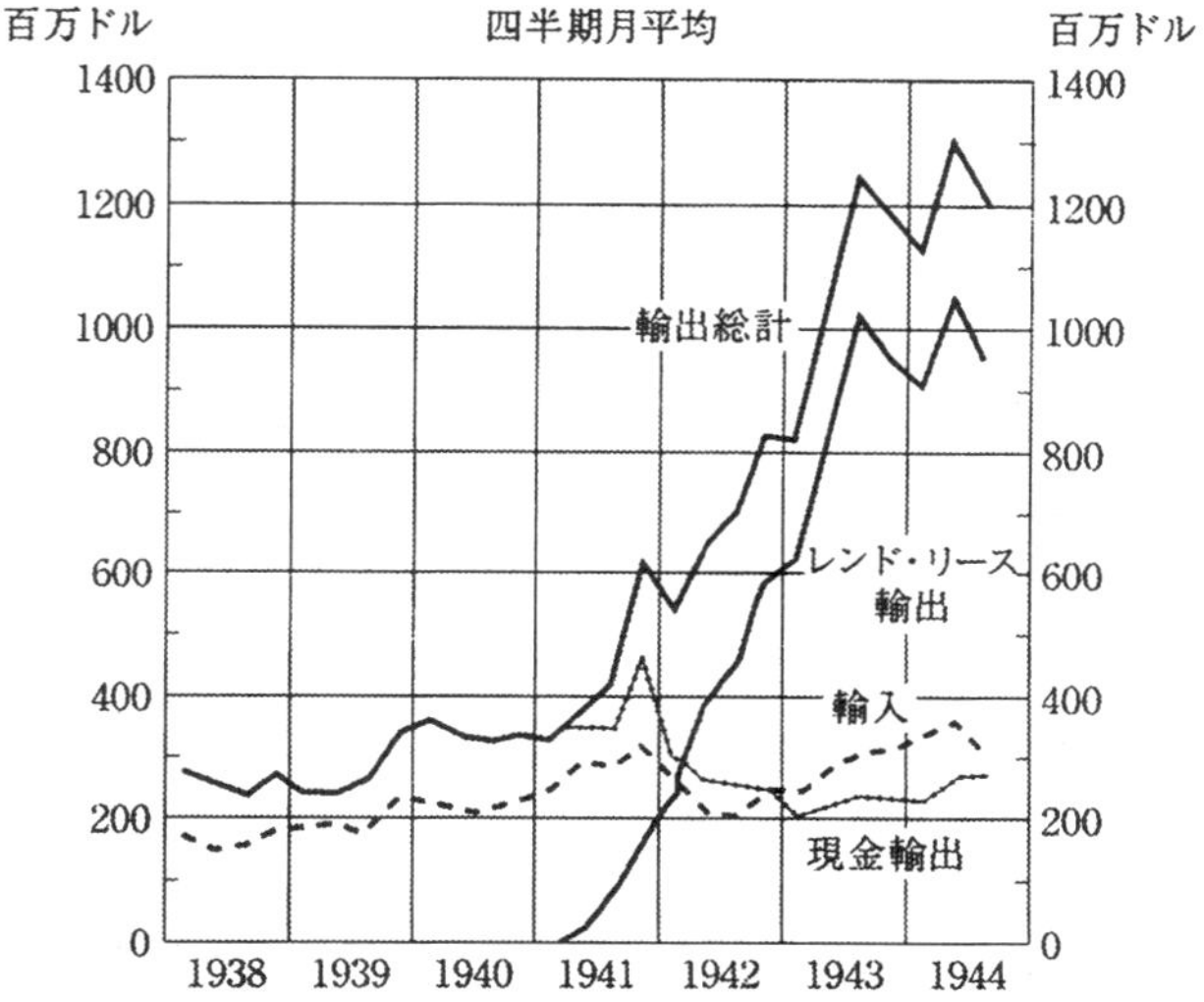

商務省データ，前輸出を含め一般輸出入：大統領第16回議会報告書からのレンド・リースによるデータ，1944年6月の商務省発表，第4・四半期の推計値は7月，8月の公表データによる。

出所) Federal Reserve Bulletin, November 1944, vol. 30, No. 11, p. 1039.

辿ることが可能である。一九四一年を通じて四〇年頃の輸入の増加は在庫蓄積と政府備蓄物資の放出のもとで生じている。ヨーロッパ大陸は供給源としてほとんど除外されていたが、他地域からの輸出が急激に増大した。輸入の流れのなかでの集中的な減少は対日戦争の開始、そして潜水艦攻撃に伴って引き起こされ、東南アジアの輸出国は断たれた。以前には、東南アジアで入手した生産物にかわり新たな輸出国がラテンアメリカやアフリカとで広範囲に開発された。大戦時までのアメリカの輸入は、かなりな程度価格上昇時には重要な輸出国をその他の国に換えてきた歴史がある。他方、ノルマンディ上陸作戦開始時以来、重量物軍事輸送需要は輸入の低減にともなって減少し、新たな地域として期待されるより一般的で恒久的な特性の発生がヨーロッパやアジアに出現し、一層の運送が可能になった[16]。また、一九四〇年四月のドイツのノルウェーとデンマークへの侵攻によって連合国側の封鎖がこれらの国々にも拡大され、他のスカンジナビア諸国の港湾は船積みの困難から除外される。その結果、これらの国々とのアメリカの貿易は完全に停止された。つづく五月には、オランダとベルギーへの侵攻があり、アメリカの輸出国から除外される。しかし、これらの国々の貿易における規模は個別にはそれほど大きなものではなく、全体として一定の市場を形成していた。スカンジナビア諸国とともにベルギーやオランダに対する輸出は大戦勃発後増加し、三九年九月から四〇年三月を通じて月平均約三、三〇〇万ドル、アメリカの輸出総額の約一〇パーセントを占めていた[17]。

一方、大戦時のアメリカの貿易におけるラテンアメリカの輸出は多少、減退ぎみであったが、再軍備計画とアメリカ自身の大戦参加によって先例のない水準へと増大した。一九四〇年全ラテンアメリカの輸出は、四〇年の約一七億ドルの低輸出額にとどまっていたのが、四四年の間を通じて急速に増加、四四年には総計約三〇億ドル近くまで増加した。ただ、輸入は供給と船積みの不足から制約されていた。一九四〇年から四四年の全期間について、輸出は約三五億ドルを超えている。これらの貿易収支は資本移動以上に、大戦中のラテンアメリカ諸国による金と外貨準備の異常な蓄積を説明する。それは一九三〇年代の低水準に落ち込んだ対外貸付金と対外投資が幾分回復したことを示すものである。これにはヨーロッパの短期資本がアルゼンチンの市場に流入したこと、とくにアメリカの直接投資のメキシコへの実質的な移動があり、それはまた全ラテンアメリカに対するEximbankの貸付金の供給があった[18]。

戦時のアメリカの貿易は、一九三九年から四四年までの五年間、輸出も輸入もともに二倍以上に増加したが、とくに輸出は最高を示した四四年では約五倍以上の増大を示した（表2－1）。貿易構造をみると、輸出のなかでもっとも大きな割合を占めるのは商品輸出で、ピークを示した。一九四四年一六九億四、三〇〇万ドル、四〇年の五三億四、三〇〇万ドルに対して三一・四パーセントも増加している。輸入のなかでは、戦時経済の特徴を示すものとして当然

表2-1　国際収支

（単位：100万ドル）

年	財・サービスの貿易収支	純合衆国資本移動〔資金流出(−)〕		単一方向移転〔外国へ(−)〕				純外国資本移動〔資金流出(−)〕		合衆国公的決済資産の取引〔増加(−)〕	統計上の不突合
				政府・長期・短期	民間						
		民間	政府[1]		長期直接[3]	長期その他	短期	長期	短期		
1945	6,041	−473	−6,640	−1,019	−100	−354	−96	−104	2,189	548	+8
1944	12,452	−357	−13,785	−231	71	−62	−85	175	509	1,350	−37
1943	11,038	−249	−12,658	−109	98	−58	−12	−63	1,222	757	+34
1942	6,413	−123	−6,213	−221	19	−84	96	−84	182	23	−8
1941	2,410	−179	−957	−391	47	19	21	−327	−400	−719	+476
1940	1,719	−178	−32	−51	32	36	177	−90	1,353	−4,243	+1,277
1939	1,066	−151	−27	−14	9	104	226	−86	1,259	−3,174	+788

出所）Historical Statistics of the United States, Part2, pp. 866-867.
（「アメリカ歴史統計」原書房1986年10月12日　866-867頁）

のことながら軍事支出の割合が商品輸入について大きい。一九四五年の輸入総額一〇二億ドル三、二〇〇万ドルのなかで四五年の軍事支出は二四億三、四〇〇万ドル、二三・七パーセントを示した。[19]

前述したように、アメリカは第二次大戦中に連合国の巨大かつ強力な武器庫の役割を果たした。しかし、戦時経済の施策はニューデール政策によっても克服できなかった深刻かつ長い大不況を抜け出し、同時にこれまでの政治的孤立主義路線からの離脱を始めた。それにともなう大戦中におけるアメリカの対外経済政策の転換の徴候のひとつが武器貸与法である。

武器貸与法による援助受領国は直ちに三八カ国に及び、四三年三月の時点で直接交戦状態になかったサウジアラビア、トルコなどを含め四三カ国、その総額は五〇〇億ドルにのぼった。武器貸与計画開始から一九四四年六月を通じて、武器貸与援助の二八〇億ドル以上は、アメリカが戦闘支援をおこなう国々に対して贈与されてきたものであった。このうち二一〇億ドル以上はアメリカ自身の商品輸出貿易に反映されている。そこでは第一次大戦後に世界を苦しめた戦債問題は第二次大戦後には起らなかった。それは武器貸与法によるアメリカの援助が主として負債よりも贈与の形をとつて有効に作用したためであった。武器貸与法は対日戦争が終結するまで実施されたが、一九四五年九月に廃止された。大戦後、武器貸与法に代わる援助の形態は、国連救済復興機関（United Nations Relief and Rehabilitation Administration: UNRRA）がおこなったが、アメリカは一三五億ドル以上もの貢献をしている。[20]

武器貸与法における支出認可は、[21]それまで再整理と省略がされてきたが、そこに反映されている七〇〇億ドルのうち約六〇〇億ドルが試験的に当てられている。下院の予算小委員会の公聴会で明らかにされたのは、七〇〇億ドルの全面的な支出充当資金が一九四二年末までの一五ヶ月の期間に暫定的な取り決めがおこなわれるというものであった。一九四一年二月末までの一五カ月間のアメリカのイギリスおよび中国への輸出総額は、武器貸与法の条項で扱われない輸出類型を含め、イギリスに対する一二億五、四〇〇万ドルを入れ、総額一三億五、六〇〇万ドルに達した。同年四月初には七〇〇億ドルの支出充当資金からの配分額は二〇億八〇〇〇万ドルと布告され、大統領は取り決めによって取り扱う軍事契約項目の全種類のもとで、新しい物資や設備の製造品の承認を布告した。この取り決めでは一〇億八、〇〇〇万ドルの支出を要求した。利用可能な資金から配分されたのは、二一二の貨物船建造、損傷商用船舶修理のための五六もの進水台と装置である。その他、以前の充当支出に含められた軍事契約項目一三億ドルを限度として、武器貸与法の項目のもとで、既存の軍事補給物資と食料品の海外諸国への譲渡のために追加的に五億ドルが配分されている。[22]

なお武器貸与法に関連する輸出を地域別にみると、その大部分がヨーロッパ向けであり、第二次大戦における力点がそこにあったことは、武器貸与の面からも明らかであろう。とくに、全体の半分近くがイギリス向けであり、アメリカの戦争方針が英米を主軸にしたものであったことが裏付けられている。英連邦諸国を含めると武器貸与法関連の輸出は七五パーセントにのぼったといわれ、他方、ソビエト連邦向けは、二〇パーセントにとどまった。[23]また、武器貸与法に関連する対外債権処理に対するアメリカの姿勢は、第一次大戦後における戦時債権処理の場合と大きく異なるものであった。その間に累積された膨大な貿易黒字は、資本収支で処理することもあり得たが、それではアメリカの債権がさらに累増し、後にその処理問題が生じるおそれがあった。そこで、武器貸与法による輸出超過は政府による移転収支とされた。第二次大戦後の対外援助は武器貸与法による措置の延長に位置づけられるものである。また、大戦後、武器貸与法関連の業務が縮小されるにしたがい、資本移動の方向が重要な問題として浮上してくる。海外諸国は戦時中、為替管理に関して広範囲な措置と技術を駆使したが、資本移動に対するこれら管理の継続的な適用を防ぐためのブレトンウッズでは国際通貨基金（ＩＭＦ）創出の計画はまだなかった。(24)

ここで、武器貸与法による輸出に関連して、資本収支にもふれておきたい。「表２－２」「表２－３」にみられるように、戦時下であるためアメリカの民間資本の対外投資はほとんどなくなり、逆に引揚げられている。他方、外国資本の場合、長期資本取引は引揚げられたが、短期資本は逆にヨーロッパの戦火を逃れるためか大量に流入した。また、政府公的決済資産取引は四三年七億五、七〇〇万ドルから四四年には一三億五、〇〇〇万ドルと倍増している。こうして対外投資は、政府投資を含め四五年には三六九億ドルに達している。平常時経済における長期金融は対外投資手段としてドルによって適切に供給されていた。これには期間延長とアメリカ国内市場での商品購入を可能にするため外国人の手に資金を供給する意図があった。一九二〇年代、そうした対外投資は年間一〇億ドル以上も増加した。しかし、三〇年代の大不況と戦争による混乱の経験は、大戦勃発によってアメリカの投資家に対外信用について不信感をもたらしたのである。(25)

前述の対外投資に関してアメリカはイギリスを上回り、世界最大の投資国になったことを示したが、他方、純資産では大量の外国資本の流入があったため、債務国となった。長期資本のみでは純資産が五七億ドルにのぼり、一九三

表2-2　武器貸与受取国（1941～47年）

（単位：100万ドル）

受取国	合計金額	受取国	合計金額
総計	50,244	イラン	5
アメリカ共和諸国	501	イラク	1
ベルギーおよび領土	159	リベリア	12
英連邦	31,385	オランダおよび領土	251
支那	1,627	ノルウェー	47
チェコスロバキア	1	ポーランド	12
エジプト	2	サウジアラビア	19
エチオピア	5	トルコ	43
フランスおよび領土	3,224	ソ連邦	10,982
ギリシャ	82	ユーゴスラビア	32
アイスランド	4	その他	1,849

出所）*Encyclopedia Britanica*, 1962, p. 467.

武器貸与返済国（1941～45年）

（単位：100万ドル）

返済国	合計金額	返済国	合計金額
総計	7,819	支那	4
		フランスおよび領土	868
ベルギーおよび領土	191	オランダおよび領土	2
英連邦	6,752	ソ連邦	2

出所）Ibid., p. 467.

〇年代の縮小傾向が逆転して四〇年の三二億ドルから約二五億ドルの増加をしている。ところが、資本移動のなかでも短期資本の形で大量の資本流出があったため、総額ではアメリカの赤字となったのである。これは大戦後の傾向とは全く異なる状況であり、アメリカは最大の対外投資国でありながら、投資家にとって優良な資本投下先とみなされ、大量の資本受入国となるが、資本収支全般では債務国となる。

資本移動に関連して金保有の変化にふれる。国際収支の総合的結果は多分に金保有の変化にあらわれる。大戦中の金保有高は経常収支の赤字基調とそれを相殺するように動く資本収支を反映して大戦以前より減少した。一九四〇年までは増加傾向にあり、同年の中央銀行、政府の

表2-3　武器貸与法の支出認可基金 [1]

（単位：百万ドル）

財支出			
航空機及び機器	2,054		
農業及び産業物品	1,350		
銃，弾薬及び補給	1,343		
船舶及び補給	629		
戦車，自動車機器	362		
軍事雑貨，機器	260		
合　計		5,998	
サービス支出			
軍事物資の修理・検査	200		
行政経費	10		
その他必要サービス費用	40		
合　計		250	
資本支出			
軍事物資生産工場設備		752	
総合計			7,000

1）支出認可法の原文に関して，種々の範ちゅうの間で基金の配分変更の項目を含む。
Bulletin, pp. 398-399 参照。

出所）Federal Reserve Bulletin, may 1941, vol. 27, No. 5, p. 392.

保有する金準備は一五〇億二、〇〇〇万ドルに達していたが、以後、減少に転じ、四四年には一二億一、五〇〇万ドル減少して一三八億五〇〇万ドルになった（表2－4）。これはそれによって金輸入が大幅に減少し、同時に軍需生産のために国内産出金量が減退したためでもあった。他方で短期資本の流入と同様、イヤマーク分の金が急増し、戦争の混乱回避のためのアメリカへの資金流入が続いたものと思われる。いずれにせよ、表2－5にみるように四四年九月の時点で、アメリカは世界の外国政府、中央銀行の金保有高総額三五二億一、〇〇〇万ドルの五九・一パーセント、二〇八億二、五〇〇万ドルをアメリカ政府、中央銀行が保有し、外国政府、中央銀行の金保有高は一四三億八、五〇〇万ドルにすぎない。四四年当時でアメリカは世界最大の金保有国だった。一方、このような世界の金保有量の増加が継続するにあたっては、

表2-4　中央銀行金準備と源泉

（単位：100万ドル）

期間	中央銀行金準備			増加の源泉	
	合衆国	海外	計	金生産	その他源泉
1928年末総額	3,745	6,310	10,060	—	—
1929年1月～34年1月の増加	470	2,200	2,670	2,360	310
1934年1月31日					
ドル単価切上げ増加額	2,805	5,885	8,690	—	8,690
増加及び減少（－）					
1934年2月～40年12月	15,020	－5,600	9,415	8,485	930
1941年1月～44年9月	－1,215	5,590	4,375	4,375	—
1944年9月末総額	20,825	14,385	35,210	—	—

注）1934年以前の金価値は純金1オンス26.67ドル，その後純金1オンス35ドルで評価された。中央銀行金準備は中央銀行および政府保有である。その他保有される金貨と金塊は含まれない。海外の金準備に関する詳細はBulletin, p. 1044の表を参照。

出所）Federal Reserve Bulletin, November 1944, vol. 30, No. 11, p. 1046.

二つの強力な力が働いてきた。[26]二つの主要な要因とは、金採掘量とその一オンス当たりの貨幣価値の平価切上げである。二つの要因は相互に密接な関係を有している。金価格上昇の直接的な効果は、一九三四年のドル減価にともなって引き起こされたものであった。すなわち、一九三四年一月三一日に成立した。金準備法（Gold Reserve Act of 1934）に基づいて従来一オンスにつき二〇・六七ドルであった平価を一オンスにつき三五ドルに引上げ、その結果、四〇・九四パーセントのドル減価がもたらされたことによるものであった。この法律はまた最大限五〇パーセントまで切り下げる権限を大統領に付与したものであり、したがって、大統領は一九三四年一月の切下げ以後といえども、さらに切下げうる権限を保有していた。このドルの金価格の固定と財務省の無制限の金売買宣言によって、金の公定価格とロンドン自由金市場価格との間の裁定取引が活発におこなわれるようになり、大量の金がヨーロッパからアメリカに移動した。

この膨大な金保有が大戦末期の一九四四年七月ニューハンプシャー州ブレトンウッズで開かれた連合国通貨金融会議に

表2-5　国際投資ポジション

（単位：10億ドル）

年	合衆国の対外投資							外国の対合衆国投資						
	計1)	民間					合衆国政府1)	計	長期			短期		
		民間計	長期			短期			長期計	直接	その他	短期計	民間債務	政府債務2)
			長期計	直接	その他									
1947	48.3	14.9	13.4	8.4	5.1	1.5	33.4	13.8	6.8	2.6	4.2	7.0	5.0	2.0
1946	39.4	13.5	12.3	7.2	5.0	1.3	25.9	15.2	7.0	2.5	4.5	8.3	5.3	3.0
1945	36.9	14.7	13.7	8.4	5.3	1.0	22.2	17.0	8.0	2.5	5.5	9.0	5.3	3.7
1940	34.3	12.2	11.3	7.3	4.0	0.9	22.1	13.5	8.1	2.9	5.2	5.4	5.1	0.3
1935	23.6	13.5	12.6	7.8	4.8	0.9	10.1	6.4	5.1	1.6	3.5	1.2	1.2	—

1) 1914年から合衆国貨幣用金ストックを含む。
2) 長期と短期を含む。
出所）Ibid., p. 869.

おいて、基軸通貨にドルが選ばれる根拠となった。周知のように、ブレトンウッズ会議において、国際通貨基金協定（Agreement of the International Monetary Fund）と国際復興開発銀行協定（Agreement of the International Bank for Reconstruction and Development）の両協定が連合国四四カ国の代表によって署名され、所定の出資総額の六五パーセント以上の国の批准をえて、一九四五年一二月末三五カ国の正式調印によって、設立が決定される。また、この協定によって、大戦後世界経済体制の基本的な構造がつくられるのである。そこで決定された基軸通貨としてのドルは、形式的には一オンス三五ドルで金との兌換可能性に基づいていたが、実質的にはアメリカの強大な経済力を背景にしたドルの有する信用によるものであった[27]。ＩＭＦ体制は形式的には変形した金本位体制であったといえるが、実質的にはドル本位制であるともいえる。こうして、第二次大戦後の世界経済はあらゆる面で圧倒的に強大になったアメリカ経済を中心に動くことになる。

三　Eximbankの信用供与と実績

ワシントン輸出入銀行（The Export-Import Bank of Washington: Eximbank）[28]は、第二次大戦の戦時経済を背景にして、大戦に対してどのような役割を果たすのかが当面の課題であった。すなわち、第二次大戦期のEximbankの全般的活動は外交政策の手段としての役割を担い、Eximbankの有する機能は戦争遂行のために集中される。一九三九年四月、Eximbankの法的な地位が修正され、連邦政府の融資機関として、復興金融公社（RFC）の業務の一部がEximbankの貸付業務に編入される。しかし、Eximbankの業務拡大は、従来の基本的な外交方針に抵触するという懸念から与信限度額が貸付金一億ドルに制限された。一方、ヨーロッパにおける戦争勃発の結果、輸出入支援貸付が拡大、業務上の法的な制約が大幅に緩和された。一九三九年以降、Eximbankの民間輸出金融を通して貿易拡大を促進するという政策は後退し、Eximbankは外交政策の手段および国家防衛としての役割を分担することになった。さらに、一九四〇年、ヨーロッパにおける戦争に対するアメリカの姿勢に関する議論が高まるにともない、議会は海外貸付権限の管理と拡大を意図するようになっていった。四〇年三月には、貸付金残高の制限を一億ドルから二億ドルに増加させた。同時に、(1)一国の貸付金残高を二、〇〇〇万ドルに制限し、(2)Eximbankの業務に対してジョンソン法（Johnson Act）を適用、(3)国務省の決定として、国際法に違反する国々に対して他の種類の貸付金を禁止し、ついで一九三九年の中立法（the Neutrality Act of 1939）に反する「戦争の手段」のための貸付をおこなうことを決定した。

貸付権限の拡大は当時、ソ連の侵略に苦しむフィンランドに対する信用供与のために不可欠であった。これには

Eximbankの法的な権限が制約されていたため、とくに法的に利用可能なＲＦＣの資金が緊急な戦争関連貸付のために検討されたのである。加えて、Eximbankの貸付権限は戦争の遂行上、影響のあったラテンアメリカ、キューバ、メキシコ等の中央アメリカ経済支援のためにも大幅に強化され、資源開発や経済安定化に資するものであった。さらに、ヨーロッパおよび東南アジア諸国に対する支援は、生産物市場の安定にも役立った。[29]このEximbankの融資権限は業務開始当初、南アメリカおよび中央アメリカの戦時経済に対する唯一の支援として急激に増加させた。また、資源開発と経済安定化、そして西半球の生産物の販売促進に対する支援に関して、Eximbankの融資権限は南アメリカや中央アメリカの諸政府と中央銀行およびその他適正な銀行への貸付金に対する回転基金として追加的な使用のための五億ドルが供与されている。計画は一国の一般的な貸付金残高二、〇〇〇万ドルから除外された。そうして法案は、少数の共和党の強い反対にあったものの、提出されることで、実際に法律として成立した。タフト上院議員によって起草された法案に関して、上院銀行委員会の少数派見解は同法案を南アメリカにおける五億ドル活用の決定権限を議会が放棄するものだとして批判した。戦争におけるもっとも重要な中立性の問題について、少数派は新たな計画における明白な反ドイツ姿勢であるとの不満をもったのである。[30]法案の危険性についての少数派の見解は確かに正当ではあった。政府は大統領の権限に対するように、また、アメリカの購入を支援する大規模外国援助貸付金を作る同様の全面的な自由裁量の手段が特定な取引支援におけるアメリカの輸出業者に対する一般的により小規模貸付金として以上に用いるように、全面的に従属するEximbank理事会に与えることを求めていた。もっとも単純な条件の問題は、アメリカの国際的な姿勢が影響を与えるように対外経済援助の利用以上に議会および行政上の管理の範囲を越えていた。[31]これらの目的についてのEximbankの融資のために、ＲＦＣの貸付承認は一〇億ドルから一五億ドルに増やされている。Eximbankは第二次大戦期を通して、西半球において余剰農産物の押付け的な輸出を避けるために、戦争関連の自然資源の開発、そして公共事業（南アメリカと中央アメリカ間の高速道路建設支援を含む）について数多くの融資をおこなった。法令に依らない政府行政部門の一機関としてのEximbankの自由な組織的性格と地位は、この期間に再評価されるようになった。[32] Eximbankは一九四二年と四三年に、その他の政府機関の再編成計画を含む一連の行政令によって、商務長官、戦争経済局（Office of Economic Warfare）および海外経済管理官のもとに引き続き置かれることになった。この体制は一九四五年輸出入銀行法（Export-Import Bank Act of 1945）まで継続された。

第二次大戦はヨーロッパ諸国の経済と生産資源に広範囲な破壊をもたらした。その崩壊はヨーロッパのみならず、ヨーロッパと経済関係をもっていた低開発国に大きな負担を強いることになり、緊急の復興資金が不可欠であった。ブレトンウッズ協定にもとづき国際復興開発銀行（ＩＢＲＤ）が設立されたが、実際の業務が開始される前の間隙期にあった。その間隙を埋めるために連邦政府は、現行の制約をはるかに越える融資権限をEximbankに付与し、その活用を図ったのである。このような環境のなかで、国家の対外経済政策を実行するための基本的な手段として提案されたEximbankの役割は、それにふさわしい法的な地位を付与することが求められた。しかし、議会の主要な関心は法的な地位よりもEximbankの融資額にあった。このような議会の姿勢は、Eximbankの融資権限の拡大とその他諸目的実現のための法令に表れているが、そのなかでその他目的が重要な意味をもつものであり、その点で連邦政府はEximbankの独立性を保証し、法令の中心的な目的達成のために必要な諸手段を提供することになった。議会はまた、現在のEximbankの活動および業務に基本的な法令によるフレームワークを与えた。[33]

周知のように、Eximbankの業務は独自の信用計画にもとづく直接貸付とともに民間金融機関に対する信用供給があり、見落とせない重要な構成要素となっている。民間金融機関とは主として商業銀行のことであり、輸出入業者の貸付申込に対して、商業銀行を通して直接貸付金や貸付保証などの形で支援をおこなう。商業銀行が仲介業務をおこなう場合、商業銀行は必要な審査業務において共同体制をとり、必要ならばEximbankの取立業務を引き受け、さらに、貸付金を供与することも認められていた。しかし、民間金融機関との関連におけるEximbankの一般的業務は、先述の業務において貸付金金利が役員の自由裁量のもとに決定されるなど多様な業務上の権限が与えられていたが、輸出信用に対する保険業務がなく預金の保有も認められていなかった。これは既存の民間金融機関との競合を回避するためであり、輸出業者の代理機関が特定の取引をおこなう場合、Eximbankの指名手順が慣行として確立していた。また、その代理機関としての商業銀行は貸付金供与の権限が認可されるほか、実際の手形割引、そして日常の通信および海外取引における船積み手続業務をおこなうことも認められていた。また、商業銀行およびその他金融機関は、場合によってはEximbankのおこなう諸業務において、参加の機会が与えられていた。これらの業務の基本的な原則や施策をみるかぎり、Eximbankの諸活動は付与された法的な権限の範囲は明確に制限されていた。(34)

戦争終結に先立つ期間の貿易動向については、先述した武器貸与法にもとづく移転的取引がその大部分を占めた。一九四五年の前半六カ月間のアメリカの財・サービスの海外諸国への供給は、合計七六億ドル、年度末には一五〇億ドルにのぼった。そのなかで貸与支援の形態が総額四七億ドルで六〇パーセントを占めていた。(35)一方、アメリカの海外諸国の財・サービス取得は、対外軍事支出を含め、四五年前半で総額四五億ドルにすぎず、これらの財・サービスは一四億ドル供給され、これは武器貸与法および相互援助法にもとづくアメリカへの移転額の二八パーセントを占めるにすぎない。(36)しかし、これらのほとんどが現金で支払われ、このアメリカからの長期資金の流出は海外諸国のドル保有を増加させ、その後の貿易促進に寄与することにもなった。さらに、第二次大戦終結は、とくに四五年八月の日本の降伏にともないアメリカの貿易収支に重要な変化をもたらしている。しかし、海外諸国に対する財・サービスの供給量は四五年後半六ヶ月間、第四・四半期合計二六億ドルとなり、第二・四半期の四〇億ドルと比較して急速に減

表3-1　Eximbank 貸付承認プログラム

（単位：100万ドル）

年	貸付金		保　証		保　険		総　計	
	総　額	年変化比(%)	総　額	年変化比(%)	総額	年変化比(%)	総　額	年変化比(%)
1938	75	257.1	—	—	—	—	75	257.1
1939	75	0.0	—	—	—	—	75	0.0
1940	371	394.7	—	—	—	—	371	394.7
1941	183	−50.7	—	—	—	—	183	−50.7
1942	264	44.3	—	—	—	—	264	44.3
1943	63	−76.1	—	—	—	—	63	−76.1
1944	30	−52.4	—	—	—	—	30	−52.4
1945 (a)	74	146.7	—	—	—	—	74	146.7
1946	2,197	2,868.9	—	—	—	—	2,197	2,868.9

(a) 合衆国の商品輸出合計：1938-45年の数値は軍支援下の移転を含む。

出所) Rita M. Rodriguez, The Export-Import Bank At Fifty, Lxington, Books, 1987, p. 26.

表3-2　国別 Eximbank 貸付金支出（1945年7月1日〜12月31日）

（単位：1000ドル）

国	額	国	額
ラテンアメリカ		ヨーロッパ	
ブラジル	$3,609	デンマーク	$7,600
チリ	2,711	オランダ	21,800
コロンビア	6,089		
コスタ・リカ	50	総　計	24,536
キューバ	5,125	アジア	
エクアドル	909		
メキシコ	3,933	中　国	4,210
パラグアイ	370		
サルバドル	576	総　計	4,210
ウルグアイ	1,064	その他諸国	499
その他諸国	100		
総合計	29,400	総合計	1) 158,645

1) This figure, which excludes commissions charged by the bank, differs slightly from the amount of "Loans" shown in Appendix I, *Statement of Source and Utilization of Export-Import Bank Funds During 6 Months Ended December 31, 1945*, which includes such commissions.

出所) Export-Import of Washington, Semiannual Report, 1945, p. 23.

少した。これは先の武器貸与法の協定にもとづく財・サービス供給が現金支払によらないものであったのに対して、貸付金信用供給が重要性を高めたことを意味する。Eximbankの信用供与は四五年前半のアメリカの海外貿易金融において、まだ重要な要因とはなっていない段階である。Eximbankの四五年再編成当初の活動は、戦時体制としての武器貸与法の協定にもとづく金融支援と戦争終結にともなう再建信用の供与、そして国際復興開発銀行の本格的な業務が開始される間隙を埋めることなどに重点がおかれていた。

一九四五年の後半六カ月の期間、Eximbankの新たな貸付承認が付与される海外諸国は主としてラテンアメリカである。ブラジルに対する貸付承認は、ルロイド・ブラジレイロ（Lloyed Brasileiro）によるアメリカの外洋貨物船一二隻の購入に向けられる総額三、八〇〇万ドルに対するものである。支払が年四パーセントの利子率で一〇年間の分割払い方式であったチリに対する信用は、主として政府機関のチリ開発公社（Chillean Development Corporation）に向けられた二、八〇〇万ドルと五〇〇万ドルの信用供与である。チリは開発公社に向けた二、八〇〇万ドルは鉄鋼プラントの建設に要する原材料およびサービス購入に対する資金であり、後者の五〇〇万ドルにはチリ共和国の保証が付与され、新たな鉄鋼工場に必要な電力供給のための水力発電施設に対するものである。さらに、メキシコを含めEximbankの貸付承認総額は、四五年の後半には三、〇二〇万ドルにのぼったが、メキシコ政府に向けた便益供与は、幹線道路の建設計画を進めるための一、〇〇〇万ドルの増加額分である。この追加的な額は、メキシコ政府の同様な目的に対する当初の信用とは異なり、アメリカ製の設備購入とアメリカによるサービスに集中して使用されるものであった。海外諸国に対するEximbankの信用は、ラテン・アメリカのほか、主要なものとしてヨーロッパや東南アジア諸国があるが、四五年度に実施された新たな信用供与にはサウジ・アラビア王国に対するものがあった。このような貸付承認にもとづくEximbankの実際の支出額は四五年度末に五、九〇〇万ドルにのぼった。ラテン・アメリカ諸

表 3-3　貸付承認（1939〜47年）

（単位：100万ドル）

年	貸付金		保　証		保　険		合　計	
	総　額	年変化率	総　額	年変化率	総　額	年変化率	総　額	年変化率
1939	75	0.0	—	—	—	—	75	0.0
1940	371	394.7	—	—	—	—	371	394.7
1941	183	−50.7	—	—	—	—	183	−50.7
1942	264	44.3	—	—	—	—	264	44.3
1943	63	−76.1	—	—	—	—	63	−76.1
1944	30	−52.4	—	—	—	—	30	−52.4
1945 [a]	74	146.7	—	—	—	—	74	146.7
1946	2,197	2868.9	—	—	—	—	2,197	2868.9
1947	279	−87.3	—	—	—	—	279	−87.3

出所）Rita M. Rodriguez, "The Export-Import Bank at Fifty, p. 28.

貸付承認比率および対アメリカ輸出比率（1939〜47年）

（単位：100万ドル）

年	合計承認比率				アメリカ輸出	Eximbank 承認額対輸出比
	貸付金	保　証	保　険	合　計		
1939	100.0	—	—	100.0	3,347	2.2
1940	100.0	—	—	100.0	4,124	9.0
1941	100.0	—	—	100.0	5,343	3.4
1942	100.0	—	—	100.0	9,187	2.9
1943	100.0	—	—	100.0	15,115	0.4
1944	100.0	—	—	100.0	16,969	0.2
1945 [c]	100.0	—	—	100.0	12,473	0.6
1946	100.0	—	—	100.0	11,764	18.7
1947	100.0	—	—	100.0	16,097	1.7

出所）Ibid, p. 30.

国の二、五〇〇万ドル、ヨーロッパ諸国に対する再建信用二、九〇〇万ドルがその主要なものとなっている。また、四五年後半六ヶ月間のEximbankの支出が一〇億ドルを越える新たな貸付承認や七月一日の三億三、六〇〇万ドルの未履行支払に比較して小さいのは、Eximbank融資の大部分が借り手の信用計画に先立って実施される必要があるからである。借り手の金融環境あるいは金融体制においてのみ資金の利用が図られるため、信用の期間は長期に繰り延べられることが影響しているものと思われる。

むすび

Eximbankは一九三〇年代の大不況を克服しようとしてニューディール経済政策の一環として一九三四年二月、コロンビア地区法のもと設置された。すなわち、ニューディール経済政策の支柱をなす全国産業復興法（ＮＩＲＡ）がEximbank設立の契機であった。そして、Eximbankの設立当初の目的は「輸出入の促進と貿易金融において支援」をおこなうことであり、Eximbankの意図する機能の性格と範囲あるいは政策決定の自由裁量の余地に対する見方は全く与えられていない。この法的な機能は理論的には、外国貿易と国家防衛に関連して政府主導の取引を実行するなかで基本的に受動的な金融仲介政府機関としてのEximbankの業務を通して果たされていた。[38]

Eximbankは設立以降、その政府銀行公社の組織性格が一九三五年、三七年、三九年、四〇年の議会の法律制定により合衆国の機関として継続し、一九四五年輸出入銀行法によって恒久的な独立機関となった。一九三九年の改訂ではEximbankの法的な地位が修正される。そして第二次大戦期のEximbankは外交政策の手段としての役割を担い、その機能は戦争遂行目的に集中された。しかし、一九三九年の時点では、武器貸与法の協定にもとづく軍需物資や食料品等の海外への移転取引が大部分を占めていた。[39] その後、一九四〇年のヨーロッパの戦線拡大と真珠湾攻撃によってアメリカは本格的な戦時経済に入っていった。戦時経済の経済効果に触れると、一九四〇年以降の膨大な軍事支出は有効需要の増加を通じて、ニューディールによっても果たされなかった経済回復の課題を短期間のうちに解決することになった。

一九四五年法は大戦後の緊急な復興資金の供給ということが強く意識される。政府の貿易政策の目的は第一義的に世界経済の再建におかれ、Eximbankの役割は再建信用の供与を可能にする融資権限が大幅に拡大されたことで大きなものとなっていく。これは一九四八年経済協力法（Economic Cooperation Act of 1948）によるマーシャルプラン援助（Marshall Plan Aid）に関連して、Eximbankは当初、経済協力管理機構の海外援助貸付金の管理とともに直接貸付金の供与もおこなっている。一九四五年法以降、Eximbankの主要な役割は海外援助と国家防衛目的の遂行に集中される。[40] Eximbankの主要な役割が海外援助の実行にあることは次の事実に明白に示されている。一九四五年の上院の公聴会において、Eximbankは海外諸国政府を支援する政府計画の実施機関および金融機関としての役割を担うものである。[41]

註

（1） "Financial History of the United States", Jerry W.Markham, M.E.Sharpe, Inc. volume II, 2002, p.255
（2） Federal Reserve Bulletin, "War Program and Living Standard", October 1842, Vol.28, No.10, pp.981-988
（3） Charles A.Beard, Mary R.Beard, William Beard, "The Beard's New Basic History of the United States", Boubleday and Company Inc, 1960, New York, pp.431-432（チャールズ・ビーアド、メアリ・ビーアド、ウィリアム・ビーアド著、松本重治、岸村金次郎、本間長世訳「新版アメリカ合衆国史」岩波書店、昭和三九年九月二五

日、四五二～四五三頁)、堀一郎、「アメリカの戦時生産の実態について」北海道大学「経済学研究」、二三三～二三四頁

(4) 拙稿「ワシントン輸出入銀行の成立と展開過程」、「政経研究」、第三二巻第四号、六〇～六一頁

(5) 河村哲二「第二次大戦期アメリカ戦時経済の研究」、御茶の水書房、一九九八年一二月五日、一八二頁

(6) 前書、一八五頁

(7) Harold Underwood Faulkner, "American Economic History", Harper & Row, 1960, p.698

(8) 長沼秀世、新川健三郎著「アメリカ現代史」、岩波書店、一九九一年七月三一日、一三一頁

(9) G.Soule and V.P.Carosso, "American Economic History", 1957, p.556

(10) "Economic Effects of Changing War Program", Federal Reserve Bulletin, Volume.31, Number 7, July 1945, pp.639-640

(11) 向山巌、「アメリカ経済の発展構造」、未来社、一九六六年三月三一日、一二六～一二七頁

(12) Margaret G.Myers, "A Financial History of the United States", Columbia University Press, 1970, pp.347-348

(13) 鈴木武雄「近代財政金融」、春秋社、一九五七年一一月二〇日、一七三～一七四頁

(14) Margaret G.Myers, op. cit. pp.351-352

(15) 有澤廣己、脇村義太郎、美濃部亮吉著、「世界経済図説」、岩波書店、昭和二七年六月二六日、一二三～一二五頁

(16) Federal Reserve Bulletin, "Foreign Trade, Capital Movements, and International Reserve", November 1844, No.11, Vol.30, pp.1039-1046

(17) Federal Reserve Bulletin, June 1940, Vol.26, No.6, p.494

(18) Federal Reserve Bulletin, June 1945, Vol.31, No.6, pp.519-520

(19) Federal Reserve Bulletin, November 1944, Vol.30, No.11, pp.1039-1040

(20) Federal Reserve Bulletin, November 1944, Vol.30, No.11, p.1049

(21) Federal Reserve Bulletin, May 1941, Vol.27, No.5, pp.397-399
(22) Ibid. pp.391-393
(23) Federal Reserve Bulletin, November 1944, Vol.30, No.11, p.1038
(24) Ibid. p.1043
(25) Ibid. p.1050
(26) Ibid. pp.1045-1046
(27) Richard N.Gardner, "Sterling-Dollar Diplomacy", NcGraw-Hill Book Company, 1969, pp.71-79
(28) その名称は一九六八年三月一五日、公法九〇－二六七、第九〇回議会において合衆国輸出入銀行（The Export-Import Bank of the United States）に変更される。一九三四年二月二日に設立されたワシントン輸出入銀行は以降、一九三五年、一九三七年、一九三九年および一九四〇年の議会の法制定により合衆国機関として継続し、一九四五年法（The Export-Import Bank Act of 1945）によって連邦政府の独立機関となった。
(29) Jordan Jay Hillman, "The Export-Import Bank At Work", Quorum Books, 1982, p.12
(30) Ibid. p.12
(31) Ibid. pp.12-13
(32) Ibid. p.13
(33) Ibid. p.13-14
(34) Federal Reserve Bulletin, Vol.31, No.7, pp.1000-1005, "General Policy Statement of the Export-Import Bank of Washington", Richard E.Feinberg, "Subsidizing Success: The Export-Import Bank in the U.S.Economy", Cambridge University Press, 1982, pp.12-13, pp.17-18
(35) Export-Import Bank of Washington, First Semiannual Report to Congress, op. cit, p.26
(36) Ibid, p.11

（37） Ibid, pp.11-17
（38） Jordan Jay Hillman, op. cit., p.3
（39） Export-Import Bank of Washington, First Semiannual Report to Congress, 1945, p.11
（40） Jordan Jay Hillman, op. cit., p.2
（41） Ibid., p.22

第三章　復興期アメリカ経済とEximbankの役割変化

はじめに

本章は第二次世界大戦後のアメリカ経済におけるワシントン輸出入銀行（Eximbank）の信用供与活動を課題とした。叙述期間は一九四五年～六一年の世界経済の復興期であり、大戦によって荒廃した世界経済の復興に果したアメリカのきわめて大きな貢献は周知のことであろう。復興過程におけるアメリカの貿易政策は国内経済の状況によって変化をせざるをえず、それにともないEximbankの役割もまた変化をした。アメリカ経済は大戦後の世界経済体制、すなわちＧＡＴＴの創出、さらに貿易自由主義を主唱し、それを実効性のあるものとすべくブレトンウッズ体制の確立に大きな影響を与え寄与をした。

第一節では、復興期のアメリカ経済が大戦終結により戦時経済体制から平時経済へ再転換する過程を検討した。大戦後の景気循環のなかに戦時経済の影響があり、それが景気変動の要因として作用した。第二節では、五〇年代のアメリカ経済を説明したが、この時期においても依然戦時経済の影響が残り景気の上昇と後退を繰り返すが、対応した経済政策の特徴はその後の政策形成に影響を与えている。第三節は、貿易政策の変貌に焦点を当てたが、大戦後世界経済体制および世界貿易体制の確立過程の検討である。第四節では、Eximbankの役割変化をEximbankの具体的な貿易信用供与と実績値の推移のなかで検討した。Eximbankの貿易金融政策が課題である。

一　戦時経済から平時経済への再転換過程

軍事経済が急激に膨張し戦時経済体制に転換した一九四〇年以降、アメリカ経済は軍需部門のみならず民間需要部門でも大きな発展をとげた。しかし、一九四五年五月ドイツの敗北、つづいて同年八月の日本の降伏によって第二次大戦が幕を閉じ、戦時経済体制がその役割を終えたことでアメリカ経済は大きな影響を受ける。そのもっとも大きな要因は政府の軍需支出の急速かつ大規模な縮小であった。政府の財・サービス支出は対GNP比率で一九四一年～四七年の三一・四パーセントから四七～五七年には一八・五パーセントと大幅に減少し、その結果、四八～四九年、五三～五四年、五七～五八年と三度にわたる不況をもたらすことになった。

鉱工業生産指数の推移が示すように、一九四六年以降、とくに耐久財生産指数は急速に下落した。四五年の対前年下落率は三六パーセントに達した（表1－1）。鉱工業生産総合指数でみても、四五年の対前年下落率は一八パーセントと大戦終結にともなう影響は明白に示されている。

耐久財生産指数がピークを示した四三年の対比では約四〇パーセントも下落している。しかし他方、非耐久財生産指数については、四四～四六年の間、ほぼ不変にとどまった。こうした耐久財生産の著しい減少は、第二次大戦終結にともなう軍事支出あるいは軍需契約の大幅な削減に基因したということがいえる。これは表1－2の国民総生産の

表1－1　鉱工業生産指数、1929～49年

（1935～39年＝100）

年	総工業生産	製造業			鉱物
		計	耐久財	非耐久財	
1929	110	110	132	93	107
1930	91	90	98	84	93
1931	75	74	67	79	80
1932	58	57	41	70	67
1933	69	68	54	79	76
1934	75	74	65	81	80
1935	87	87	83	90	86
1936	103	104	108	100	99
1937	113	113	122	106	112
1938	89	87	78	95	97
1939	109	109	109	109	106
1940	125	126	139	115	117
1941	162	168	201	142	125
1942	199	212	279	158	129
1943	239	258	360	176	132
1944	235	252	353	171	140
1945	203	214	274	166	137
1946	170	177	192	165	134
1947	187	194	220	172	149
1948	192	198	225	177	155
1949	176	183	202	168	135

出所）The Economic Report of the President, 1951, Jan 12, P.187

各構成要素の変化のなかで、四六年国防にかかる政府支出が大幅に減少したのに対して個人消費支出と民間投資が逆に相当な伸びを示したことに明白にあらわれている。

鉱工業生産指数の下降は一九四六年をもって終わり、以降再び上昇に転じた。とくに製造業耐久財生産は非耐久財生産につづいて急速に回復をはじめた（表1－1）。大戦終結後の耐久財生産は、戦時経済における軍事的性格から平時経済に転換したことを意味した。[1]

戦時中に膨張した軍需財生産のための大きな生産設備・

表１－２　国民総生産の構成要素、1945～46年

（単位：10億ドル）

	第１・四半期 1945年	第１・四半期 1946年	第４・四半期 1946年
消費支出	119.0	137.2	156.1
総民間国内投資	7.7	24.5	30.3
総対外投資	－2.7	2.6	4.8
政府支出	98.6	35.4	29.2
国民総生産	222.6	199.7	220.4
国民所得	191.8	169.7	190.3
差引：企業利潤	23.5	14.7	21.5
：その他控除	5.8	6.9	5.8
加算：政府移転支出	3.5	12.0	9.7
：その他追加	8.5	10.2	10.4
個人所得	174.4	170.3	184.2
差引：個人所得税	21.3	17.8	19.6
可処分所得	153.1	152.5	164.6
消費支出	119.0	137.6	156.1
個人貯蓄	34.1	15.3	8.5

出所）Robart A. Gordon "Business Fluctuations," 1961, P.465

能力をかかえながら、四九年に一時的な景気後退をしただけで、景気拡大の道をたどる。表１－２より国民総生産の構成要素としての政府支出の大きさを比較すると、一九四六年第一・四半期と同年第四・四半期を四五年第一・四半期との対比で、それぞれ約六三〇億ドル、約六九〇億ドルもの減少を示した。逆に、消費支出は四六年第一・四半期、同年第四・四半期でそれぞれ約二〇〇億ドル、約三七〇億ドル増加し、民間投資も四六年第一・四半期約一六〇億ドル、第四・四半期約二三〇億ドルと大きく増加した。しかし、国民総生産は一九四六年減少を示したが、四六年第一・四半期約二三〇億ドル、同年第四・四半期で約二〇億ドル、戦時経済のピーク時の三分の一以下の減少にとどまった。政府支出による需要圧力が急減しているにもかかわらず、国民総生産が微減にとどまったのは、消費支出の四六年以後の増大にあった。加えて、製造業耐久財需要の増大と州および地方自治体の財政支出増が影響した。(2) すなわち、景気拡大の主要な要因として挙げ

図1－1　総資本形成の構成要素
—1949～50年（四半期）—

（単位：10億ドル、年率）

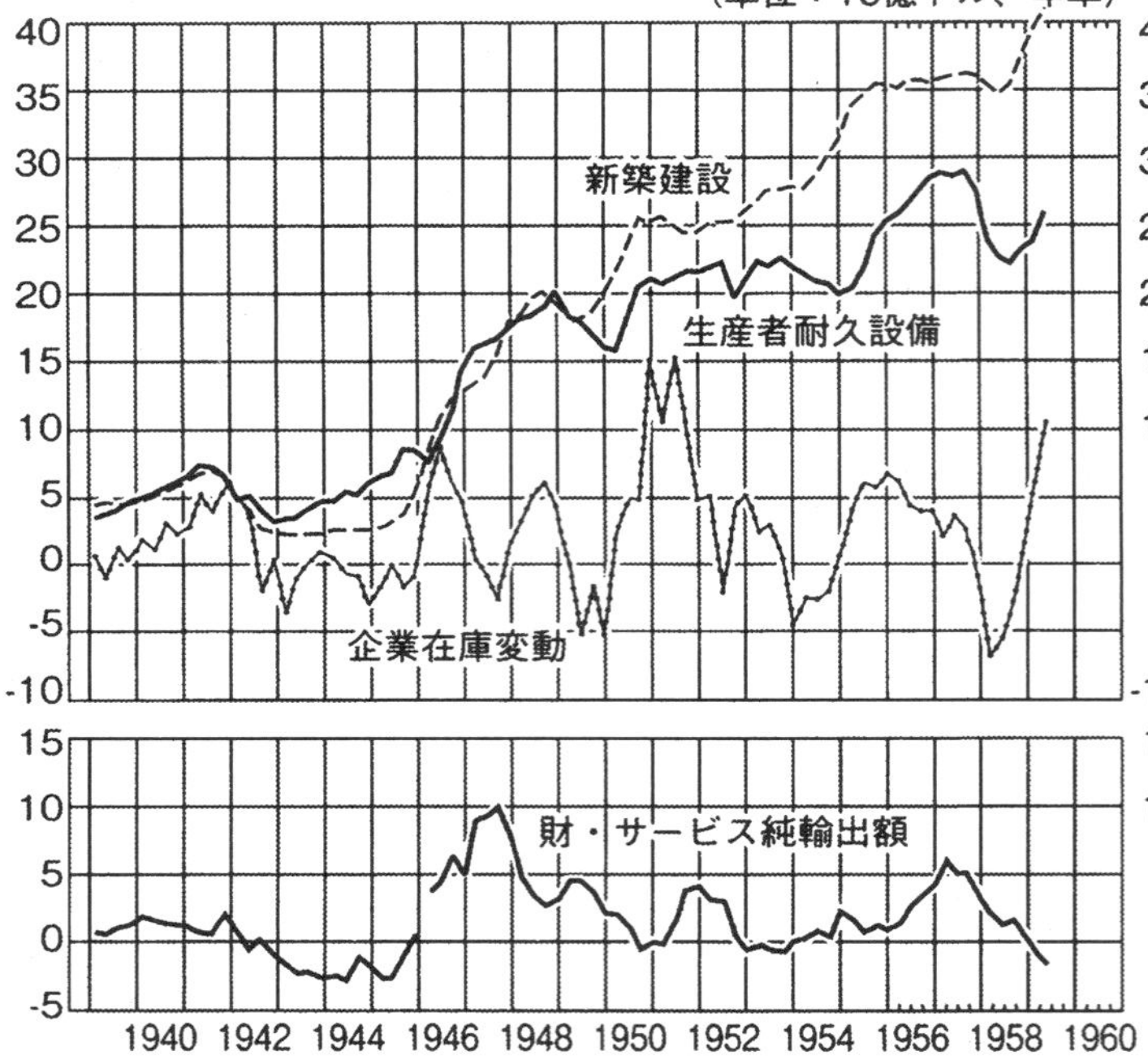

From *Historical Spplement to Federal Reserve Chart Book on Financial and Business Statistics.*
出所）Robert Aaron Gordon, "Business Fluctuation," Harper & Brothers, 1961, P.475

られるのは先述の消費支出の微減であるが、可処分所得が大戦終了後の景気下降に際しても減少しなかったことである。また、個人消費支出が消費者耐久財と四六年の第一・四半期の間に四〇パーセントも増加した食料に向けられたことも大きい。消費支出はさらに、生産者耐久設備と民間新建築が同時期二倍以上も増加した[3]。これらは戦時中、消費の抑制を強いられ個人貯蓄の形態で潜在化していた消費需要が戦争終了とともに一挙に顕在化したのである。いわゆるこの繰り延べ需要（Pent-up demand）の存在は、民間固定投資と並んで戦後の消費需要が拡

図１－２　国際収支

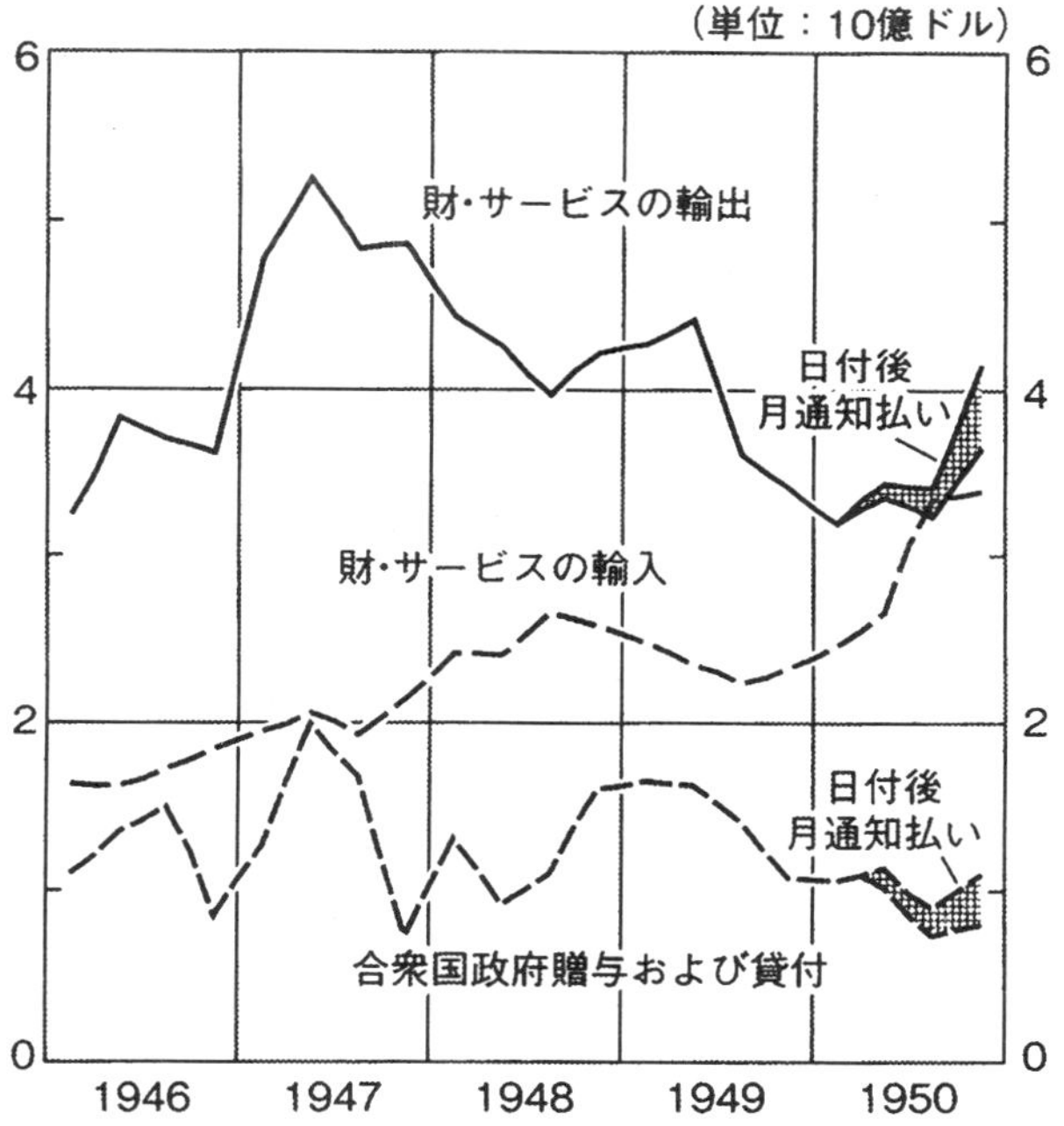

注）商務省データ。「合衆国政府贈与と貸付」は、補助金に加え、IMFおよびIBRD向けの払込金除外の調節を除いて、その他移転、長期と短期政府資本を含んでいる。
出所）Federal Reserve Bulletin, Vol.37, Number 4, April 1951, P.365

大するのに決定的な役割を果たした。

一九四五年第四・四半期に軽度の景気後退を克服したアメリカ経済は、四六〜四八年の間、先述の旺盛な個人投資や民間投資に支えられて、予想外の好況局面を現出した。一九四六〜四八年の景気上昇をゴードンは、「急速な物価と賃金の上昇、膨大な民間投資と空前の輸出数量および消費者財に対する外見的には飽くことなき需要によって特徴づけられる」[4]と規定した。ただ、この好況は一九四八年から次第に減少傾向を示し、四九年末には短期間の不況局面が現出したが、五〇年の前半六か月間に活発な回復を示し、五〇年の中間期には四八年の産出量水準を超過した。この好況の関連では、その後の朝鮮戦争の勃発によって新たな傾向としてのインフレーションの高進が引き起こされる。大戦後のこうした動向は、失業率においても四六年四・四パーセント、四七年三・六パーセント、四八年三・四パーセントと推移し平時経済としては正常な水準を維持した。

ここで、このような大戦直後の復興期の経済発展がどのような要因によって形成されたのかをみてみる。まず、個人消費支出の動向について、一九四八年の第三・四半期で三九年の消費支出は五〇パーセント以上も増加した。その増加の大部分は三九年以降の物価上昇によるものであるが、また、それは消費者行動の変化と財・サービスに対する実質的な消費のめざましい増勢が持続したことによるものであった。このような大戦直後の消費支出は、国民総生産に占める比重が一九四四年の戦時経済の約五〇パーセント、一九三九年の七五パーセントに比して約七〇パーセントを示している。[5] その基本的要因は、前述したように繰り延べ需要、可処分所得の増大、消費性向の変化とそれにともなう貯蓄性向の低下をあげることができる。また、個人消費支出の増大は主に戦時経済においてきびしい生産制限を受けていた耐久消費財支出が大戦終結にともない解消され拡大の主流がそこに移行したことによる。大戦前と比較して、その最も大きな変化は耐久消費財と食料および住宅に対する支出の相対的な重要性が高まったことである。ただ、住宅購入は通常の消費支出というより投資支出に分類されるものであるが、耐久消費財の支出拡大は先述のように一九三九年から四四年の戦時経済における生産制限の結果、犠牲を強いられていたものであった。そのなかで、乗用自動車はそこで支出が抑制されていた。[6] それでもなお、耐久消費財の販売と消費支出が生産制限の解除と生産拡大にともない増大したが、耐久消費財支出の可処分所得に占める比率が大戦前の水準に近付いたのは、ようやく一九四八年であった。[7] さらに、それまで諸財に対して控えていた需要の存在、とくに乗用自動車に対する需要は未充足の状態にあった。加えて、軍隊からの大量復員による婚姻数の一時的急増や都市人口の郊外移動にともなう住宅需要の増大、消費者信用の膨張等が耐久財支出の激増をもたらしたものといえる。

個人消費支出増大の要因として、このほかに所得の分配が低所得層に有利に変化したこと、それにともなう消費性向の高まりが指摘できる。[8] 多くの根拠のなかで、一人当り食料消費についてみると、大戦前より高く、一般大衆は物価上昇によってもその消費を直ちに減少させなかった。可処分所得における食料の支出比率は大戦前よりも一九四六〜四七年の間がきわめて高い。消費者支出の拡大は四八年の水準に近づき、個人貯蓄の量が四七年央から増加しはじめたが、消費者需要の異常な水準を形成するいくつかの力がこれら要因を多分に失わせる端緒を作ったということが指摘されている。[9] しかし、大戦後の所得の均等化が低所得層に有利に働いたとしても、個人消費の増大とりわけ耐久消費財需要の激増は食料消費とは違い、低所得階層で占められる一般大衆の所得増加にその多くを依存したとはいえない。繰り延べ需要という形の消費需要増大の主要な源泉は、戦時中の個人貯蓄であり、その形態は膨大な流動資産の蓄積と貯蓄債券であった。ただ、貯蓄債券については、賃金生活者や低所得者向きの小額貯蓄債券発行残高はわずかであり、公債発行総残高に占める比重も小さなものであった。したがって、一般大衆の公債貯蓄は大戦終了後の公債の償還あるいは売却を通じて有効需要に転化し、耐久消費財需要を増大させ、それが大戦後の経済発展に果たした役割はわずかなものであった。また、個人借入れが激増し大戦終結と朝鮮戦争勃発の間、賦払い信用量の残高は一〇〇億ドル近くまで増加している。[10]

ついで、大戦終結後の好景気を支えた民間企業投資の動向を概観する。生産者耐久設備、民間新建設（住宅建築を含む）、在庫蓄積（農業および非農業部門）等に対する支出は、一九四八年第三・四半期で年間増加額が三九〇億ドルにのぼっていた。その総額は三九年の民間国内投資の四倍以上である。そうした民間投資は、三九年の一〇パーセントに比べ、四八年第三・四半期の総国民所得の一五パーセントが向けられている。[11] このような国内投資の増加は、

「わが国の歴史において、おそらく第二次世界大戦後ほど強く民間投資を拡大しようとする諸力が働いたことはなかった。[12]」といわれるように、それ以降の景気上昇と経済発展の主要な要因となった。国内投資が増大した理由として、挙げられるのは次の二点である。第一は、一九三〇年代には固定設備の拡大や更新・近代化がほとんど行われなかったが、企業は大戦中からあらゆる種類の工場施設や設備に対するきわめて大きな繰り延べ需要が現出したことである。戦時経済における軍需産業部門では政府による固定資本投資のみ旺盛で、民需部門が生産統制を受け、民間投資活動は極度に不振であった。[13] 第二に、大戦中軍需生産に転換した民間企業はその設備を再び民需生産に再転換するために固定資本の更新と拡大投資を集中的に実行したことである。それに関連して、戦後の旺盛な民間投資のなかで、そのほかに重要な要因となったのは高水準の住宅建設であった。大戦後には極度に住宅が不足し建設費用が高騰したのにもかかわらず住宅建設が急増した。そのほかにも、大戦後の高い婚姻率、高所得水準、大量の流動資産、モーゲッジ信用保証の有利な条件等々の要因もあった。

以上、戦後四六〜四八年の景気上昇の要因として個人消費、民間企業投資の動向を概観したが、そのほかにこの時期、海外諸国に対する政府支出がその要因に挙げられる。海外諸国は荒廃した自国の経済再建のためにアメリカ商品を渇望し、アメリカ経済もまた軍事物資の需要の減少から遊休化した生産設備の稼働と雇用維持のために海外市場拡大の必要性を高めていた。一九四五年前半に年額九〇〇億ドル以上あった財・サービス支出は民間需要に振り向けられたことを反映して四六年第一・四半期には三〇〇億ドル以下にまで急速に減少している。その下落傾向は四六年後半と四七年にもゆるやかに継続し、四七年末には年額一六〇億ドルの低水準にまで落ち込んだ。その政府支出はそれ以後、主に軍事や海外援助計画を反映して再び増加傾向をたどる。それには七月に労働組合加入の労働者賃金が有効に引き上げられ、また穀物貸付金(crop loans)等が増加したことの影響が大きい。現行の防衛計画と海外援助計画の影響はそれまで認識されていなかったもので、航空群計画がかろうじて進行中であり、それが相当な期間にわたり拡大されることが予期されていたにすぎない。海外援助にかかる政府支出はいずれにせよヨーロッパ再建計画のもとでの事業として継続するよう短期間にかぎっての増加が予想されていた。[14]前述の海外援助計画に関連して指摘されるのは、海外諸国のドル不足の問題がある。海外諸国は対アメリカ貿易において輸出を増大させ決済手段としての金と手持ちドルを使い果たし枯渇させてしまう。一九四五～四九年のアメリカの貿易取引は、巨額な受取り超過で、同期間三二〇億ドルに達している。これに対して海外援助計画にもとづく政府支出は三二八億ドルにのぼり、前者の貿易取引における入超でもって海外諸国のドル不足はほぼ均衡し相殺された。しかしながら、以降、七〇年代までアメリカの貿易取引における黒字の累積が継続して大規模なものになったためドル不足問題は深刻の度を加えていく。ドル不足の結果、アメリカにとって海外輸出市場の縮小が起こり、輸出水準の低下と輸入が増加傾向を強め、国内の経済成長を四八年央よりかなりな程度圧迫するようになった。その意味では、この時期以降、とられるマーシャル援助計画の実行はアメリカ経済の市場拡大に大きく貢献することになった。

大戦終結後のアメリカ経済は、すでにみてきたように、戦時経済から平時経済への転換の途上にあって、内部に矛盾をはらみながらも、繰り延べ需要あるいは個人消費支出の増大、海外需要の急増、旺盛な民間固定投資と高水準の政府需要に支えられて高い経済成長と発展の軌道を歩んだ。他方、インフレーションの進行は企業利潤の増大をもたらし、それは民間企業の投資活動を刺激して生産能力が拡大した。しかし、それはまた実質賃金の低落を引き起し、購買力の相対的な縮小を必然化させた。先述の一九四六～四八年の景気上昇の経過は、大戦直後の軍事需要から民需への急速な転換という特殊需要もあって三〇年代よりはるかに高い生産水準と生産能力を生み出すが、そのことが逆に潜在的に高められた生産能力と市場の相対的縮小という矛盾を拡大させる。四九年の景気後退は急速な物価上昇が

表1－3　国民所得・国民支出
国民総生産（1940年～1969年）

〔単位：10億ドル、四半期数値は季調済〕

年、四半期	国民総生産	個人消費支出	民間国内投資	純輸出			政府支出					名目GNP成長率＊1
				純輸出	輸出	輸入	計	連邦			州、地方	
								計	国防	国防以外		
1940	100.0	71.0	13.1	1.8	5.4	3.6	14.2	6.1	2.2	3.9	8.1	10.0
1941	125.0	80.8	17.9	1.5	6.1	4.7	24.9	16.9	13.7	3.2	8.5	25.0
1942	158.5	88.6	9.9	0.2	5.0	4.8	59.8	52.0	49.4	2.6	7.8	26.7
1943	192.1	99.4	5.8	－1.9	4.6	6.5	88.9	81.3	79.7	1.6	7.5	21.3
1944	210.6	108.2	7.2	－1.7	5.5	7.2	97.0	89.4	87.4	2.0	7.6	9.6
1945	212.4	119.5	10.6	－0.5	7.4	7.9	82.8	74.6	73.5	1.1	8.2	0.9
1946	209.8	143.8	30.7	7.8	15.1	7.3	27.5	17.6	14.8	2.8	9.9	－1.2
1947	233.1	161.7	34.0	11.9	20.2	8.3	25.5	12.7	9.0	3.7	12.8	11.1
1948	259.5	174.7	45.9	6.9	17.5	10.5	32.0	16.7	10.7	6.0	15.3	11.3
1949	258.3	178.1	35.3	6.5	16.3	9.8	38.4	20.4	13.2	7.2	18.0	－0.5
1950	386.5	192.0	53.8	2.2	14.4	12.2	38.5	18.7	14.0	4.7	19.8	10.9
1951	330.8	207.1	59.2	4.4	19.7	15.3	60.1	38.3	33.5	4.8	21.8	15.5
1952	348.0	217.1	52.1	3.2	19.1	15.9	75.6	52.4	45.8	6.5	23.2	5.2
1953	366.8	229.7	53.3	1.3	18.0	16.7	82.5	57.5	48.6	8.9	25.0	5.4
1954	366.8	235.8	52.7	2.5	18.7	16.2	75.8	47.9	41.1	6.8	27.8	0.0
1955	400.0	253.7	68.4	3.0	21.0	18.0	75.0	44.5	38.4	6.0	30.6	9.0
1956	421.7	266.0	71.0	5.3	25.0	19.8	79.4	45.9	40.2	6.7	33.5	5.4
1957	444.0	280.4	69.2	7.3	28.1	20.8	87.1	50.0	44.0	5.9	37.1	5.3
1958	449.7	289.5	61.9	3.3	24.2	21.0	95.0	53.9	45.6	8.3	41.1	1.3
1959	487.9	310.8	78.1	1.4	24.8	23.4	97.6	53.9	45.6	8.3	43.7	8.5
1960	506.5	324.9	75.9	5.5	28.9	23.4	100.3	53.7	44.5	9.3	46.5	3.8
1961	524.6	335.0	74.8	6.6	29.9	23.3	108.2	57.4	47.0	10.4	50.8	3.6
1962	565.0	355.2	85.4	6.4	31.8	25.4	118.0	63.7	51.1	12.7	54.3	7.7
1963	596.7	374.6	90.9	7.6	34.2	26.6	123.7	64.6	50.3	14.3	59.0	5.6
1964	637.7	400.5	97.4	10.1	38.8	28.8	129.8	65.2	49.0	16.2	64.6	6.9
1965	691.1	430.4	113.5	8.8	41.1	32.3	138.4	67.3	49.4	17.8	71.1	8.4
1966	756.0	465.1	125.7	6.5	44.6	38.1	158.7	78.8	60.3	18.5	79.8	9.4
1967	799.6	490.3	122.8	6.3	47.3	41.0	180.2	90.9	71.5	19.5	89.3	5.8
1968	873.4	536.9	133.3	4.3	52.4	48.1	199.0	98.0	76.9	21.2	101.0	9.2
1969	944.0	581.8	149.3	4.2	57.5	53.3	208.8	97.6	76.3	21.2	111.2	8.1

＊1　成長率は全桁数値で算出のため、当表からの算出値とは多少異なる。

出所）商務省、経済分析局

1981年版「アメリカ経済白書」経済企画庁調査局監訳、P.1

四八年にやみ、農産物物価が同年初めにピークをつける。一般卸売物価は同年八月に朝鮮戦争前の最も高値に達した。これは四九年後半まで継続する。四九年の景気後退はゆるやかに短期間で終了するが、工業生産はおよそ一〇パーセント下落しただけであった。概略、総国民生産はわずか三パーセント減少し、消費者支出は全体ではほとんど下落していない。縮小過程は四八年一一月から四九年一〇月の一一カ月間継続し、五〇年六月には朝鮮戦争勃発以前に戻り、実質的には四九年に損なわれた基盤のすべてが回復していた。[15]

一九四八年の景気後退は、まず八月に卸売物価が下降に転じ、つづいて鉱工業生産指数も一一月の一九二（一九三五〜三九年＝一〇〇）とピークをつけたが、翌四九年一七六（七月には一四五）に下落、四六年の指数一七〇をも下回った。ところが、四九年七月以降、経済活動は活性化を始め、鉱工業生産指数は上昇に転じ、五〇年七月には最も高かった四四年の戦時経済の水準を越えた。G・H・ムーアによると、[16]四九年の景気後退の期間は、四八年一一月から四九年一〇月まで一一カ月に及ぶ。この間、非農業雇用の減少率は四・一パーセント、失業増加率三・四パーセント、鉱工業生産の減少率七・七パーセント、国民総生産の減少率が三・二パーセント、個人所得の減少率三・七パーセント、卸売物価の下落率五・一パーセントである。これを大戦後の他の景気後退（五三〜五四年、五七〜五八年）に比較すると、四八〜四九年の景気後退は個人所得と卸売物価の下落率が著しく高いことが特徴となっている。国民総生産の構成要素から四八年第四・四半期、四九年第四・四半期、五〇年第二・四半期の三期間の動向をみると、まず国民総生産は四八年第四・四半期、から四九年の同期まで約八九億ドル（年率）減少しているが、消費支出は景気後退下でも増加傾向をつづけている。民間国内投資純輸出は双方とも大幅に減少しているが、政府支出はむしろ増大している。このように各要素の変動には大きな差異があるが、景気後退をはっきりみせたのは、総民間国内投資の著しい減少であり、そのなかでも在庫投資の減少が著しく、生産設備の減少と併せて景気後退の主要な要因となっている。消

表1－4　国民総生産の変化、1948～50年

（単位：10億ドル、年率）

	第4・四半期 1948	第4・四半期 1949	第2・四半期 1950
消費支出	180.8	184.0	189.9
耐久財	23.1	26.3	27.9
非耐久財	99.2	96.3	97.7
サービス	58.5	61.5	64.3
純民間投資	43.9	30.6	46.9
新建設	19.4	19.9	23.6
生産設備	20.1	16.0	18.4
在庫変動	4.3	−5.3	4.9
純輸出	3.0	2.1	1.1
政府支出	38.2	40.3	36.5
国民総生産	265.9	257.0	274.4
国民所得	229.2	214.8	233.6
控除：企業利潤	32.4	26.2	33.5
：その他	5.4	5.7	6.7
加算：政府移転支出	9.9	11.8	14.2
：その他	13.0	13.3	13.9
個人所得	214.4	207.9	221.5
控除：個人所得税	20.4	18.6	19.9
可処分所得	194.0	189.3	201.7
消費支出	180.8	184.0	189.9
個人貯蓄	13.2	5.3	11.8

出所）R.A. Gordon, Ibid., P.479

費支出は全体では増加しているものの、非耐久財は急減しており、耐久財とサービスの増加がそれを相殺している。このような非耐久財支出の減少、そして生産設備の低落のなかに戦時経済を支えた特殊需要の態様が見出せよう。

景気後退は四九年後半に回復に向かい、五〇年第二・四半期（表1－4）には四八年第四・四半期の水準を越えるほどの回復を示すが、各構成要素の回復の度合は不均等である。非耐久財、生産設備、純輸出、政府支出は依然、四八年第四・四半期の水準を回復していない。そして、五〇年の景気回復は高失業率が継続し、過剰労働力の吸収ができない状況であった。ゴードンは次のように指摘している。「一九五〇年の中頃まで、不変価格で示した工業

生産と国民総生産は一九四八年のピークを上回っていたが、失業率は依然として五パーセントの高水準であった。経済は一九五〇年六月の朝鮮戦争の勃発の時期において完全雇用の状態に達しなかった。一方、一九四八年の産出高水準はそれまでに越えていたが、四八年以降、労働力の実質的な増加は依然として完全には吸収できなかった」[17]。大戦終結によってアメリカ経済にもたらされた戦後特有の強力な特殊需要要因は、四六～四九年の景気後退期において、耐久消費財需要を除いて、そのほとんどが消滅したといえるが、四九年以降のアメリカ経済は景気政策や自動安定装置[18]に支えられて三〇年不況の状況に落ち込むことは回避できた。そして、四八～四九年の景気後退の克服を可能にしたのは朝鮮戦争であった。

二　一九五〇年代アメリカ経済と景気循環抑制政策の特徴

前節で述べたように、一九五〇年六月アメリカ経済は四九年の緩やかな景気後退からほぼ完全な回復を果たした。鉱工業生産指数はすでに四八年時のピークを超えた。しかしながら、実質的な進展が景気後退そのものから遊休労働力が吸収されない状態、すなわち失業に移り、価格はふたたび循環的な拡張という典型的な状況のなかでゆるやかに上昇していった[19]。一九五〇年六月に南朝鮮への侵入が起こり、アメリカは再び熱い戦争（shooting war）に突入した。そして、朝鮮戦争は五二～五三年にかけて軍事支出の急速な膨張のもとで大戦後の好況をもたらしたが、五三年七月の休戦にともない不況局面に落ち込んでいった[20]。

ムーアによると、景気の収縮期間は五三年七月から五四年八月までの一三カ月で大戦後としては最長期になる。個人所得と卸売物価の下落はみられなかったが、失業率は三・三パーセントの増加、鉱工業生産は九・五パーセントの減少、国民総生産は二・〇パーセントの減少を示した。[21] 国民総生産減少の要因は政府支出のうち軍事支出の削減にあった。これに対して個人消費は景気の後退局面でもなお増加を続け、民間固定投資は建設活動が比較的堅調に推移、設備投資もわずかに減少しただけで、在庫投資のみが大幅に縮小した。このように五三～五四年の景気後退においても国民総生産のなかでも最大の比重をもつ個人消費が減少せず、むしろ増加傾向をつづけたことと景気変動にもっとも敏感な民間固定資本投資がかなり安定的に推移したことが大きな特徴であった。そして、五四年央以降、回復軌道を歩み五六～五七年にそれ以前にはみられなかった景気上昇を達成し繁栄を謳歌することになった。もっとも五五～五七年の経済成長はその外面的な好況状態にもかかわらず、後述するように数多くの問題を内蔵し、内在する諸矛盾を拡大する作用を果たした。これは五七年以降、大戦後最大の深さをもった景気後退をもたらす。

すでにみたように、五〇年代のアメリカ経済を特徴づけるのは、五三～五四年、五七～五八年の二度の景気後退を経過し、その停滞状態を克服するが、それは第二次大戦と同様、外側から強力なインパクトを与えられたことに依った。朝鮮戦争を契機として四八年に不況局面に落ち込んでいたアメリカ経済は四九年後半には失業者数を急速に減少させ、鉱工業生産指数は全体として急テンポで拡大を開始した。ここでは、五〇年代の発展の契機ともなった朝鮮戦争の経済的影響をみることから始める。

まず、一九五〇～五三年の民間国内投資における生産設備の動向をみると、（表2－1）その間二五九億ドルから二七四億ドルへと大幅に増加、四九年の二四一億ドルと比してもかなりな伸びを示した。一方、個人消費支出における耐久財需要は、非耐久財支出が堅調な増加を示したのに対して、五〇年の三四〇億ドルから五一年、五二年の三〇八億ドル、三〇一億ドルとそれぞれ大幅に減少したが、五三年には三五〇億ドルとふたたび大幅な増加を示している。それは朝鮮戦争を契機に耐久財生産が五〇年央に急速に増加したが個人消費支出における耐久財需要が朝鮮戦争休戦

表２－１　国民総生産と支出

（単位：10億ドル、1961年価格）

年・四半期	国民総生産	個人消費支出				民間国内総投資					
							新建設				
		計	耐久財	準耐久財	サービス	合計	計	非農業住宅	その他	生産者耐久設備	企業・投資・変動
1945……	373.8	190.9	10.4	109.7	70.9	20.8	8.2	2.2	6.0	15.5	－2.8
1946……	325.4	213.8	20.5	116.4	76.9	50.8	21.1	8.6	12.5	19.6	10.1
1947……	324.9	217.4	24.6	113.9	78.9	50.8	24.2	11.3	12.9	26.4	.2
1948……	337.5	221.6	26.0	113.7	82.0	59.4	27.5	13.4	14.1	27.6	4.2
1949……	338.3	227.3	27.8	115.0	84.4	47.4	27.1	13.2	13.9	24.1	－3.8
1950……	366.5	241.0	34.0	118.1	88.9	66.9	33.1	18.2	14.9	25.9	7.9
1951……	396.5	243.2	30.8	120.3	92.1	69.3	31.6	15.1	16.5	26.7	11.0
1952……	411.7	249.6	30.1	124.4	95.1	60.9	31.5	15.0	16.5	26.5	2.9
1953……	430.6	261.5	35.0	128.0	98.5	61.6	33.5	16.0	17.5	27.4	.8
1954……	422.0	265.0	34.3	129.1	101.6	59.1	36.0	18.1	18.0	25.3	－2.2
1955……	455.1	284.7	41.9	135.7	107.2	75.0	41.0	21.3	19.7	27.4	6.6
1956……	464.8	294.2	40.2	140.9	113.0	74.6	39.2	19.1	20.2	30.3	5.0
1957……	473.6	302.1	40.8	143.4	117.9	70.0	38.6	18.0	20.6	29.9	1.5
1958……	466.1	304.7	37.6	144.2	122.9	59.2	37.6	19.1	18.6	23.6	－2.1
1959……	497.3	322.4	43.3	150.2	128.9	73.5	41.4	22.8	18.6	25.9	6.2
1960……	511.1	332.7	44.2	153.4	135.1	73.0	41.1	21.1	20.0	27.5	4.4
	季節調節年率										
1959：Ⅰ	490.3	316.3	41.5	148.0	126.8	72.1	40.7	22.7	18.0	24.4	7.0
Ⅱ	504.4	322.8	44.1	150.7	128.0	80.2	42.5	24.1	18.4	26.2	11.5
Ⅲ	495.2	324.1	44.0	150.6	129.5	69.0	42.0	23.0	19.0	26.4	.6
Ⅳ	499.4	326.4	43.8	151.5	131.2	72.6	40.4	21.6	18.9	26.6	5.5
1960：Ⅰ	511.5	329.3	44.6	152.5	132.3	80.1	41.5	21.7	19.8	27.2	11.4
Ⅱ	514.2	333.9	44.9	154.6	134.4	75.0	41.1	21.2	19.9	28.4	5.4
Ⅲ	510.6	333.1	43.2	153.6	136.3	70.6	40.7	21.0	19.7	27.6	2.3
Ⅳ	508.0	334.2	44.0	152.9	137.3	66.3	41.1	20.6	20.5	26.9	－1.7
1961：Ⅰ	502.9	331.7	39.8	153.2	138.7	60.2	40.0	19.4	20.6	24.2	－4.0
Ⅱ	516.9	336.7	42.1	154.3	140.4	68.9	41.4	20.6	20.7	24.7	2.8
Ⅲ	525.0	340.6	42.3	156.3	142.0	73.0	42.5	22.0	20.5	26.0	4.5
Ⅳ	540.2	347.8	45.2	158.8	143.8	75.9	43.4	23.2	20.2	28.0	4.5

出所）"Economic Report of the president," Council of Economic Advisers. 1962. P.208.

後に大幅に増加したことで朝鮮戦争期経済の特徴を示している。五〇年から五五年の間、財・サービスの政府購入として軍事支出は増加傾向を持続したが、五一年の増加は五〇年比でほぼ二倍であり、五三年には大戦後で最も大きい六三二億ドルを示した。すなわち五〇年の拡大は民間耐久消費財が、いぜん戦後需要が継続したことにもとづくが、五一年では耐久財生産が軍需関連産業の生産拡大によって大きな影響を受けたことを示すものであろう。

　朝鮮戦争初期の経済にみられる顕著な動きは、企業家も一般消費者も朝鮮戦争によってふたたび大戦中と同じような供給不足と経済

国民総生産と支出（続き）

年・四半期	財・サービスの純輸出	財・サービスの政府支出				
		合計	連邦			州および地方自治体
			計	軍事支出	その他	
1945	−4.8	166.8	149.0	147.0	2.1	17.8
1946	5.0	55.8	35.9	28.1	7.8	19.9
1947	9.5	47.2	24.6	16.1	8.5	22.5
1948	3.1	53.4	29.1	16.7	12.4	24.3
1949	3.8	59.9	32.2	19.4	12.8	27.7
1950	1.4	57.2	27.5	20.1	7.4	29.7
1951	3.6	80.4	50.0	43.3	6.7	30.4
1952	2.6	98.7	67.8	59.2	8.6	31.0
1953	.4	107.1	74.8	63.2	11.6	32.3
1954	2.3	95.6	60.5	52.0	8.5	35.0
1955	2.5	92.9	55.4	47.4	8.0	37.5
1956	4.3	91.8	53.0	46.4	6.6	38.7
1957	5.7	95.8	55.0	48.7	6.3	40.8
1958	1.5	100.6	56.6	47.7	8.9	44.0
1959	−.3	101.6	55.8	47.6	8.2	45.8
1960	3.7	101.8	53.8	45.7	8.1	48.0

[3] Net of Government sales. Which are not shown separately in this table. See Table B-1 for Government sales in current prices.
[4] See footnote 4, Table B-1.
[7] Less than $50 million.
NOTE.—Data for Alaska and Hawaii included beginning 1960.
Sources: Department of Commerce and Council of Economic Advisers.

統制が復活するであろうという不安感から思惑による需要を一挙に拡大させたことである。朝鮮戦争の勃発は、主として将来の不足の可能性を見込んだ消費者の異常な大量買付のためにインフレーションを引き起こした。しかしながら、不足の見込は進展せず、五一年初には消費需要は低落した。すなわち五〇〜五一年の間の経済活動の特徴は、公共経済部門よりも私的経済部門、とくに消費者行動のなかに見出せる。[22] この間に生じた消費支出の拡大は大戦後の個人所得の変動とは独立しており、朝鮮戦争勃発にもとづく変動と短期的な期待に強く影響されたとみることができる。

朝鮮戦争はその初期に消費財需要の急激な膨張と消費者物価の高騰をもたらしつつ民需産業を一時的にせよ拡大させた。民間経済部門の超過需要にもとづくインフレーション傾向は朝鮮戦争経済に表れた特色であった。ゴードンは次のように述べている。「われわれは一九五一〜五二年に〝区別された経済〟(divided economy) をもったのである。政府支出と軍事用物資の生産は急速に増加した。しかし消費支出は相対的に安定を維持していたが、多くの種類の消費財生産は現実には低下した」。[23]

五〇年代初頭の景気上昇に大きな役割を果たしたのは、ほかに一九四六年雇用法（The Employment Act of 1946）が挙げられる。この法律は経済政策、とくに景気安定政策の必要性を明確に把握し、そのような政府の全体としての政府の責任と義務をはっきりと規定した点において、画期的な意義をもつ立法であった。トルーマン大統領は、一九四六年二月二〇日の署名に際して、「この法制化は、大量失業と破壊的な不況という絶えず繰り返される問題に対して明確な覚悟と攻撃の意志を表明する。」[24]と述べている。同法は民主、共和両党の大多数という圧倒的な支持で議会を通過したが、後に、アイゼンハワー政権によっても積極的な是認が与えられていった。この法案は完全雇用を保証し工業設備の高度な利用を目的としているが、第二条で次のように言っている。「自由競争企業と一般福祉を助長し増進せしめるように策定された方法によって、働く能力と意志を持ち、かつそれを求めているものに対して、自己雇用を含む有用な雇用機会を与えるような諸条件を創出するのは連邦政府の責任である。さらにあらゆる計画と機能および資源を調整し利用すること、また最大限の雇用と生産および購買力を増進せしめることは連邦政府の永続的な政策であり、責任である」[25]。ここで強調されていることは、「最大限度の雇用」を保証しようということであり、そして、そのために必要な要件は完全雇用を含め生産や購買力の促進が不可欠であり、その後、その目的を達成するために行使される方法や経済の安定に資する雇用の保証が経済諮問委員会と合同委員会の一致した見解となる。[26]

この法律のもとでは、「大統領経済諮問委員会（Council of Economic Advisers of the President）」と「経済報告合同委員会（Joint Committee on the Economic Report）」が設置されたが、これらの機関こそ経済政策策定の基本的機構を形づくるものであった。先述したように、この「雇用法」はトルーマン政権時に成立したが、その後、「経済報告報道委員会」では大統領権限の拡大に反対し、政府支出の増大に異を唱えた。そのため新政権での取り扱いが注目されたが、アイゼンハワー政権によっても雇用法の目標を達成するためにその広範囲な権限を最大限に行使するという決意が表明され、経済報告合同委員会においてもアイゼンハワー大統領の方針が承認された。このように「一九四六年雇用法」は党派を越えて戦略目標となり、ハンセン（A. H. Hansen）は一九四六年雇用法を詳細に説明し、同法を完全雇用のための政府計画の大憲章（Magna Carta）とみなしている。(27)

ところで、アメリカ経済は一九五四年後半、急速な景気回復を果たし、五五年から五八年初にかけても堅調に推移した。この時期の景気拡大傾向は、大戦後の四六～四八年、五〇～五三年の好況局面とは異なり、戦争などによってもたらされた特殊で強力な景気刺激要因が存在しなかったにもかかわらず実現された点が特徴である。四六～四八年の景気上昇は主として、大戦終了にともない発生した国内の繰り延べ需要の激増やヨーロッパ諸国の復興需要に支えられたものであり、五〇～五三年の好況は朝鮮戦争の勃発にともなう巨額な軍事支出に支えられたものであった。このように大戦後アメリカ経済は非正常的な特殊な諸要因によって維持できたもので、こうした特殊需要が存在しなかったならば、停滞状態に落ち込むことも避けられなかったのではないか。この期の特徴をゴードン（R. A. Gordon）は、耐久財の急拡大に注目して七項目に整理して説明している。「(1)戦後最初の景気急拡大は第二次大戦から引き継いだ繰り延べ需要（一九四六～四八年）と現実の戦争（一九五〇～五三年）の影響を著しく受けていた。(2)景気拡大は、とくに耐久財産業に集中された、例えば工場設備支出、住宅および商業用建設の急拡大、そして一九五五年の自動車購買の急増等が関係している。(3)一九五六年初からピークに至る比較的長期間の収縮の間隙で揺らいだ経済は結局、一九五一年七月に終息した。(4)一九五一年に始まった価格安定の期間が終わった。消費者物価と卸売物価の両指数は一九五六年と五七年の間、急速に上昇し、さらに五七～五八年の短い景気後退の間にもゆるやかな上昇をつづけた。(5)投資の急拡大は潜在能力の急増をもたらしたが、意外なことに労働生産性の改善は、一九五六年と五七年では非常に小さなものであった。同時期、賃金は急上昇し、そのことは結果的に単位労働費用の増加が物価上昇によって完全に相殺され、景気拡大の最終段階における利潤部分の相当な悪化をもたらした。(6)旺盛な経済活動にもかかわらず、失業率は四パーセントを下回ることはなかった。また、一九五六〜五七年の間の総生産の成長はそれほど大きなものではなかった。(7)通貨当局は自ら著しく恵まれない状況にあることを認識した。価格の急上昇と旺盛な投資拡大を制限的な通貨政策に付随させ、他方、五五年以後の低成長と失業の存在は安易な通貨政策を支持する多くの評論家を容認した。このジレンマは完全雇用、急成長および価格安定等目標の相互の両立性について活発な論議をもたらした」[28]。

五四年以降のアメリカ経済は五四〜五五年の景気回復を経て、五六年以後、拡大の過程を辿る。この時期、横ばい状態の耐久消費財生産に代わって生産拡大を担ったのは、民間企業の固定資本財の生産であった。軍需と直接関連していた耐久財生産は、軍事支出の削減で急落し、その後の回復過程の段階では民間需要の増大を基礎に非耐久財生産よりも重要な動きを示した。民間固定投資の動向をみると、（表2－1）新建設と生産者耐久設備を合わせた民間国内総投資の対前年度増加率が二一・二パーセント、建設投資だけをとると一三・〇パーセントであった。ところが、五六年以降ではほぼ横ばいか減少を示した。これは建設投資が景気回復と拡大の初期の段階では耐久消費財需要とともに景気の促進要因として働いた。建設投資の中心は住宅投資で五四年から五五年にかけて急増したが五五年以後横ばいから低落傾向を示した。しかし、これに代わって民間の工場建設や設備投資が膨張を始めたため、民間固定投資は全体としてかろうじて増加を維持した。五五年、五六年の二年間は民間企業の固定資本投資活動を中心とする好況期を形成することになる[29]。

他方、個人消費の動向は大戦後の経済成長の過程を通じて実質国民総生産が減少する景気後退の時期においても増加を持続している。その特徴は単に個人消費が絶対額において増加しただけでなく、国民総生産に占める割合も高く

表2－2　国民総生産の構成要素、1957～59年

（単位：10億ドル）

	第1・四半期 1957	第1・四半期 1958	第1・四半期 1959
消費支出	288.2	287.3	303.9
耐久財	40.9	36.9	41.3
非耐久財	139.7	139.5	145.3
サービス	107.6	111.0	117.4
民間総国内投資	67.9	52.4	70.0
新建設	36.2	35.5	39.7
生産者耐久財	29.0	23.8	23.9
在庫変動	2.7	−6.9	6.3
純輸出	5.1	2.0	−0.9
政府支出	86.6	89.3	97.4
連邦	49.7	50.1	53.8
州・地方自治体	36.9	39.2	43.6
総国民生産	447.8	431.0	470.4
国民所得	371.1	355.8	389.4
−：企業利潤	42.7	31.5	45.5
：他控除	14.8	15.4	17.5
＋：政府移転支出	20.1	22.8	24.7
：他追加	20.7	20.6	20.8
個人所得	354.5	352.2	371.8
−：個人税	43.1	41.9	44.4
可処分所得	311.5	310.3	327.4
消費支出	288.2	287.3	303.9
個人貯蓄	23.3	22.9	23.5

[a] From *Survey of Current Business*, July, 1959, and *Federal Reserve Bulletin*, June, 1960.

[b] On goods and services. Excludes transfer payments.

[c] Chiefly social security contributions.

[d] Includes government interest payments, corporation dividends, and business transfer payments.

出所）R.A. Gordon, op.cit,. P.498

維持された点にある。個人消費がこの期間、相対的に高く維持された理由は個人所得の増加が考えられる。そして、その増加は個人所得のなかでも勤労所得（賃金・給与所得）が増加した点にあった。国民経済における勤労所得総額の増大する経路として所得形成に参加する雇用労働者が増加するか、あるいは雇用労働者数が不変でも一人当り勤労所得が増加するかが考えられる。この時期の賃金・給与所得の増大は、この両者がともに強力に作用したからであった。[30]

五四〜五七年のアメリカ経済は、前述のように耐久消費財需要と民間固定資本投資の急増、さらに五七年に入って連邦政府支出（主として軍事支出）の増大、輸出の一時的な好調など各時期で特有な拡大要因を形成しつつ、三年間にわたる経済成長を持続した。しかし、五七年後半にいたり、これらの拡大要因が衰退に向かい、下降に転じて景気後退局面に入った。先述のムーアによると五七年後半から五八年四月までのわずか九カ月間で、一〇〇年間でも最も短い収縮期間であったが、低落傾向は国民総生産、工業生産、雇用等きわめて急速で、大戦後に経過した経過後退のなかでも最も厳しいものであった。

まず個人消費の動向は低下傾向を示し、そのなかでも耐久財需要の減少が著しく、とくに自動車の売れ行き不振がもっとも大きく影響している。民間固定資本投資についても、五一年以降、長期にわたり上昇を持続してきた住宅建設が低下をはじめるなど、すべての構成要素が激減した。失業者数も大戦後最高の規模に達している。[31]

ところで、五七〜五八年の景気後退期で注目すべき問題は、第一に、この期間の過程においても消費者物価、卸売物価とも騰勢を持続したことであり、第二は純輸出が収縮過程の中での激減を最大要因として五八年の国際収支赤字額が三五億ドルに達し、それ以前の赤字幅をはるかにしのいだことである。[32]これらの問題は五七〜五八年の景気後退に先立つ五四〜五七年の景気上昇過程において内在的に形成され顕在化したものでありアメリカ経済の実質的な変容を示すもので、従来とは本質的に異なる要因にもとづくものといえよう。

ゴードン（Robert Aaron Gordon）は五七〜五八年の景気後退がその落ち込みの厳しさにもかかわらず急速に回復できた理由として、自動安定装置（automatic stabilizers）の強力にして効果的な働きを高く評価する。彼は企業利潤が減少したのにもかかわらず配当がほぼ不変に維持された点に注目した。さらに政府の移転支出は増加したが、この期間の個人所得税が急減したため、可処分所得の減少はわずかなものにとどまった。また、政府支出の増加の持続が固定資本投資の縮小の相当な部分を相殺したと述べ[33]、自動安定装置の機能を「……農業所得の増大をもたらすような特殊な環境（事情）に助けられ、可処分所得や消費者支出の著しい低下傾向を阻止した[34]」と論じている。

五七〜五八年の景気後退は四八〜四九年、五三〜五四年の前二回に比べて長期の不況に落ち込むことなく短期間に克服された。ただ、景気後退のもたらした諸要因は解消された過剰設備の負担が未解消のまま放置された。したがって、特異なインフレーションや国際収支の構造的変化、慢性的失業の存在などアメリカ経済にはかつてなかった新しく深刻な経済問題が現出した。しかもそれらはその後の収縮過程でかなりな程度強められ、この時期以降、アメリカ経済を長期的な停滞へと傾斜させる要因となり、やがて六〇年代には景気刺激政策採用の必要性を不可避なものとした。

三　貿易政策の変貌

前節までにみてきたように、第二次大戦後平時経済への再転換をはたしたアメリカ経済は、一九四九年にごく短期の不況に陥るものの、大きく発展し世界経済のなかで圧倒的な地位を確保した。そして、それにともないアメリカの対外経済政策の一環としての貿易政策は変貌し、その変貌の過程において互恵通商協定法（Reciprocal Trade

Agreement Act）が大戦前の輸出促進第一主義から転じて、国際貿易の自由化を主導する手段としてもちいられるに至った。互恵通商協定法は大戦後のアメリカ貿易政策の支柱となり、現実的に関税引き下げ交渉を内容とするＧＡＴＴの創設をもたらし実効性を高めていったものである。これは後に詳しく説明するが、アメリカの対外経済政策一般に大きな変貌をもたらしたのは、一九四四年七月の国際通貨基金（ＩＭＦ）と国際復興開発銀行（ＩＢＲＤ）に関する二つの協定を基礎とするブレトンウッズ体制の確立である。この体制はアメリカとイギリスの協力と妥協の産物であり、さらに、多数の国の参加を得て戦後国際経済に新たな機構を生み出したものであった。その意味ではブレトンウッズ体制は国際的なものではあるが、英米両国の協定成立の経過とそこでアメリカの果たした役割から、それは同時にアメリカの対外経済政策の表明といえるものであった。[35]すなわち、新たな国際経済機構の成立とその後の経過のなかにアメリカの国際政治および国際経済における地位と対外経済政策の推移が自ずと表れているともいえる。

ブレトンウッズ体制におけるアメリカの対外経済政策の性格は、ＩＭＦとＩＢＲＤと並んで、これらを補うものとして提案された新国際経済機構を構想する国際貿易機構憲章（International Trade Organization Charter）のなかにも十分にあらわれている。この憲章は一九四五年一一月に発表され、英米両国の妥協案として「国際貿易雇用会議による考察に関する提案」（Proposals for Consideration by an International Conference on Trade and Employment）の形で成文化された。[36]これに基づいてロンドンおよびジュネーブで二回の準備委員会がおこなわれ、一九四八年のハバナにおける最終会議で調印にこぎつけた。この憲章はホワイト案、ケインズ案に相当するような通商政策分野の英米両国の草案であり、会議の途上において多数の国々の意見によって修正が加えられ、いくつかの問題点について合意が表明されただけのものであった。その主要な問題点は貿易と雇用政策との関係、数量制限の規制、関税の引き下げと特恵関税の廃止などであった。とくに、四五年の論議を通じて明らかになった両国間の解釈の食い違いは、関税と特恵関税に関する項目で、イギリスではこの項目の合意文言に対する批判がきっかけとなって、提案全体に世論が反発を示したのである。この憲章は後進国からその特殊事情が考慮されていないという理由から賛成がえられず、またアメリカ国内でもこれが理想案にすぎるという批判やこれに参加すれば継続的な関税引き下げを導くという恐怖心から反対された。[37] 結局、こうしたことからこの国際貿易機構憲章は批准が得られないままに終わり、一九五〇年には永久に棚上げにされてしまった。国際貿易機構憲章と国際貿易機関構想は、実現することはなかったが、それに代って国際貿易面で重要な役割を果たすことになるのがGATTであった。

「関税および貿易に関する一般協定」(General Agreement on Tariffs and Trade: GATT)は国際貿易機構憲章と同様、関税引き下げ交渉を内容としたもので、一九四七年ジュネーブにおける国際貿易機構憲章準備委員会第二回会議と平行的に関税交渉が行われ、GATTが成立した。この協定は国際貿易機構憲章ジュネーブ草案のなかから関税および貿易に関する条項を抜き出し、各国の反対の多い点を除外して現実に合うように修正したもので、いわば一種の妥協案であるが、関税引き下げと無条件最恵国待遇について実効性を収めうる性質のものであった。ただ、この協定は憲章が棚上げされたまま当初の暫定的なものから恒久的なものになった。それはまた、アメリカ政府もこの協定を議会の承認の必要がない行使協定として扱うことができたことで継続された。

一九三四年互恵通商協定法は三〇年代の大不況の克服を目的にニューディール貿易政策として成立したが、それは互恵的な関税譲許の協定を世界経済に拡張することで関税を中心とした価格メカニズムの機能する世界市場の再建という目標をもっていた。しかし、大戦後の貿易体制は戦時経済の経過の中で達成されていたとはいえ、理念と方法にとどまっていた。事実、アメリカ貿易政策は依然として保護関税の性格と水準を保持しており、アメリカの理念型としてきた世界市場の現実的諸条件は形成されていなかった。[38] すなわち、一九四一年八月の「大西洋憲章」と「英米相互援助協定」において、対英交渉を進めるアメリカの立場は、戦後の貿易体制に関して、貿易上の差別撤廃を重視し無差別多角的貿易体制を当初の目標としていた[39]。交渉の過程で英米両国とも関税引き下げと特恵関税撤廃をそれぞれの立場から対象とすべきことを認めていた[40]。アメリカの貿易自由化の理念は戦時経済におけるアメリカの圧倒的な経済力を通してその動きが速められていったということもいえる。

互恵通商協定法は一九三四年以降、修正が加えられながら一一回更新延長され、一九六二年貿易法に発展するが、大戦後のアメリカ貿易政策の変貌をともないながら、他方で保護関税への関心も強くなり互恵通商協定法の更新をめぐって多くの論議がおこなわれている。また、互恵通商協定法は三年毎に更新されることになっていたが、大戦直後一九四五年の更新では貿易自由化を目指し、一九三〇年の税率を五〇パーセント引き下げる大統領権限がほとんど行使し尽くされ、四五年の税率を基準に、さらに五〇パーセントまで引下げうる権限を大統領に与えた。

四五年改正法は四八年六月に失効することになっていたので、四八年初からその延長準備が進められ、大統領はこれらに修正を加えないでさらに三カ年延長すべきことを議会に要請した。しかし、この時の下院は共和党が多数を占め、保護主義的な傾向があったため延長期間は一年間に短縮されている。その時の新たな規定としてペリル・ポイント（peril point）が挿入された。ペリル・ポイントとは関税引上げによって国内産業に対して重要な損害を与え、または与えるおそれがあると考えられる税率引下げの限界点のことで大統領はは関税交渉に際して引下げの税率を事前に関税委員会（Tariff Commission）に提示し、関税委員会はこれを調査・ヒアリングの上、関税引下げの限度を大統領に報告することになっている。しかし、これは四九年の更新に際しては、前年の改正の行き過ぎを訂正してペリル・ポイントの規制を廃止し、期限も二カ月の延長が認められている。これが五一年の更新では、二カ年の延長が認められたが、再び保護主義的傾向が強まり、四八年の改正法と同趣旨のペリル・ポイント規定が復活し、新たな関税協定に免責条項（escape clause）が規定されている。[41] 免責条項とは協定によってアメリカ関税が引下げられた結果、国内産業が脅威を受けた場合に、業者はこれを関税委員会に要請、委員会は意見を付して大統領の決定を求めるもので、先のペリル・ポイントとともに国内産業の保護を目的としたものである。また、一九五三年の更新に際しては、アイゼンハワー大統領のもとで、アメリカの対外政策を調査研究することを目的に特別委員会（Randall Commission）が設けられている。これは議会が共和党多数で占められたため従来の互恵通商協定法を単純に一カ年延長し、しかも先の特別委員会の報告をもって根本的な改正がなされることになった。

特別委員会はランドールを委員長とし一九五四年一月に報告書を提出した。この報告書では、関税問題のみならず、GATTの機構問題、通貨交換性回復問題、アメリカの対外投資、対外援助、農業政策等広汎な項目にわたり、農業政策について保護主義的色彩を残すほかは、アメリカの国際経済における役割の重要性を認識し、積極的な対外政策を通じて国際経済問題を解決することを勧告している。[42] この報告にもとづいて、一九五四年三月立法化措置を要請する特別委員会が議会に送付され、さらにその報告によってキーン法案（ランドール報告にもとづく）が作成された。しかし、このキーン法案は議会で認められず、互恵通商法は単純に一年の延長が認められただけであった。その後、五五年再び特別報告がランドール報告に沿って修正を加えられ、これを三年延長すべきことを要請した。同時に、同年一月下院歳入委員会のクーパー委員長が協定延長のため「クーパー法案」を下院に提出した。このクーパー法案は下院をほとんど無修正で通過したが、上院では若干の修正を受けた後、両院協議会に提出され可決されている。[43]

このようにランドール報告は国際経済におけるアメリカ貿易政策の重要性を認識したもので、ともすれば保護主義にかたむきかける議会の傾向に対し、貿易自由化への前進を促した点で意義があったといえる。しかし、互恵通商協定法更新の経過でみたように、アメリカ貿易政策における自国産業擁護の観点は依然、根深いものがあり、ペリル・

ポイントやエスケープ条項の拡大によって貿易自由化の傾向が制約され、関税引下げを相手国との相互交渉を通して国際経済を主導するというところまではいたっていない。

互恵通商協定法（Trade Agreement Act of 1958, P.L.85686）の第一一回目の更新は一九五八年の改正で一九六二年七月迄の四年の期限である。五八年改正法は輸入によってこうむる重要な損害（serious injury）に対してアメリカ産業・雇用のためのセーフガード（safe-guard, 保護措置）の継続という強化措置を規定している。五八年協定法の更新に当たっては、とくにアメリカ関税率におけるペリル・ポイント項目に関する提案が変更された。これらの項目が関税委員会の調査・ヒアリングを経て直接大統領に報告され、改正が考慮されるという手続きは前回の協定法改正と同じである。加えて、前回の協定法で規定されなかった免責条項が規定され、「譲許関税は関係国内産業あるいは直接的に競合商品に対する重要な損害を避けるために関税および追加的な輸入制限の強化が要請される[44]」とした。

また、これまでの協定法は自由化よりも国家安全保障に関する改正規定を強化していた。大統領は改正要件のもとで輸入に対する関税を引下げることはなかったが、輸入制限が国家安全保障に脅威となるということが認識されていた。このようにして、大戦後アメリカの経済力が他の主要国に比して圧倒的に大きくなるのにともない、アメリカの対外経済政策の一環としての貿易政策も変貌し、その変貌過程において輸出促進第一主義から転じて、国際貿易の自由化を主導する手段として用いられるにいたった。

四　Eximbankの信用供与活動

一九四五年五月ヨーロッパにおける戦争終結にともないアメリカは、ただちに対外経済政策の問題解決を迫られた。とくに、大戦中アメリカに対する財・サービス需要は武器貸与法（Lend-Lease Act）による軍需品、食糧が大部分を占め、四四年度のその輸出額は一四〇億ドルを越え、武器貸与法にもとづく移転額一一〇億ドルを上回っていた。アメリカの産業のほとんどはこのような武器貸与法にもとづいて海外に移転される財・サービス需要に対応していたのである。戦争終結は、これにもとづく軍需品、食料品等需要の規模縮小をもたらし、また、必需品の供給をアメリカに依存していたヨーロッパ諸国は武器貸与法による支援の終了にともなう新たな手段、とくにドル取得の方法を模索せねばならなくなった。そのため原料、燃料エネルギー、輸送手段、労働力等生産設備を破壊されたヨーロッパ諸国にとって深刻な問題となった。支払能力を欠いたこれらの国々の輸出要請には、唯一アメリカのみが答えられるものであり、四五年七月議会はワシントン輸出入銀行（The Export-Import Bank of Washington: Eximbank）に対する融資権限の拡大と債務返済不履行に陥った国々に対する貸出禁止の廃止を求めたのである。(45)

一九四五年七月に承認された輸出入銀行法は業務を規定した条項において、次の四つの主要な変更をおこなっている。第一は、貸付金残高の限度額およびEximbankの保証額が七億ドルから三四億ドルに引き上げられ、その総額は四六年度Eximbankによる輸出金融にとって実質的な必要を満たすのに十分な額であった。第二は、アメリカ政府に対して債務返済不能に陥った外国政府に向けたEximbankの貸付禁止が取り除かれた。これはEximbankが関与する範囲内で検討され、そのような政府に向けた民間金融機関による貸付金に関する、いわゆるジョンソン法（Johnson

Act）の禁止である。(46) 第三に、Eximbankの経営管理は職権上、国務長官を含む理事会に帰属し、四名の常勤理事は上院の助言と同意のもと大統領によって任命され、理事長はそのなかの一名が大統領によって指名される。条項はまた、Eximbankの理事会の議長を含む諮問委員会の設置を規定し、国務、財務、商務各長官と連邦準備制度総裁がこれを構成する。第四は、Eximbankが政府の独立機関であり、その活動に対する法令による制約が取り除かれるというものである。(47) これまでの行政令にもとづく貿易金融機関から四五年法によって、Eximbankは明確な活動のフレームワークが付与され、第二次大戦終結の世界経済再建に大きな役割を果たすことになった。

そして、Eximbankにかかるアメリカの対外経済政策は、大戦直後のヨーロッパ諸国から低開発諸国まで復興支援と経済開発に向けられる。トルーマン大統領は一九四九年六月第二期目の就任に当たって重点四政策（the Point Ⅳ Program）を発表し、そのなかで低開発諸国の経済開発のためのEximbankの貸付金を挙げている。同時に、Eximbankの金融支援はそうした対外投資にともなうリスクに対して保証を付与することでアメリカ民間資本投資の促進も重点政策に挙げられる。その後、これは四九年八月両院の銀行・通貨委員会の審議と展開を経て立法化された。そうした信用供給の役割はＩＢＲＤとEximbankに求められたが、当面、その対外投資の必要を満たすには不充分で時間を要するものとしている。(48)

再建信用に対する需要は、すでに四五年法が議会に提出された時に検討されていたものであったが、法令の通過後、融資権限の大幅な拡大にもかかわらず、Eximbankは融資資金を上回る信用供与の要請に直面することになった。このような状況のなか、Eximbankの融資は厳重な審査ののち、借入者の最小限の必要に対応する再建貸付金の融資を実施している。再建に要する信用という特質をもつ資金供給のなかで考慮された要因は、(1)借手の必要の緊急性、(2)借手のドル為替と金保有量、(3)民間資金あるいは国際銀行からの資金取得の可能性、(4)借手の貸付金の有効利用能力、借手の支払い能力、そして(5)アメリカ経済に対する貸付金の影響、等々である。[49] しかし、信用供給の問題は再建信用に向けられる民間資金が枯渇した状況下では、当初から困難なものとなり、民間資本市場の再開も全く見込めない状況であった。さらに、ＩＭＦの協定条項の批准が延び、ＩＢＲＤの国際銀行としての有効な業務の開始も延期されていた。その意味において、Eximbankは期間延長した長期ドル貸付金の供給という役割を果たさねばならなかった。同時に、民間銀行の金融支援を受けられない国内の輸出業者はEximbankに向かい、アメリカの輸出管理の漸次的な緩和およびアメリカの生産物に対する海外需要の累積は、商業ベースによる輸出業者に大きな途を開くことにもなった。

ここで、Eximbankが再編成された四五年当時の貿易動向をみてみる。アメリカの海外貿易は日本の戦争終結によって武器貸与法による支援終了に対する調整が始められたことが影響する。戦争終結に先立つ期間の貿易動向については、武器貸与法に基づく移転的取引がその大部分を占めていた。四五年の前半六か月間のアメリカによる財・サービスの海外諸国への供給は合計七六億ドル、年度末一五〇億ドルにのぼるものであった。そのなかで貸与支援の形態が総額四七億ドルで六〇パーセント以上を占めていた。[50] 一方、アメリカの海外諸国の財・サービス取得は対外軍事支出を含め、四五年前半で総額五〇億ドルにすぎず、これらの財・サービスは一四億ドル供給され、これは武器貸与法および相互援助法にもとづくアメリカへの移転額の二八パーセントを占めるにすぎない。[51] しかし、これらのほとんどが現物で支払われ、このアメリカからの長期資金の流出は海外諸国のドル保有を増加させ、その後の貿易促進に寄与することにもなった。さらに、第二次大戦終結は、とくに四五年八月の日本の降伏にともないアメリカの貿易収支に重要な変化をもたらしている。海外諸国に対する財・サービスの供給量は四五年後半六ヶ月間、合計二六億ドルとなり、第二・四半期の四〇億ドルと比較して急速に減少した。これは先の武器貸与法の協定にもとづく財・サービス供

表4－1　財・サービスの合衆国輸出入

（単位：10億ドル、年率）

Period	財・サービス輸出[1]	財・サービス輸入[1]	貿易収支黒字
1936-38 average	4.1	3.6	0.5
1946—第1・四半期	14.3	7.2	7.1
第2・四半期	16.4	6.5	9.9
第3・四半期	15.0	7.1	7.9
第4・四半期	15.3	7.6	7.7
1947—第1・四半期	18.7	8.0	10.7
第2・四半期	21.0	8.2	12.8
第3・四半期	18.6	8.1	10.5
第4・四半期[2]	19.6	8.0	11.6

[1] 一般投資収入を含む

[2] 未完了の数値にもとづいて推定

Source: 商務省

出所）Economic Report of the President, 1948, P.26.

給が現金支払いによらないものであったのに対して、貸付金信用供給が重要性を高めたことを意味する。Eximbankの信用供与が四五年前半のアメリカの海外貿易金融において、まだ重要な要因とはなっていない段階である。

大戦直後の貿易動向は四七年以降、とくに輸出の急速な増加が特徴となっている。貿易収支における輸出超過は四七年第二・四半期にピークに達するが、その後落ち込んでいく。四七年前半の輸出超過の増加はヨーロッパ諸国のみでなく低開発諸国を含めたその他諸国への商品輸出あるいは需要と購買力の高まりが反映された。アメリカ国内における非農業商品の輸出は直接間接的に非農業部門のおよそ二五〇万人の労働者の雇用の供給があり非耐久財産業では、輸出によってもたらされた雇用が全体の二〇パーセントに達している。[52]

一九五〇年代アメリカの貿易動向（表4―2）は、輸出が五七年をピークに以降五九年まで緩やかに減少傾向を辿り、輸入は五九年がピークである。五四～五七年の時期、国際収支は朝鮮戦争終結が契機となり、また貿易収支黒字幅を主因として改善の徴候をみせた。しかし、国際収支の動向をみると（表4―

表4－2　地域別合衆国商品輸出入、1949、1956〜61年

（単位：100万ドル）

Area	1949	1956	1957	1958	1959	1960
輸出（再輸出を含む）：合計[1]	11,560	17,015	18,990	15,919	15,915	18,834
カナダ	1,928	4,035	3,935	3,438	3,743	3,707
その他西半球	2,820	4,008	4,848	4,334	3,777	3,755
西欧	3,980	5,216	5,748	4,509	4,530	6,299
その他ヨーロッパ	65	18	91	118	96	207
アジア	1,997	2,801	3,391	2,658	2,755	3,627
オセアニア	175	249	282	245	323	475
アフリカ	594	688	695	618	691	765
一般輸入：合計	6,622	12,615	12,982	[2]12,834	15,207	14,654
カナダ	1,512	2,894	2,907	2,684	3,042	2,902
その他西半球	2,483	3,962	4,141	4,049	4,029	3,964
西欧	909	2,890	3,077	3,297	4,523	4,184
その他ヨーロッパ	72	73	69	68	85	83
アジア	1,184	1,996	1,985	1,997	2,603	2,721
オセアニア	125	203	216	209	338	266
アフリカ	338	597	587	561	589	535

[1] 特殊範疇の品目を除く。
[2] 合計額は地域別に報告された3,300万ドルを除いて調節。
Source: 商務省
出所）Economic Report of the President, 1962, P.298.

3）、五八〜六〇年には三年間総合収支で三五億ドル以上の赤字を計上し、それとともにアメリカ政府の金保有高は五七年末の二二七億ドルから六〇年末の一七〇億ドルへと激減した。これは後に国際流動性としてドル不足問題が表面化することになった。

この収支赤字の原因は貿易収支の悪化、海外民間投資の増大、政府対外支払いの増加等々があげられるが、とくに五八〜五九年の貿易収支の黒字減少が総合収支赤字の主な要因であった。さらに、この時期のアメリカ貿易の品目別構成の変化を詳細にみると、世界の工業製品、とくに重工業品輸出に占めるアメリカのシェアの縮小があり、ヨーロッパ先進国のめざましいシェア拡大があった。アメリカの工業製品の世界市場における相対的地位の低下が惹起され、アメリカ工業製品の国際競争力が次第に弱体

表4－3　アメリカの国際収支、1956～61年

（単位：100万ドル）

取引の種類	1956	1957	1958	1959	1960
貨幣用金ストックおよび流動債務以外の計上済取引					
合衆国支払：合計	25,846	27,374	27,206	28,689	30,781
財・サービス輸入：合計	19,829	20,923	21,053	23,537	23,327
商品、調整済	12,804	13,291	12,951	15,294	14,722
運輸	1,408	1,569	1,636	1,759	1,942
旅行	1,275	1,372	1,460	1,610	1,744
種々サービス	807	873	918	935	942
軍事支出	2,955	3,165	3,412	3,109	3,048
投資収入：					
民間	426	452	537	549	597
政府	154	201	139	281	332
一方的取引、純、合計	2,398	2,318	2,338	2,424	2,489
政府補助金	1,733	1,616	1,616	1,633	1,641
送金、年金	665	702	722	791	848
合衆国資本、純、合計	3,619	4,133	3,815	2,728	4,965
民間、純、合計	2,990	3,175	2,844	2,375	3,856
直接投資、純	1,859	2,058	1,094	1,372	1,694
新利得	453	597	955	624	573
償還	－174	－179	－85	－95	－100
その他長期、純	324	441	574	397	377
短期、純	528	258	306	77	1,312
政府、純	629	958	971	353	1,109
短期資本流出	545	993	1,176	1,051	1,213
払戻し金	－479	－659	－544	－1,054	－631
短期、純	563	624	339	356	527
合衆国受取り：合計	24,281	27,161	23,298	24,418	27,500
財・サービス輸出：合計	23,705	26,733	23,325	23,709	27,300
商品、調整済	17,379	19,390	16,263	16,282	19,409
運輸	1,642	1,999	1,672	1,646	1,816
旅行	705	785	825	902	968
種々サービス	1,210	1,306	1,347	1,534	1,567
軍事サービス	158	372	296	302	335
投資収入					
直接投資	2,120	2,313	2,198	2,228	2,338
その他民間	297	363	417	466	518
政府	194	205	307	349	349
合衆国向け海外投資、流動基金以外、純	576	428	－27	709	200
計上済取引収支［純受取あるいは純支払(－)］	－1,565	－213	－3,908	－4,271	－3,281
未計上取引－誤差・脱漏［純受取あるいは純支払(－)］	643	748	380	528	－648
対海外諸国および国際機関流動債務の増加	1,228	263	1,253	3,012	2,227
合衆国金売却あるいは購買	－306	－798	2,275	731	1,702

出所）Economic Report of the President, January 1962, P.291.

化したことが考えられる。

Eximbankの一九四五年再編成当初の活動は、先に触れたように戦時体制としての武器貸与法の協定にもとづく金融支援と大戦終結にともなう再建信用の供与、そしてＩＢＲＤの本格的な業務開始の間隙を埋めることに重点が置かれていた。三四年の設立から四五年末の期間、Eximbankは総額二三億八〇〇〇万ドルの貸付金の承認をおこなったが、四五年一二月末にいたる六か月間の新たな貸付申込は、合計一〇億四、〇〇〇万ドルにのぼり、四五パーセントを占めた。四五年当初のその他主要な業務は、綿花信用とラテン・アメリカに向けた信用である。(53) 概略を示すと、四五年一〇月Eximbankはヨーロッパ諸国に対する原料綿花の輸出金融という特別な目的のために一億ドルの信用計画をおこなった。その総額は輸出が実施されるのにともない、最大限綿花八〇万梱包の輸出金融を行うものであり、個々の信用の期間は一五カ月を限度とし、年二五パーセントの利子率であった。四五年以前、この一般協定にもとづいて行われた信用割当はフィンランドに向けた四万六、〇〇〇梱包の輸出金融五〇〇万ドルのみであった。また、この期間、Eximbankの新たな貸付承認が付与される海外諸国は、ラテン・アメリカ諸国である。新たな貸付承認は総計一億六〇〇万ドルにのぼり、主としてブラジル、チリ、エクアドル、メキシコ、ペルーの各国であった。ブラジルに対する貸付許可は、ルロイド・ブラジレイロ（Lloyed Brasileiro）によるアメリカの外洋貨物船一二隻の購入に向けられる総額三、八〇〇万ドルに対するものである。支払は年四パーセントの利子で一〇年間の分割払方式のチリに対する信用は、主として政府機関のチリ開発公社（Chilean Development Corporation）に向けられた二、八〇〇万ドルと五〇〇万ドルの信用供与である。チリ開発公社にむけた二、八〇〇万ドルは鉄鋼プラントの建設に要する原材料およびサービスの購入に対する資金であり、後者の五〇〇万ドルにはチリ共和国の保証が付与され、新たな鉄鋼工場に必要な電力供給のための水力発電施設に対するものである。さらに、メキシコを含めEximbankの貸付承認額は、四五年の

表4－4　Eximbank 貸付金支払額（国別、1945年12月31日までの6カ月間）
（単位：千ドル）

国	額	国	額
ラテンアメリカ		ヨーロッパ	
ブラジル	$3,609		
チリ	2,711	デンマーク	$7,600
コロンビア	6,089	オランダ	21,800
コスタリカ	50	ヨーロッパ合計	24,536
キューバ	5,125		
エクアドル	909		
メキシコ	3,933	アジア	
パラグアイ	370	中国	4,210
サルバドル	576	アジア合計	4,210
ウルグアイ	1,064		
その他諸国	100	その他諸国	499
Total Latin America	29,400	総合計	[1]158,645

[1] この数字は、銀行の請求する代理手数料が除かれており、1945年12月31日迄の6カ月間の輸出入銀行諸資金の源泉と利用の報告書、補遺（Appendix）に計上された「貸付金」総額とは若干異なる。同報告書にはその代理手数料が含まれる。
出所）Export-Import of Washington. Semiannual Report. 1945. P.23

後半には三、〇二〇万ドルにのぼったが、メキシコ政府に向けた便益供与は幹線道路の建設計画を進めるための一、〇〇〇万ドルの増加額分である。この追加的な額はメキシコ政府の同様な目的に対する当初の信用とは異なり、アメリカの設備購入とアメリカによるサービスに集中して使用されるものであった。(54)

海外諸国に対するEximbankの信用は、ラテン・アメリカのほか、主要なものとしてヨーロッパ・東南アジアの諸国があるが、四五年度に実施された新たな信用は、サウジ・アラビア王国に対するものがある。このような信用供与の承認にもとづいて、Eximbankにより実際に支出された額は四五年度末には五、九〇〇万ドルにのぼった。（表4—4）ラテン・アメリカの二、五〇〇万ドル、ヨーロッパ諸国に対する再建信用二、九〇〇万ドル、中国に対する四五年以前の四、〇〇〇万ドルがその主要なものとなっている。また、四五年後半六か月間のEximbankの支出が一〇億ドルを超える新たな貸付承認や七月の三億三、六〇〇万ドルの未履行支払いに比較して小さいのは、Eximbank融資の大部分が借手の信用計画に先立って実施される必要があるからであり、また借手の金融環境あるいは金融体制においてのみ資金の利用が図られるため、信用の期間は長期に繰り延べされることが影響しているものと思われる。(55)

ところで、Eximbankの活動あるいは業務は、周知のようにEximbank独自の信用計画にもとづく直接貸付とともに民間金融機関に対する信用供与があり、重要な構成要素となっている。Eximbankの信用供与は主に政府の貿易政策のもとで外国政府の機関に対しておこなわれ、いわば経済政策の一環、あるいは経済援助としての性格を有する。民間金融機関に対する信用供与は、国内の輸出入業者の貿易取引を直接支援するものといえる。また、Eximbankは商業銀行との間で代理機関協定を結び活動を行ってきたが、商業銀行はその協定にもとづいて借手から、あるいは商業銀行の要求に応じて再取得のためのEximbankの保証を有する銀行から手形を取得する。これらの協定のためEximbankによる貸付金承認は必然的に民間資金の使用をともなうものであった。四五年末、貸付金残高は総計二億五、二〇〇万ドルにのぼったが、そのなかの約一億三〇〇万ドルはEximbankとの代理機関に従って商業銀行によって保有され、残り一億四、九〇〇万ドルはEximbankに直接保有されている。(56) したがって、Eximbankは代理銀行によって提供された貸付金のための臨時的な債務をもち、規定に反して供給された総貸付金残高はEximbankの貸付金および保証に限定されていた。

本節最後に、一九五〇年代のEximbankの活動を概観すると、信用供与の動向から、主に次に三つの期間に特徴がみてとれる。(表4－5) 四五年七月～四六年六月、五一年七月～五三年六月、五六年七月～五九年六月の期間である。四五年七月～四六年六月の貸付額は二一億九、七〇〇万ドル、実際に支払われた額が四六年六月までに五億五、七

表４－５　Eximbankの信用供与活動

（単位：100万ドル）

期　　間	新貸付額	解約額と加入額	支払額	返済額
7月1, 1959 － 12月31, 1959	$ 243.9	$ (176.3)	$ 208.1	$ 469.3
7月1, 1958 － 6月30, 1959	890.4	302.3	707.9	285.8
7月1, 1957 － 6月30, 1958	857.0	208.7	759.6	322.4
7月1, 1956 － 6月30, 1957	1,067.4	38.7	233.1	278.2
7月1, 1955 － 6月30, 1956	234.6	51.3	197.0	286.0
7月1, 1954 － 6月30, 1955	631.5	48.7	273.5	298.1
7月1, 1953 － 6月30, 1954	250.4	32.2	565.2	350.3
7月1, 1952 － 6月30, 1953	571.0	175.5	515.9	357.9
7月1, 1951 － 6月30, 1952	550.9	81.5	243.5	169.1
7月1, 1950 － 6月30, 1951	395.3	42.8	226.6	138.3
7月1, 1949 － 6月30, 1950	405.5	30.7	196.3	134.7
7月1, 1948 － 6月30, 1949	173.8	220.6	214.3	279.0
7月1, 1947 － 6月30, 1948	465.7	163.0	598.6	120.1
7月1, 1946 － 6月30, 1947	279.2	208.4	1,085.4	61.8
7月1, 1945 － 6月30, 1946	2,197.0	22.5	557.7	37.7
2月 .1934 － 6月30, 1945	1,268.8	435.4	497.1	289.8
累積総額	10,428.4	1,886.0	7,079.8	3,878.5

年度末収支

期　　間	残高収支	未払い貸付額	保険契約	未契約貸付権限	取得余剰
12月31, 1959	$ 3,201.3	$ 1,516.6	$ 50.0	$ 2,232.1	$ 592.6
6月30, 1959	3,462.6	1,301.2	50.0	2,186.2	549.9
6月30, 1958	3,040.3	1,424.3	50.0	2,485.4	487.0
6月30, 1957	2,603.1	1,535.6	50.0	811.2	442.9
6月30, 1956	2,648.3	740.1		1,611.6	404.7
6月30, 1955	2,737.3	753.8		1,509.0	367.1
6月30, 1954	2,761.8	444.4		1,293.8	330.5
6月30, 1953	2,547.0	791.3		1,161.7	295.6
6月30, 1952	2,388.9	911.9		1,199.2	286.6
6月30, 1951	2,314.6	685.9		499.5	254.8
6月30, 1950	2,226.3	560.1		713.6	203.1
6月30, 1949	2,164.7	381.6		953.7	154.6
6月30, 1948	2,229.4	642.7		627.9	107.0
6月30, 1947	1,750.9	938.6		810.5	62.0
6月30, 1946	727.2	1,953.2		819.6	32.0
6月30, 1945	207.3	336.3		156.4	22.7

新信用権限は回転資金および未調整利子資本による増加が含まれる。

貸付権限額は1951年10月の10億ドル、1954年10月の５億ドル、そして総額70億ドルに対して1958年５月の20億ドルによって増加した。総額70億ドルは綿花とタバコの保険のために配分された５億ドルが含められる。解約と加入は、２億5000万ドルの貸付権限額への復位から1959年度に未使用期限が無効となる大英帝国に起因する減額を示す。

出所）Export-Import Bank of Washington: Report to the Congress for the Period July-December 1959, P.128

七〇万ドル、四七年六月が一〇億八、五四〇万ドルで二年間にわたり一六億四、三一〇万ドルにのぼっている。四六年七月末の未払い貸付額は一九億五、三二〇万ドルにのぼりEximbankの信用供与活動が継続していることがわかる。この期間のEximbankの活動は、大戦の終結に当たって、アメリカの対外政策と軌を一にして膨大な再建復興資金を世界経済市場に供給した。また、この期間の貸付額は五〇年代を通しても群を抜いて大きな額である。この点はこれまでに説明したところである。

五二年六月の貸付額は五億五、〇九〇万ドル、五三年六月末が五億七、一〇〇万ドル、二年間で一一億二、一九〇万ドルである。この期間は五〇年六月の朝鮮戦争勃発から五三年七月の休戦までの期間に相当する。アメリカの国内経済は再び第二次大戦と同様、戦時経済への移行のきざしに身構えるが、軍事支出と軍事用物資の生産を急速に増大させ、五〇年代の経済発展の契機となった。Eximbankの五六年七月〜五七年六月末の貸付額は一〇億六、七四〇万ドル、翌五八年六月末が八億九、〇四〇万ドル、それぞれの合計は二八億一、四八〇万ドルに達する。この期間は五七年後半から五八年までの景気後退期に当たり、きわめて短期の収縮期であったが、大戦後の経過のなかで最も厳しいものであった。この期間にアメリカ経済の直面した問題の一つには輸出の激減と巨額な国際収支赤字の計上のもたらす影響の大きさということがある。Eximbankの業務は、ここまで直接貸付を中心に説明してきたが、五〇年代後半以降、そのほかに民間金融機関（商業銀行）との提携のもとで信用保証、保険等の業務も展開される。

Eximbankの役割変化（むすびにかえて）

アイゼンハワー政権によるEximbankの一九五三年再編成と一九五四年法の迅速で劇的な撤回は、議会における新たに活発な「輸出ロビー」勢力の当初の決定的な影響力が注目された。これにつづく期間はEximbankの信用計画が再構成される経過においてEximbankの影響が着実に増加していく過程である。この期間はEximbankの貸付権限拡大を含めて一九六八年の二つの重要な法令が実現した時であるが、これらはEximbankは大戦後、政府対外援助計画の主要な手段としての役割から広範囲に経済発展を志向する方向に転換した。その役割の転換はこれまでのEximbankの政策が対外援助の性格を有していたのに対して民間輸出関連業者の目的が深く認識されたものであったといえる。[57]

Eximbankの通常の信用供与は海外の輸入業者に対する貸付支援であり、輸出業者と開発あるいはプロジェクト信用が輸出業者の増大する重要性を反映したものではなかった。一九五六年度、五八年度、および六〇年度に関してEximbankはそれぞれ三億四、二六〇万ドル、八億三、八〇〇万ドル、四億七、〇五〇万ドルの「開発」あるいは「プロジェクト」信用権限を報告している。これはそれぞれ三、四〇〇万ドル、一、七〇〇万ドル、二、九〇〇万ドルにすぎなかった輸出業者の信用に比較するときわめて大きなものであった。

このように、これらの数値のもつ重要性が潜在的に欠如するということは、「援助」「貿易」におけるEximbankの活動に関する主要な形態として、この二つの形態におけるEximbankの実質的な類似性が強調されている。輸出業者の信用はアメリカの輸出業者に対して非遡及型の海外購買者の金融債務がEximbankの完全な購買によって保証されていた。Eximbankの輸出業者および海外購買者（輸入業者）の信用は海外の購買者が唯一の債務者、他方でEximbankが債務者という意味において本質的に類似なものである。[58]

註

(1) Robert Aaron Gordon, "Business Fluctuations", Harper & Brothers, 1961, p.464
(2) Federal Reserve Bulletin, "Expenditures and Incomes in the Postwar Period", November 1948, Volume 34, Number 11, p.1330
(3) Ibid., p.1331
(4) R.A.Gordon, op.cit., pp.468-469
(5) Federal Reserve Bulletin, Volume 34, Number 11, November 1948, op.cit., p.1335
(6) Ibid., p.1335
(7) R.A.Gordon, op.cit., p.471
(8) Ibid., p.472
(9) Ibid.,
(10) Ibid., pp.471-472
(11) Federal Reserve Bulletin, November 1948, Volume 34, Number 11, op.cit., p.1331
(12) R.A.Gordon, op.cit., p.472
(13) Ibid., p.473
(14) Federal Reserve Bulletin, November 1948, Volume 34, Number 11, pp.1332-1333
(15) R.A.Gordon, op.cit., p.476
(16) Geoffrey H.Moore, "Measuring Recessions", Occasional Paper 61, National Bureau of Economic Research INC, 1958, p.261
(17) R.A.Gordon, op.cit., p.481
(18) Ibid., pp.479-480　ゴードンは景気後退が軽微なものに終わった理由として、自動安定装置の存在を指摘している。

それが強力に作用し、消費支出の基礎である可処分所得の減少を阻止したという。

(19) Ibid., p.482

(20) Ibid.,

(21) G.H.Moore, op.cit., p.261

(22) R.A.Gordon, op.cit., pp.483-484

(23) Ibid., p.485

(24) Federal Reserve Bulletin, Volume 33, Number 1, January 1947, p.14

(25) Ibid., p.15

(26) Ibid.,

(27) Alvin H.Hansen, "The American Economy", McGraw-Hill Book Company, Inc. 1957, pp.81-89

(28) R.A.Gordon, op.cit., pp.493-494

(29) Federal Reserve Bulletin, Volume 44, Number 11, October 1958, p.1256

(30) Ibid., pp.1257-1259

(31) R.A.Gordon, op.cit., pp.497-501

(32) Federal Reserve Bulletin, "The 1957-58 Recession in World Trade", Volume 44, Number 10, September 1958, pp.1153-1160

(33) Ibid., pp.498-499

(34) Ibid., p.501

(35) Richard N.Gardner, "Sterling-Dollar Diplomacy", Clarendon Press, 1956, pp.143-144, ＩＭＦ、ＩＢＲＤの初期の国際金融業務に関する英米両案の問題点については、次を参照。Federal Reserve Bulletin, "Establishment of Bretton Woods Institutions", April 1946, Volume 32, Number 4, pp.361-371,

(36) Ibid., p.161

(37) Ibid.,

(38) Ibid., p.52, p.58

(39) Ibid.,

(40) Ibid.,

(41) Ibid., p.151　これは加盟国に対し「急激かつ広範囲にわたって関係生産者が被害を受けるのを防止するための一時的な措置」を講ずるのを許容するものである。ただ、この免責条項は特恵関税の引下げにより被害を受ける生産者を保護する場合も援用できるかどうかがはっきりしない。したがって、関税と特恵関税は本来、それぞれ別個のものであるという米国の主張を、この規定を通して再確認することになる。

(42) 藤井茂『貿易政策の動向とその批判』、高垣寅次郎編「アメリカ経済政策の研究」有斐閣、昭和三二年一〇月三〇日、二〇三頁〜二一〇頁、J.M.Letiche, "United States Foreign Trade Policy", The American Economic Review, December 1958, Volume XLIII, Number 5, pp.957-966

(43) 高垣寅次郎編、前書、二〇九頁。修正された点は、関税引下げ基準、少量輸入品についての税率引下げの条項を削減したこと（ジョージ修正と呼ばれる）、エスケープ条項に関するもの（共和党ミリケン議員によるもの）等々である。

(44) J.M.Letiche, op.cit., p.955

(45) Export-Import Bank of Washington, First Semiannual Report to Congress, For the Period July-December, 1945, pp.7-8

(46) 拙稿、「ワシントン輸出入銀行の成立と展開過程」『政経研究』第三二巻、第四号、六三頁〜六四頁、を大幅に加筆修正した。

(47) Export-Import Bank of Washington, First Semiannual Report to Congress, op.cit., p.9、四五年法修正の詳細は、Fourth Semiannual Report to Congress, 1947, pp.44-47

(48) Export-Import Bank of Washington, Eighth Semiannual Report, 1949, pp.2-5
(49) Ibid., p.10
(50) Export-Import Bank of Washington, First Semiannual Report to the Congress, 1945, op.cit., p.11
(51) Lend-Lease Act（武器貸与法）とは一九四一年三月に発動した合衆国国防増進法（Act to Promote the Defense of the LIS）を指す。軍需品、食糧品等の供給を目的としたもので、代金は延べ払い、または現物により返済された。アメリカの参戦後は、アメリカも他の連合国から援助を受けることが必要となり、相互援助協定に切り替えられた。
(52) Economic Report of the President, 1948, pp.26-28
(53) Export-Import Bank of Washington, First Semiannual Report to Congress, 1945, op.cit., pp.15-22
(54) Ibid.,
(55) Ibid., pp.22-23
(56) Ibid., p.26
(57) Jordan Jay Hillman, "The Export-Import Bank At Work", Quorum Books, 1982, p.35
(58) Ibid., p.37

第四章　一九六〇年代および七〇年代初頭アメリカの貿易政策とEximbank[1]の信用供与

はじめに

六〇年代および七〇年代初頭、第二次大戦後の世界経済の復興に伴い、貿易主要国の経済は急速に成長し、一方でアメリカ経済は貿易収支悪化、海外投資の増大、政府対外支払いの増加等によって総合収支が赤字を計上するようになった。とくに、貿易収支の悪化は国際収支問題として政府部内で激しい議論を呼び、ケネディ政権ではドル防衛をめぐって国際収支改善策がとられるようになる。その後、一時国際収支は改善されるものの六〇年代後半には再び国際収支赤字を記録する。また、国際収支悪化はアメリカから主要貿易国へドルが流出し、そのドル残高の蓄積と金流出が増加、国際通貨としてのドルの信認が失われるに至り、ドル危機が発生する。アメリカはドル防衛手段と国際収支改善のために何らかの抜本的な新たな手段に訴えざるをえなくなった。

その結果、ニクソン大統領は新たな経済政策を発表する。これは対外および対内経済政策を含む総合的なもので、対外政策としては金兌換停止と国際収支改善のために輸入課徴金を課すというものであった。しかし、この強行手段によってもアメリカの国際収支には即時的効果をあげるにはいたらず、輸入課徴金の導入によっても貿易収支赤字がわずかに緩和されたにすぎなかった。新経済政策による対内経済政策は限定的とはいえ、賃金・物価の統制という戦時経済的な経済安定措置までとられた。これは賃金・物価のインフレ高進を政府の直接統制によって抑制しようとするものであったが、結局、これは失敗に終わっている。

国際通貨としてのドル信認が揺らぐのに伴い、アメリカの国際収支改善が世界主要国から要求される事態となり、アメリカの産業上の優位が後退していく。そして、これら貿易主要国からの製品輸入が増大するのにともない、アメリカ国内では六〇年代後半から保護貿易主義の圧力が強まっていく。こうした保護貿易主義の台頭と契機は一九七一年八月のニクソン声明によって打ち出された新経済政策にあったと思われる。

本章では、合衆国輸出入銀行（Eximbank）の活動と併せて七〇年代後半以降、激しさを増していく貿易摩擦にも関連する保護貿易主義の台頭と契機を明らかにすることを叙述課題とした。叙述の対象期間は一九六〇年から七五年である。第一節では一九六〇年代および七〇年代初頭の国際収支の構造を把握した。ここでの国際収支改善政策は、第二節の貿易政策の推移を方向づけるものであることをみる。第三節は、ワシントン輸出入銀行（Eximbank）の信用供与の実績を把握した。とくに、Eximbankとともに貿易金融をおこなう外国信用保険協会（ＦＣＩＡ）の役割についても詳しく説明した。また、そこでは輸出戦略としての性格をもつEximbankとＦＣＩＡの農産物輸出支援にも触れた。

一　一九六〇年代および七〇年代初頭の国際収支の構造

一九四七年のIMF体制の発足以来、アメリカは国際貿易・国際資本取引の促進に中心的な役割を果たし、世界経済の発展に大きく貢献した。とくに、西ヨーロッパを中心とした大戦後の世界経済の復興は、アメリカの対外経済援助によるドル資本の供給によってはじめてなしとげられたものであった。しかし、一九五〇年代後半以降、世界主要国の経済は急速に伸び、これまでアメリカから流出したドルがこれら諸国に蓄積されていく。加えて、アメリカの国際収支悪化に伴ってドル残高の累積と金流出が増加し、国際通貨としてのドルの信認が失われるに至りドル危機が発生した。IMF体制のもとでは国際流動性が不足する時期には国際通貨供給国としてのアメリカの国際収支赤字は必要とされるが、ひとたび国際流動性が充足されると、それ以後の国際収支赤字はドル過剰をもたらし、国際通貨体制は危機に直面することになる。したがって、このような状態のもとでは、アメリカの国際収支改善が国の内外から要求されることになる。一九六〇年代初頭のアメリカは、まさにこのような立場に立たされたものであり、アメリカは六〇年代を通して国際収支改善にさまざまな対策を講じてきた。しかし、こうした国際収支改善の努力にもかかわらず、ドル危機はますます強まり、一九七一年八月一五日、ついにドルの金交換が停止されるにいたってIMF体制は実質的に崩壊をする。

ここでは、一九七一年のドル危機の背景を明らかにするため、この間の経過として六〇年代と七〇年代初の国際収支の動向とその赤字にともなう国際収支対策に焦点を合わせる。まず、五〇年代後半から六〇年代初の国際収支の動向をみると、一九五七年まで比較的安定を保ったが、五八年〜六〇年に三年間の総合収支は年三五億ドル以上の大幅

表１－１　アメリカの国際収支　1951－61年

（単位：10億ドル）

取引のタイプ	1951－55（平均）	1956－60（平均）	1958	1959	1960	1961[1]
経常勘定と一方的取引	−0.6	0.8	−0.1	−2.3	1.5	2.4
貿易取引収支	2.4	3.9	3.3	1.0	4.7	5.5
輸出	13.4	17.7	16.3	16.3	19.4	19.7
輸入	−11.0	−13.8	−13.0	−15.3	−14.7	−14.2
軍事支出純額[2]	−2.1	−2.8	−3.1	−2.8	−2.7	−2.5
利子・配当金、純益[3]	1.6	2.2	2.2	2.2	2.3	2.7
その他サービス、純益	.2	−.1	−.2	−.2	−.3	−.4
政府非軍事補助金	−2.1	−1.6	−1.6	−1.6	−1.6	−1.9
年金、送金	−.6	−.7	−.7	−.8	−.8	−.9
長期資本勘定	−.9	−3.0	−3.5	−2.1	−3.4	−2.5
合衆国直接投資[4]	−.7	−1.6	−1.1	−1.4	−1.7	−1.7
その他合衆国民間投資	−.2	−.9	−1.4	−.9	−.9	−.6
政府貸付金（－返済）	−.2	−.8	−1.0	−.4	−1.1	−.7
海外長期投資[5]	.2	.4	………	.6	.3	.4
「基礎」勘定収支（上記）	−1.4	−2.2	−3.6	−4.3	−1.9	−.1
合衆国短期資本と海外商業信用	−.2	−.5	−.4	.1	−1.4	−1.0
誤差と脱漏	.4	.3	.4	.5	−.6	−.4
総合収支［赤字（－）］	−1.2	−2.3	−3.5	−3.7	−3.9	−1.5

1．第３四半期季節調整年率
2．合衆国内海外軍事購入の純額
3．非送金補助収入を除く
4．再投資補助収入を除く、1960年の総額13億ドル
5．再投資補助収入を除く、1960年の総額２億ドル
注）マイナス表示は外国人支払を指す。

細部の数字は概数のため合計額へ加算されない。

出所）商務省のデータに基づく。

Economic Report of the President, January 1962 P.149.

赤字を計上するにいたった。五一年〜五五年の年平均赤字は一二億ドルである。（表１―２）同時に、アメリカ連邦政府の金保有高は、五七年末の二二七億ドルから六〇年代末の一七七億ドルと大きく減少した。このような五八年から六〇年の三年間の大赤字を生んだ主な原因として、表１―１から貿易収支の悪化、海外民間投資の増大、政府対外支払いの増加等があげられる。[2]これを詳細にみると、五八年〜五九年の貿易収支の黒字激減が総合収支赤字の決定要因となっているが、これが六〇年には、民間資本収支の赤字、とくに短期資本の大量流出と政府借款の増大が決定要因となっている。

表1－2　アメリカの国際収支（1958－75年）

（100万ドル、四半期データは季節調整済み、注釈を除く）

年	財・[2]			軍事取引			純投資所得		純旅行輸送受取	その他サービス	財・サービス収支[4]	送金・年金その他一方的移転[1]	経常収支
	輸出	輸入	純収支	直接支出	売却	純収支	民間[3]	政府					
1958…	16,414	−12,952	3,462	−3,435	300	−3,135	2,008	168	−633	486	2,356	−2,361	−5
1959…	16,458	−15,310	1,148	−3,107	302	−2,805	2,147	68	−821	573	310	−2,448	−2,138
1960…	19,650	−14,758	4,892	−3,087	335	−2,753	2,270	17	−964	579	4,040	−2,308	1,732
1961…	20,108	−14,537	5,571	−2,998	402	−2,596	2,832	105	−978	594	5,529	−2,524	3,005
1962…	20,781	−16,260	4,521	−3,105	656	−2,448	3,177	134	−1,152	809	5,042	−2,638	2,404
1963…	22,272	−17,048	5,224	−2,961	657	−2,304	3,227	98	−1,309	960	5,897	−2,754	3,143
1964…	25,501	−18,700	6,801	−2,880	747	−2,133	3,926	9	−1,146	1,041	8,499	−2,781	5,718
1965…	26,461	−20,510	4,951	−2,952	830	−2,122	4,143	26	−1,280	1,387	7,105	−2,854	4,251
1966…	29,310	−25,493	3,817	−3,764	829	−2,935	3,543	55	−1,331	1,365	4,514	−2,932	1,582
1967…	30,666	−26,866	3,800	−4,378	1,152	−3,226	3,865	41	−1,750	1,612	4,340	−3,125	1,215
1968…	33,626	−32,991	635	−4,535	1,392	−3,143	3,941	63	−1,548	1,630	1,578	−2,951	−1,374
1969…	36,414	−35,807	607	−4,856	1,528	−3,328	3,471	156	−1,763	1,833	977	−2,994	−2,017
1970…	[8] 42,469	[8] −39,866	[8] 2,603	−4,855	1,501	−3,355	3,631	−112	−2,023	2,190	2,938	−3,294	−356
1971…	43,319	−45,579	−2,260	−4,819	1,926	−2,893	5,659	−956	−2,315	2,509	−256	−3,701	−3,957
1972…	49,381	−55,797	−6,416	−4,784	1,163	−3,621	6,208	−1,888	−3,028	2,789	−5,954	−3,848	−9,802
1973…	71,410	−70,499	911	−4,629	2,342	−2,287	8,188	−3,010	−3,086	3,188	3,905	−3,883	22
1974…	98,310	−103,679	−5,369	−5,035	2,952	−2,083	13,461	−3,234	−3,107	3,919	3,586	[8] −7,184	−3,598
1975…	107,088	−98,058	9,030	−4,780	3,897	−883	9,430	−3,423	−2,503	4,666	16,316	−4,620	11,697

1．軍事補助金を除く。
2、評価額、カバリッジ、および時間的調整における差額は統計調査データから調査済み。
3．合衆国における合衆国海外直接投資あるいは海外の直接投資の手数料、特許権使用料は純投資所得から除き、その他サービスに含めた、純額。
4．概念上、経常勘定収支の統計および特別引出権（SDR）の割当ては、その2項目が修正と限定された品目等の点で異なるが、国民所得および生産勘定における純海外投資に等しい。

出所）Ibid, 1977年、P-296

七〇年代のアメリカ対外経済取引における著しい特徴は、貿易収支の顕著な変動である。まず、注目するのは、貿易収支が一九七一年戦後はじめて大幅赤字に転化したことである。六〇年代をみてみると、六四年に六八億ドルの大幅赤字を示している。その後、七一年の貿易収支が約二二億ドルの赤字、それが七二年には約六四億ドルと大幅な赤字を計上するにいたった。

六〇年代のアメリカ経済は一九四七年以降の戦後復興需要期を経て、いわゆる輸出競争力一般による貿易黒字のピークが六四年にあったと考えられる。事実、これを境に黒字が減少し六八年、六九年には両年ともわずか六億ドルの黒字へと収縮している。このことから現在に続くアメリカの一般工業製品の国際競争力低下の始点が六〇年代の中葉にあったことが分かる。(3)

前述、五八年〜六〇年の間の貿易収支の悪化は国際収支問題として連邦政府部内で激しい議論を呼んだだけでなく、ケネディ政権ではドル防衛をめぐって多様な国際収支の改善政策がとられる。ケネディ大統領は一九六一年二月六日、議会に向けた声明のなかで、国際収支問題に関して次のように説明している。「合衆国政府の政策は、国際収支における全般的な均衡を達成するために収支ポジションの管理を維持することである。これは諸国の外貨準備におけるドルの流入が将来とも持続的に、また賢明な判断の結果として、ドル準備のための適切な必要に対してもたらされるということを意味する。(4)」また、ケネディ政権の経済顧問として経済政策に精通したセイモア・ハリスは国際収支赤字是正に関して次のように述べている。「さまざまな措置がとられたことと貿易後退（輸入減少）という好ましい効果の結果、準備率の流出は一九六一年に大幅に削減された。事実、金と交換可能通貨の流出ならびに外国に対する短期債務の増加は、六〇年の約四〇億ドルから六一年には二五億ドルに減少した。国際収支赤字は、特に赤字の趨勢が六一年後半には上昇したので、依然として大きすぎた(5)」。その後、ケネディ大統領は一九六三年七月一八日、国際収支に関して二度目の声明を発表している。これには政府部内での集中的な議論ののち、国際収支問題について、さらに新たな拡張的な措置がとられている。(6)

一九六四年〜六六年にかけて改善されてきたアメリカの国際収支は、六七年には逆戻りした。しかもその赤字は六七年には六〇年以来最高の水準に達した。その間の経過として、ジョンソン大統領により国際収支改善策が発表されたが、貿易収支対策にかわり資本収支対策に重点がおかれた。まず、六四年の利子平衡税(Interest Equalization Tax)がある。これはアメリカ資本市場で長期資本を調達しようとする外国の起債者に対して諸外国とアメリカの外国証券取引に大きな影響を与えた。ついで、自主規制計画(Voluntary Restraint Program)といわれるもので、これは商務省と連邦準備制度による計画に分けられる。商務省計画はアメリカ事業会社の対外直接投資に関する自主規制計画で、その内容は先進国向けの直接投資の繰延べで、対外直接投資資金の海外での調達である。一方、連邦準備制度による計画は、銀行その他の金融機関に関する対外信用規制計画(Voluntary Foreign Credit Restraint Program)で、六四年に高水準に達した銀行の対外貸付・投資を抑制するためのものであった。

こうした国際収支対策は、一九六八年をピークに目ざましい改善を示している。六八年の貿易収支の黒字は前年に比べて三二億ドルも減少し、黒字幅はわずか六億ドル強となっているが、資本収支でアメリカ証券の外国購入と短期流動債務の増加が国際収支を大幅に改善させる原因となっていた。七〇年代のアメリカの国際収支問題の推移は、六〇年代の国際収支の悪化により国際通貨不安がたかまり、他方、六〇年代後半から深刻化してきた国内のインフレーションが大きな影響を与え、国際収支に重大な危機をもたらした。(表1－3)

まず、七〇年代初頭の貿易収支についてみると、注目されるのは、七二年の六四億ドルにのぼる大幅赤字である。これが七四年には五三億ドルの貿易赤字を計上する。七四年までの品目別貿易収支は原料・燃料の輸入で、七三年、

表１－３　アメリカの国際収支1960－75年（続き）

（100万ドル、四半期データは季節調整済み、注釈を除く）

年・四半期	合衆国海外資産、純額［増加／資本流出（－）］ 合計	合衆国外貨準備資産	その他合衆国政府資産	合衆国民間資産	合衆国における海外資産、純額［増加／資本流入（＋）］ 合計	海外公的資産 合計	海外公的準備機関	その他海外資産	特別引出権(SDR)割当て	統計上の不整合 合計（破棄署名なしの品統計）	四半期調整の不一致	合衆国準備、資産、純額（非調整、期間終了）
1960	−2,833	2,145	−1,100	−3,878	2,120	1,473	1,258	647	....	−1,019	....	19,359
1961	−4,484	606	−910	−4,180	2,467	765	741	1,701	....	−988	....	18,753
1962	−2,979	1,533	−1,085	−3,426	1,697	1,270	1,118	427	....	−1,122	....	17,220
1963	−5,764	377	−1,662	−4,479	2,981	1,986	1,558	995	....	−360	....	16,843
1964	−8,128	171	−1,680	−6,618	3,317	1,661	1,363	1,656	....	−907	....	16,672
1965	−4,176	1,222	−1,605	−3,793	382	132	67	249	....	−457	....	15,450
1966	−5,530	568	−1,543	−4,554	3,320	−674	−787	3,994	....	628	....	14,882
1967	−8,025	52	−2,423	−5,653	6,938	3,450	3,367	3,488	....	−128	....	14,830
1968	−8,572	−880	−2,274	−5,418	9,439	−776	−761	10,215	....	507	....	15,710
1969	−8,823	−1,187	−2,200	−5,436	12,270	−1,301	−1,552	13,571	....	−1,430	....	16,964
1970	−6,032	2,477	−1,589	−6,920	5,923	6,907	7,362	−984	867	−402	....	14,487
1971	−9,596	2,348	−1,884	−10,060	22,445	26,895	27,405	−4,450	717	−9,609	....	12,167
1972	−10,245	32	−1,568	−8,708	21,127	10,705	10,322	10,422	710	−1,790	....	13,151
1973	−16,434	209	−2,645	−13,998	18,519	6,299	5,145	12,220	....	−2,107	....	14,378
1974	−33,392	−1,434	9 365	−32,323	32,433	10,981	10,257	21,452	....	4,557	....	15,883
1975	−31,593	−607	−3,463	−27,523	15,326	6,899	5,166	8,427	....	4,570	....	16,226

5．金、特別引出権（SDR）、兌換通貨およびIMF外貨準備持高から成る。
6．増加（100万ドル）に含められるのは以下のとおりである。1969年10月のドイツマルクの平価切上げによる6,700万ドル。1971年10月31日外貨のドル価値の市場為替相場を反映した再評価額、2,800万ドル。
　1972年５月８日、為替平価での交換から1,016百万ドル。1973年10月18日のドル平価での交換から1,436百万ドル。

　1974年７月初、SDRの価値とIMFの外貨準備持高は加盟16ヶ国通貨の為替レートの加重平均をベースにする。1974年７月以前では1974年12月31日の外貨準備資産は15,812百万ドル。

　1975年12月31日、16,366百万ドル。1976年18,895百万ドル。
7．個別には利用不可能
8．1970年初のデータは初期のデータでは厳密に比較できない。
9．インドとの合衆国政府特別取引を含む。
注）合衆国外貨準備資産、合衆国海外民間資産および合衆国の海外資産の四半期データは季節末調整。
出所）Ibid., 1977年、P-197

七四年の対前年度の増加が著しい。七三年、七四年の対前年度の増加はそれぞれ約四六億ドル、約一八三億ドル、増加率が三四・二パーセント、五七・七パーセントである。前記した七四年の五三億ドルの赤字は、第一次オイルショックの影響をかなり忠実に反映したものといえる。(7) しかし、七六年の九四億ドルの赤字再転化を前兆として、七七年以降、貿易赤字は年間平均三〇〇億ドルを越え、以来、止まるところを知らない大幅な赤字が継続している。民間長期資本収支は六七年以降、年間五〇億ドル強の資本流出が続いているが、それが七一年一〇〇億ドル、政府資本収支黒字を差引いても九五億ドル強の資本流出である。これが七四年には、それまで黒字を計上していた政府公的準備が一四億ドル減少し、民間長期資本収支三二三億ドルとの合計収支は三三三億ドルの資本流出を示した。この間に国際通貨不安が強まり、マルクへの投機が激化したため、一九七一年五月五日西ドイツの為替市場は閉鎖され、マルクのフロート移行が決定され、それにオランダが追随した。このマルク投機よってアメリカからの短期資本流出に拍車がかかり、七一年前半の短期資本の流出は八〇億ドル近くにのぼり、七一年前半期の国際収支は純流動性ベースで一六六億ドル、公的決済ベースで二三八億ドルの巨大な赤字となった。(8)

国際収支の悪化、とくに、民間長期資本収支赤字による資本流出は金の流出をもたらした。一九六八年三月に金の二重価格制が採用されて、六八年、六九年には逆に流入に転じていたが、七〇年代後半にはふたたび流出が増加した。これはオランダ、スイス、ベルギー、フランス等のヨーロッパ各国による金交換請求が高まり、この傾向は七一年に入っても続き、七一年前半にはこれら諸国合わせて六億三、七〇〇万ドルの金をアメリカから引出している。その結果、アメリカの金保有高は七〇年前半一〇五億ドルと一〇〇億ドル台にまで減少した。アメリカはヨーロッパ諸国の金兌換請求圧力をやわらげるため、準備資産を用いてヨーロッパの過剰ドルの吸収に努めたが、表1－4に示されるように、アメリカの対外準備資産のうち、交換可能外国通貨は六九年末の二七億七、〇〇〇万ドルに、またＩＭＦ準

表1－4　アメリカの対外準備資産　1957－75

（単位：100万ドル）

年末	合計	金準備高[1]		特別引出権（SDR）[3]	交換可能外国通貨[4]	IMF準備ポジション[5]
		合計	財務省[2]			
1957 ……	24,832	22,857	22,781	……	……	1,975
1958 ……	22,540	20,582	20,534	……	……	1,958
1959 ……	21,504	19,507	19,456	……	……	1,997
1960 ……	19,359	17,804	17,767	……	……	1,555
1961 ……	18,753	16,947	16,889	……	116	1,690
1962 ……	17,220	16,057	15,978	……	99	1,064
1963 ……	16,843	15,596	15,513	……	212	1,035
1964 ……	16,672	15,471	15,388	……	432	769
1965 ……	15,450	[6] 13,806	[6] 13,733	……	781	[6] 863
1966 ……	14,882	13,235	13,159	……	1,321	326
1967 ……	14,830	12,065	11,982	……	2,345	420
1968 ……	15,710	10,892	10,367	……	3,528	1,290
1969 ……	[7] 16,964	11,859	10,367	……	[7] 2,781	2,324
1970 ……	14,487	11,072	10,732	851	629	1,935
1971 ……	[7] 12,167	10,206	10,132	1,100	[7] 276	585
1972 ……	[7] 13,151	[7] 10,487	[7] 10,410	[7] 1,958	241	[7] 465
1973 ……	[7] 14,378	[7] 11,652	[7] 11,567	[7] 2,166	8	[7] 552
1974 ……	[8] 15,883	11,652	11,652	[8] 2,374	5	[8] 1,852
1975 ……	[8] 16,226	11,599	11,599	[8] 2,335	80	[8] 2,212

1．再購入権を有するIMFによる合衆国への金売却および増加したIMFクォータの金払込についての海外諸国による合衆国の購入金ストックの影響緩和のためのIMF金保有を含む。
2．1974年12月以前、為替安定基金（ESF）の保有する金を含み、1974年12月、財務省はESFの保有する金のすべてを取得した。
3．1970年1月1日、367百万ドルの期初割当てを含み、1971年1月1日第2期割当て717百万ドルおよび1972年1月1日第3期割当てIMF特別引出勘定、プラス・マイナスのSDR取引におけるSDR710百万ドル。
4．財務省および連邦準備制度の保有を含む。
5．合衆国は必要な場合、基金の外貨準備持高に対応して自動的に外貨購入権を有する。適切な条件のもとで合衆国は合衆国クオータと等額の追加的な量を購入できた。
6．外貨準備持高を含み、金ストックを除く。合衆国クオータに対する1966年6月基金へ259百万ドルの金払込みが増加したが、これは1966年2月23日有効となった。
7．増加（百万ドル）は以下のとおりである。

1969年、1969年10月（マルク保有1,300万ドル）のドイツマルクの再評価の結果で6,700万ドル。1971年、1971年12月31日特点の市場為替レートを反映した再評価外貨のドル価値で2,800万ドル。1972年、1972年5月8日の合衆国ドルの平価での交換の結果、合計資産1,016百万ドル。（合計金ストック828百万ドル、財務省金ストック822百万ドル、SDR155百万ドルおよび外貨準備持高3,300万ドル）。1973年、1973年10月18日ドル平価での交換によって合計資産1,436百万ドル（合計金ストック1,165百万ドル、財務省金ストック1,157百万ドル、SDR217百万ドルおよび外貨準備持高5,400百万ドル）

8．1974年7月初、IMFは16加盟国通貨の為替レートの加重平均をベースにしたSDRの評価技術を採用した。

IMFにおけるSDR保有および外貨準備持高はまた、1974年7月初のベースで評価されている。

1974年7月以前（SDR 1－1,20635ドル）に使われた評価では、月末の価値は単位百万ドルで以下のとおりである。

	合計外貨準備資産	SDR	IMFの外貨準備持高
1974年12月……	15,812	2,338	1,817
1975年12月……	16,366	2,404	2,283

注）海外および国際勘定に対する連邦準備銀行指定のもとでの金保有は合衆国の金ストックに含められていない。

出所）Economic Report of the President, January1976. p.279

備ポジションも二三億二、〇〇〇万ドルから五億八、〇〇〇万ドル、SDRをあわせても一六億八、〇〇〇万ドルの水準に落ち込んだ(9)。その結果、アメリカはドル防衛手段に窮し、国際収支改善のために何らかの抜本的な新たな政策に訴えざるをえなくなった。

このような危機に直面してニクソン大統領は、一九七一年八月一五日のニクソン声明によって画期的な経済政策を打ち出した。これは対外および対内経済政策を含む総合的なもので、対外政策としては、金とドルの交換を一時停止するとともに、国際収支改善のため輸入に対して一〇パーセントの課徴金を課すというものであった。ドルは六八年の金の二重価格制ですでに形骸化していた金の裏づけを公的にも喪失した。このニクソン政権の新経済政策の発表によって世界主要国はあいついで変動相場制に移行していた。しかし、この強行手段によってもアメリカの国際収支改善には即時的効果をあげるにはいたらなかった。輸入課徴金の導入によっても貿易収支赤字がわずかに緩和されたにすぎない。輸入は減少したものの、それを上回る輸出の減少により、七一年の貿易収支は年間を通じて二三億ドルの赤字を記録した。また、国際通貨不安を反映して七一年末にも一三二億ドルにのぼる短期資本が流出していったため七一年の国際収支は純流動性ベースでは二九七億ドルをこえる大幅な赤字を計上した。国際通貨制度については、一九七一年一二月一九日、一〇カ国蔵相会議で金価格引上げをはじめ、西独マルク、日本円の対ドル平価の切上げなど、多角的通貨調整がまとまり、いわゆるスミソニアン合意が成立した。これによって八月以来変動相場制に移行していた各国はふたたび固定相場制に復帰する。ただ、スミソニアン協定は緊急措置と考えられており、一九七二年七月IMFは国際通貨制度改革のために二〇カ国委員会を設置したが、七三年二月には再びドル危機が発生し、三月EC諸国は対ドルでは共同フロートを採用し、同時に円も変動為替レートへ移行した。こうして国際通貨制度は固定為替相場制の最終的な崩壊が確認され、変動為替相場のもとでのドル本位制がスタートした。

前記、七一年八月のニクソン声明による対内経済政策は、九〇日間の賃金・物価および地代・家賃の凍結を骨子として、限定的とはいえ、賃金・物価の統制という戦時経済的な経済安定措置がとられた。これは賃金・物価のインフレ高進を政府の直接統制によって抑制することをねらったもので、七一年八月一五日から四つの段階を経て続けられたが、結局、失敗に終わっている。とくに、六〇年代の国際収支政策と重大な関連をもつ貿易収支対策に関して、ケネディ＝ジョンソン政権は有効な具体的手段をとることができなかった。しかも、六五年以後強まってきたインフレ圧力の抑制にも失敗し、アメリカの国際競争力は低下の途をたどった。ニクソン大統領は賃金と物価の凍結を含むインフレーション抑制を打ち出した。第一段階（Phase I：一九七一年八月一五日～一九七一年一一月一三日）として、九〇日間賃金と物価を凍結し、第二段階（Phase II：一九七一年一一月一四日～一九七三年一月一一日）では賃金労働者については、賃金上昇率は年五・五パーセント、配当が四パーセント、物価については二・五パーセントのガイド・ラインが決定され、わずかながら小規模企業の製品および農産物輸入品はこの統制を免除された。そして、自主規制としての第三段階（PhaseIII：一九七三年一月一二日～一九七三年八月一一日）、再度、強制規制の第四段階（PhaseIV：一九七三年八月一二日～一九七四年三月一一日）を経て一九七四年四月に終わった。[10]

一九七三年一月一一日に発表された統制措置は半ば自主性に委ねられる形で緩和されたが、自由市場への復帰の過渡期に入ったと見なされて統制効果は減殺された。加えて、第一次石油価格引き上げによって一九七四年初から農産物価格が高騰し、その結果、七三年五月までに卸売価格が二〇パーセント、消費者物価は八パーセント強上昇した。[11]こうした事態に対して、ニクソン大統領は第三段階中途の一九七三年六月一四日、六〇日間の価格凍結を宣言（賃金および未加工農産物は除外）し、さらに八月一二日には第四段階において、再度、コストに対する値上げ分を一定範囲内に制限、大企業に値上げの事前届出を課すなど強制的価格統制方式に復帰した。[12]

二　貿易政策の変遷

六〇年代後半から七〇年代初頭のアメリカ経済は国際収支赤字にともない、戦後経済復興を果たした世界主要国にドル残高が累積し、金の流出が相次ぎ、その結果、国際通貨としてのドル信認が大きく揺らぎ、アメリカの国際収支改善がそれら諸国から要求される事態にいたる。しかし、ＩＭＦ体制のもとでは、アメリカの国際収支赤字は国際流動性不足の解消のためには国際通貨供給国として必要とされるものである。ひとたび国際流動性が充足されるとアメリカの国際収支赤字は、世界経済にドル過剰をもたらすことになる。そして、六〇年代後半から七〇年代初頭のアメリカの貿易収支の大幅な赤字は、ドルの金交換性にもとづく固定相場制という戦後ＩＭＦ体制を実質的に崩壊させ、国際通貨制度は金交換保証のないドル本位制となった。戦後アメリカの国際収支の基本構造は、前述の国際流動性充足のためにアメリカの国際収支赤字によるドル過剰を必然化させ、一方で、これが貿易収支の黒字によって相殺される関係が基本となっている。すなわち、ドル過剰は開発途上国に対する経済的援助あるいは対外への軍需支出を中心とする政府移転収支の赤字および民間長期資本収支赤字や主要企業の多国籍化に伴う資本勘定の赤字の結果が作用した。そして、多分にそうしたアメリカの産業上の優位が後退し、製品輸入が増大してくるのにともなってアメリカでは六〇年代末から保護貿易主義が台頭することとなった。輸入競争によって被害を受けた産業の関係者たちは、政府に輸入制限の実施を要求、その圧力により議会には多くの保護法案が提出された。七〇年代のミルズ法案、七二年のバーク＝ハートケ法案はその顕著な事例である。(13)

戦後の国際経済体制は米英二国間交渉の形態をとったが、むしろアメリカ主導のもとに、国際金融面と貿易面で、それぞれブレトンウッズ協定とGATT協定の形で実現した。ブレトンウッズ協定は活発な議論を通して議会で承認されたが、貿易面のGATT協定は国際貿易機構（ITO）あるいはもっと穏健な貿易協定機構（OTC）でさえアメリカ議会は承認をしぶり、その批准は拒否されている。戦後国際経済体制の理念は、周知のように、自由・無差別多角的貿易体制であるが、アメリカの当初の目標は自由貿易よりも無差別多角的貿易体制にあり、その実現のためには関税引下げよりも差別撤廃を重視していた。これは為替管理と貿易数量制限の撤廃、同時に市場開放や機会均等要求等にもとづいて特恵関税や保護関税よりも差別を悪とみなしていた。これには第二次大戦の原因がブロック化などの経済的差別にあるとの一般的認識もあり、無差別原則は国際経済体制における理念として一層強調されていた。

このアメリカの構想はイギリスとの間で厳しい対立を生じさせた。GATTの成立は英米両国の妥協によるものであり、アメリカの無差別原則は英帝国に対する反帝国主義を意味するものであった。アメリカは大西洋憲章や相互援助協定の交渉以来、無償援助の代償として英連邦特恵制度の廃止を強く迫っていた。また、一方イギリスの反応は複雑で国内の経済計画や管理体制を海外からの影響から切り離す経済自立政策を志向していた。アメリカは無差別の慣行を重視しているが、英連邦諸国間の経済上の結びつきを弱めるようなことはないか、適切な完全雇用を維持する措置をとるのか、アメリカの不況の諸外国への影響を緩和する措置を講じるのか、イギリスの国際収支均衡回復に対して支援するのか、等々の疑問をもっていた。[14] イギリスでは大戦後の経済復興が当面の問題であり、国際収支の不均衡化や戦後過渡期を理由に為替・貿易制限禁止の例外規定を強く求めざるをえなかった。

アメリカの国際経済体制の当初の構想は、大戦直後の世界経済や現実とのギャップが大きく、英国内の対立に加え諸外国と議会の反対するところとなり、大きく後退したものとなった。アメリカ政府が推進していた包括的な理想主義でしかも拘束力のある国際貿易憲章の制定は議会の支援がえられることはなく、それに代わって国際貿易面で重要な役割を果たすことになるのがGATTであった。GATTは「関税と貿易に関する一般協定」(General Agreement on Tariffs and Trade: GATT)の正式名称が示すように関税の二国間相互引き下げ交渉を加盟国で同時多角的に行い、その成果としての関税譲許表と相互間の無差別最恵国待遇原則を義務とすることで、加盟国間の関税障壁を全体的に引き下げていくことである。他方で貿易上の制限、主として輸入数量制限の撤廃を原則とすることであった。これらは六〇年代以前の互恵通商協定法による自由化方式を多角化し国際化するという性格があるが、多角化は自由化の実現をより容易にするものであった。しかし、GATTの基本原則は無差別原則、また数量制限の禁止原則でも多くの例外を認めていた。(表2―1)

GATTの協定には、輸出入手続きや関税評価制度の公正さや透明性確保のための規定や補助金、とくに輸出補助金の監視などの規定があり、アメリカの通商法の影響で、相殺関税法や反ダンピング法、また緊急輸入制限措置(セーフガード)の条項もあった。このようにGATTはその変則的な成立過程やその他の制約のために、拘束力は弱かったとはいえ、国際ルールを定め国際交渉の場となるガットは国際通商史上画期的なものであった。[15]

さて、このような戦後国際経済体制のもとで、アメリカはGATTを通じて多角的な貿易自由化を進めるが、そのための通商法の起点となったのが一九六二年通商拡大法(Trade Expansion Act of 1962)であった。同法の成立とその法的基盤および交渉権限の授権に基づきケネディ大統領は、ケネディ・ラウンドによる関税一括引き上げという新たな方法で交渉を開始した。ケネディ大統領は政権を担当して以来、対外通商政策問題に関してはむしろ積極的な方針を打ち出さずにきた観があったが、六一年末に至って自由貿易政策を全面に出し、それまで徐徐に高まりつつあった保護貿易勢力を批判し、通商拡大法を一九三四年の互恵通商法に代わるものとして議会に上程した。同法は互恵通商法を延長するのみでは十分ではなく大幅な取替えをおこなわなければならないと宣言して強い決意を示している。[16]

表2－1　アメリカの通商法とその特徴

通　商　法	期間	大統領への権限委譲	特　殊　規　定
1934年互恵通商協定法	3年	34年関税率の50％引下げ	無条件最恵国条項、主要供給国方式
1937年延長法	3年	変更なし	変更なし
1940年延長法	3年	変更なし	変更なし
1943年延長法	2年	変更なし	変更なし
1945年延長法	3年	45年関税率の50％引下げ	変更なし
1948年延長法	1年	変更なし	危険点条項導入
1949年延長法	2年	変更なし	危険点条項削除
1951年延長法	2年	変更なし	免責条項導入、危険点条項再導入
1953年延長法	1年	変更なし	変更なし
1954年延長法	1年	変更なし	変更なし
1955年延長法	3年	55年関税率15％（年5％引下げ）	安全保障条項導入、免責条項の適用条件緩和
1958年延長法	4年	58年関税率の20％、50％以上の関税率は50％に引下げ	安全保障条項の適用条件緩和 免責条項による輸入規制強化
1962年通商拡大法	5年	62年関税率の50％、5％以下の関税は0％まで引下げ	調整援助条項導入、免責条項適用条件の厳格化、危険点条項大幅緩和、安全保障条項存続
1974年通商法	5年	74年関税率の60％、5％以下の関税0％まで引き下げ、非関税障壁の軽減、開発途上国一般特恵制度の導入	免責条項と調整援助条項の適用条件の緩和、301条導入、相殺関税法・反ダンピング法・337条強化
1979年通商協定法	8年	非関税措置の交渉権限延長	東京ラウンド協定実施のための諸改正、337条・301条の強化
1984年通商関税法	3年	二国間自由貿易協定の交渉権限、途上国特恵制度の改正延長	301条の強化、反ダンピング法・相殺関税法の強化、鉄鋼輸入制限条項、ワイン貿易条項の導入
1988年包括通商競争力法	5年	88年関税率の50％引き下げ、非関税措置・自由貿易協定の交渉権限延長	スーパー301条導入、相互主義条項の強化
1994年ウルグアイ・ラウンド協定法		非関税措置	WTO協定実施のための諸改正

出所）経済同友会編「通商拡大法と日本経済」至誠堂
　　　佐々木隆雄「アメリカの通商政策」岩波書店

経済政策に関して、ケネディ政権のもっとも大きな課題は、貿易政策と関係がある国際収支とドル問題にあり、とくに国際収支赤字の削減にあった。

ただ、この時期、同法の経過に関連してケネディ政権が脅威に感じたのは、一九五八年一月ローマ条約によって成立したフランス、西ドイツ、イタリア、ベルギー、オランダ、ルクセンブルク六カ国からなる欧州共同体（ＥＥＣ）の存在であった。アメリカの対西欧、とくにＥＥＣ政策はさまざまな批判を受けてきたが、グンナー・ミルダール(Karl Gunnar Myrdal)は、「豊かさへの挑戦」の中で、アメリカは共同市場の肩を持ち、イギリスの加盟を後押ししているとして激しく批判している。「彼の見解では、主としてイギリスとスカンジナビア諸国から構成されている欧州自由貿易連合（ＥＦＴＡ）がアメリカのパートナーであるべきだった。というのは、アメリカとＥＦＴＡは貿易障害の軽減を求めているのに、ＥＥＣは自分たちに有利な差別と超国家的官僚による経済の統制というアメリカには受け入れ難い目的を望んでいるからである」[17]。また、ＥＥＣは域内関税を軽減し、対外関税を引き上げるので、成長による高所得が貿易拡大に寄与するよりもむしろ貿易制限を促進することになる。Ｌ・Ｂ・クローズ(L.B.Krause)は、上下両院合同経済委員会(Joint Economic Committee)ならびにブルッキングス（研究所）の研究のために詳細な推計をおこない、ＥＥＣはその差別的政策により、アメリカの貿易を年々七億五、〇〇〇万ドル減少させるであろうと結論づけた[18]。こうした経緯を経て、一九六二年一月二五日に通商拡大法を議会に送り、両院本会議で可決され、ケネディ大統領は、一〇月一一日これに署名、同法は即日発効した。

一九六二年通商拡大法の目的は、相互に通商上の利益を与える通商協定を通じて、①アメリカの経済成長を促進し、同国製品のための海外市場を拡大すること、②自由世界における開放的かつ無差別的な貿易の拡大を通して諸外国との経済的関係を強化すること、および③共産主義の経済的浸透を防止することを目的とするものである。前述の繰り返しになるが、これらの背景には、厳しい国際収支の現状、さらに海外での保護主義的傾向が見られ始めたことで、ＥＥＣの設立から自由貿易に対する危険を回避し、より強く相互に依存した自由な世界経済を築く必要があった。そのほかに共産圏貿易の攻勢、日本や低開発国との貿易の必要性などの理由が挙げられる。

アメリカは一九三四年互恵通商協定法まで高率保護関税政策を採用してきた。そのピークが三〇年のホーレイ＝スムート関税法であり、同法は関税を全般的に引上げて、関税史上最高といわれる税率を設けた。しかし、このような高率保護関税政策は、三四年互恵通商協定法の制定を転機として自由貿易政策へと大きく転換した。同法の主な目的をみると、①貿易の障壁を引上げ、差別的貿易制限および国家の手による双務貿易の傾向の阻止、②緊急事態に応じて時宜に適した行動がとれるように伸縮的で差別的な権限を大統領に付与する、③無条件的な平衡待遇に基づいた多角的な貿易体系を再建すること、等々であった。[19]

同法によって、大統領に対して現行税率を最高五〇パーセントまで増減でき、必要に応じ相手国と交渉して相互的に貿易上、譲許できる権限を与えた。ここに関税引き上げと無条件最恵国待遇を通じてアメリカの貿易政策に自由主義がとり入れられることになった。ただ、アメリカは通商締結の各相手国から自国の輸出については最恵国待遇を受けるか、各相手国にも同様の待遇を与えねばならないから、二国間協定の交渉相手国は、関税引下げ交渉の対象となる輸入品の主要供給国でなければならないという主要供給国ルールを設けている。これは当時、同法をめぐっては政府部門でピーク（George N.Peek）と国務長官コーデル・ハル（Cordell Hull）の対立があった。ハルは輸入の拡大から自国産業を保護するという伝統的な産業育成論に基づき自由貿易・関税の全面的引上げではなく、無条件最恵国原則に立つ互恵通商協定締結の考え方を主張しており、同法はハルの主張に沿ったものといえる。[20]議会が同法によって大統領に与えた権限は三年に限定され、同法により締結される通商協定は三年にすぎなかった。しかし、同法はその後一一回も延長され、それに代わる通商拡大法も同法の基本構造を受け継いできた。

改めて、六二年通商拡大法の特徴をみることにするが、同法の性格に関して、アメリカの憲法上、外国との通商を規制する権限は議会に属するもので、同法は大統領に対して外国との通商協定を締結する権限を大統領に委譲するものであるということである。議会と行政との関係は、一一回も修正延長されて六二年まで続いた互恵通商協定法やその基本構造を受け継ぐその後の通商法では、一方で議会の通商権限の大統領への委譲と、他方で委譲の条件としての通商上の諸規定を定めていた。そして、両者のバランスをどうとるかが通商立法の争点となりその性格を規定するものとなった。

同法の主要特徴は、①六二年の関税率を五〇パーセント引き下げ、かつ五パーセント以下の関税をゼロにする権限が大統領に与えられた。また、対EEC交渉であるカテゴリーの品目について、アメリカとEECの輸出を合わせた世界輸出額の八〇パーセント以上を占める場合は関税をゼロにまで引き下げることができる特別権限が与えられた。②危険点条項が大幅に緩和され有名無実化し、関税委員会の役割は関税変更の経済効果についてその判断を示すだけのものとなった。③免責条項の適用基準で厳しくされ、関税譲許の結果、輸入が増加し、それが主要な原因となって国内産業に被害が生じた場合に、免責条項が適用されることになった。④調整援助条項を導入し、関税引下げによる輸入増加から被害を受けた企業と労働者に対して、資金、技術、職業訓練など産業調整のための援助を供与することを定めた。[21] ①の規定はアメリカがEECと大規模な関税交渉をする際の最も重要な武器となるものであるが、世界輸出額の八〇パーセントの計算に当たってはEEC六ヶ国のみを対象とすれば、これに該当するカテゴリーは航空機ぐらいしかないといわれ、この規定の価値は減少する。[22] ④に関しては、同法は制度上の変更をおこなっているが、大統領府に通商交渉特別代表部（STR、八〇年にUSTRに改組）を創設し、貿易政策を調整し交渉する権限を国務省からSTRに移している。[23] 同法の通過は多くの点で、五〇年代の保護主義傾向を停止させ、部分的に逆転させた。他方で、ケネディ大統領は政治的に強力な産業グループに重要な譲歩をしている。たとえば綿織物の輸入に自主的な割当制度を設けたり、石油輸入の割当も国家安全保障条項のもとで継続された。

一九六二年通商拡大法にもとづくGATTの六回目の大規模多角間貿易交渉というケネディ・ラウンドは、六四年に開始され六七年に終了した。ケネディ・ラウンド協定は世界貿易の八〇パーセントを占める五三ヶ国平均三五パーセントの関税引下げに同意し、貿易額はおよそ四〇〇億ドル以上にのぼった。[24] また協定は品目別ではなく、一律方式の関税引き上げの手続きを確立し、非関税障壁を下げる試みもはじめておこなわれている。農産物に関する交渉はほとんど成果をあげることができなかったが、アメリカの関税譲許の影響は輸入総額をカバーしていた。[25] ケネディ・ラウンドによる関税譲許品目は、工業製品、農産物合わせて六、三〇〇品目にのぼり、多くの重要産業で国内消費に占める輸入比率は増加し、アメリカ産業界は外国製品との競争の増加の予想に恐れを抱くようになる。その結果、議会では保護法案を立法するよう圧力が高まっていく。最も積極的なグループは繊維、鉄鋼、化学、石油等であった。[26] しかし、こうした動きはジョンソン政権のロビー活動と大統領の拒否権の行使によって阻止された。また、ケネディ・ラウンドの一部として交渉された国際アンチダンピングは一定の評価がなされたが、[27] アンチダンピング規約へのアメリカの参加は議会の抵抗にあった。

アメリカの貿易政策決定の主要な流れの経緯は、圧力回避政策の運用システムの構築とその精密化であった。このシステムはその全体像がはじめから計画されたものでなく、特定の圧力への場当たり的な対応が重なって徐々に作られたものであった。これは新しい貿易制限に対応する能力が与えられ、「六七年のケネディ・ラウンド協定で頂点に達した一連の交渉によって立証されたように、古い貿易制限を削減する上での顕著な成功をもたらした」とされる。[28]

アメリカの国際収支の悪化は六〇年代後半から始まり、七〇年代初頭には貿易収支赤字を計上した。七四年までの品目別貿易収支赤字は原料・燃料の輸入増加によるもので第一次オイルショックの影響も反映していた。貿易・経常収支の悪化に加え、民間長期資本収支赤字による資本輸出は金流出をもたらし、ヨーロッパ各国の金交換請求の高まりとともにドルの国際的地位を弱める。ニクソン大統領は七一年八月、金とドルの交換を停止するとともに国際収支改善のために新たな貿易政策を打ち出さざるをえなくなった。こうした状態は戦後アメリカの圧倒的な経済的優位の崩壊を反映するものとみられた。その結果、アメリカの産業や企業と労働者はより大きな対外競争を経験することとなり、政府は新たな貿易規制を求める圧力にさらされることになった。保護を求めて圧力をかけ始めた産業とは、人造繊維製品の輸入増加を憂慮した繊維・衣料製造業者、EEC結成によって高成長を続けるヨーロッパや高度成長を実現した日本との競争を懸念した鉄鋼会社である。ケネディ・ラウンドを支持して労働界（AFL―CIO）は新しい競争状態によって「旧来の自由貿易」の概念が急速に時代遅れなものになってしまったと論じ、いまや「秩序ある世界貿易の発展」を目的とした政策を要求、自由貿易政策に転じた。(29)

保護主義の一定の譲歩、外圧による日本やその他諸国に対する市場開放の促進、ドル切り下げ効果の発現などがアメリカの貿易政策の展開を可能にした。ニクソン政権は一九七三年四月一〇日五年間のガットの多角的通商交渉権限を得るために通商改革法案を提出した。この法案には、大統領に対する多角的通商交渉権限の授権、非関税貿易障壁削減交渉権限の授権、不公正貿易相手国からの輸入制限の授権、エスケープ・クローズによる貿易救済条件の緩和、途上国への経済援助として、ほとんどの製品と半導体輸入に対する関税の撤廃、などが盛り込まれていた。(30) これは七二年外国貿易投資法案（いわゆるバーク＝ハートケ法案）であり、AFL―CIOが起草し、民主党上院議員バーク(Burke)が提案者となり、民主党下院議員で下院歳入委員会委員長のミルズ（Wilbur D.Mills）が支持した。同法案は多国籍企業の対外投資を規制し、輸入に数量制限を課そうとする保護主義法案であったが、上院歳入委員会で否決された。これに代わってニクソン政権が提案した通商法案が七四年通商改革法として成立した。その主要な特徴は次の通りである。

①大統領の関税引下げ権限が五パーセントを越える場合は六〇パーセントまで、五パーセント以下の場合は一〇〇パーセントと制限した。また、非関税障壁を軽減撤廃する権限も付与されたが、非関税障壁に関する国際的取決めが国内法の改正を必要とする場合には事後的に議会の承認を必要とする。②免責条項の適用基準を緩和し、保護措置または調整援助が導入しやすくなった。また、産業被害の原因となる輸入増加は関税譲許の結果である必要はなく、輸入増加は産業被害の「実質的な」原因(他のいかなる原因よりも重要度が劣らない原因)であればよく、「主要な」原因である必要はなくなった。この点は七二年通商拡大法が関税譲許の結果として輸入が増加し、これが主要な原因となって国内産業に大きな被害が出た場合に免責条項が発効され、被害の救済措置(セーフガードまたは調整援助)が実施されることとは異なる。③相殺関税法とダンピング防止法を改正し、その実施の際、大統領に大幅な裁量権を与え、同時に事件処理にタイムリミットを設け、事件処理の迅速化を図った。④OPEC加盟国以外の開発途上国からの製品輸入に対し特恵を供与する権限を大統領に与えたが、繊維、履物、時計、電子製品の一部、鉄鋼、ガラス製品は特恵供与の対象から除外された。また、不公正貿易に報復する大統領の力が強められた。七四年通商法は保護貿易勢力への重大な譲歩を代償として成立したものであった。一定の妥協のもとではあるが、自由貿易と保護貿易の両勢力の間で「公正な通商」という共通の基盤ができつつあった。保護主義条項は強化され、通商法の枠外で繊維、鉄鋼その他輸入品に輸入規制措置(あるいは対米輸出自主規制)が導入される。

七三年に始まった東京ラウンドは外国市場で国内製品を優遇し競争的輸入に障害をもたらす政府の輸出補助金、製品基準、調達手続き、関税評価方法等々、自由貿易に悪影響を及ぼす非関税障壁制限に関する国際ルールをつくることに集中した。東京ラウンドは七九年に主要加盟国間で合意し困難をきわめた非関税障壁を軽減または撤廃する協定を取り決めた。関税はケネディ・ラウンドで既に引き下げられていたし、それを工業製品と農産物の何千もの品目にわたってさらに引き下げようとしていた。問題は非関税障壁の緩和ないし撤廃については、アメリカは七九年通商協定法を制定して東京ラウンドでの合意事項を実施に移していく。また、東京ラウンドの交渉の重要課題が非関税障壁であったことから、七四年通商法三〇一条の対象を財貿易だけでなくサービス貿易や貿易関連直接投資にまで拡張した[31]。

三　Eximbankの活動

Eximbankは一九六〇年代以降、幾度か修正された一九四五年輸出入銀行法にもとづき政府系金融機関としての基本的な性格は変わらないものの、その活動は国際経済の動向およびアメリカ貿易構造の変化にともなう役割の変更を迫られながら推移していくことになった。本節ではEximbankの業務および信用供与の実績を把握するとともに、とくに六〇年代以降Eximbankの金融支援において重要な役割を担ったEximbankの関連機関としての外国信用保険協会（FCIA）の役割をも明らかにする。

六〇年代、七〇年代初のEximbankは、金融市場が第二次大戦の崩壊から回復するにしたがい、競争を回避しながら民間資本を支援し補完するという法令にもとづく任務にしたがった。この時期、Eximbankはその主要な業務を次第に直接貸付から輸出信用保証や保険付与権限に重点を移していく。Eximbankは一九六一年関連機関として海上貿易、貨物事故および保険会社から成る外国信用保険協会（The Foreign Credit Insurance Association: ＦＣＩＡ）を設置した。ＦＣＩＡはＦＣＩＡ自身およびEximbankのために、貨物取引上あるいは政治的なリスクに対して、輸出入業者および商業銀行により拡大した輸出入信用への保険権限が付与された。

Eximbankは一年から三年の中期貸付金を段階的に廃止し、その間、中期および長期の銀行貸付金をカバーする保証計画を整備し、さらに拡大している。六〇年代前半、Eximbankは事実上、商業銀行の貸付金をすべて統合し、中期満期限の実施を銀行に許可、それがEximbankの保証によってカバーされた。同時に、Eximbank はその直接信用の返済のための長期満期限貸付金に対して猶予策をとった。六〇年代、Eximbankの貸付政策は幾分、海外諸国の開発および国際金融の安定に対するものから競争の激しくなった世界経済の中でアメリカの輸出促進ということに重点を移していく。六〇年代前半、Eximbankは依然、その貸付金を開発計画信用とみなし、ラテンアメリカに向けた多くの貸付金が経済発展のための同盟国支援の口実で供与されていた。Eximbankはまた、ブラジル、ベネズエラ、チリ、メキシコ、カナダ等諸外国の国際金融危機緩和のために緊急貿易信用の規模拡大をおこなっている。しかし、六〇年代後半の貿易収支悪化にともない、Eximbankは輸出促進政策に重点を移し、他の産業国家の輸出信用機関による競争に直面することになる。七〇年代、Eximbankは国際収支金融を扱い、また米州開発銀行（Inter-American Development Bank: ＩＤＢ）[32]を含めた世界銀行（ＩＢＲＤ）、地域銀行に開発計画を間接的にもたらす国際通貨基金（ＩＭＦ）および民間銀行等国際機関の緊急貿易信用を漸次的に廃止する。それにもかかわらず、重工業製品へ融資するというEximbankの基本的な性格は維持され、Eximbankの資金が商業用ジャンボジェット機、原子力発電所、電気通信機器といった生産物に向けられ、技術進歩に寄与することにもなった。さらに七〇年代後半、Eximbankは経済協力開発機構（ＯＥＣＤ）加盟の輸出信用機関と輸出信用の公式支援に関する国際協定（International

Agreement Export Credits）の交渉に同意し、最小限度の利子率で異なる市場の最大限度の満期限の設置による公的な輸出信用競争を限定的ながら防ぐ試みをおこなっている。同時に、Eximbankは直接信用の利子率を市場利子率以下に抑え、さらにEximbankの利益率に逆行するように補助金を拡大する。[33]

七〇年代を通してEximbankはアメリカの外交政策の手段としての役割を継続する。例えば、スペイン、トルコ、ギリシャ、そして将来のEximbankの貸付金契約を含んだポルトガルとの軍事協定があり、パナマ運河条約も同様な例である。チリの例では、Eximbankはキッシンジャーの指示に従い、サルバドル・アジェンデ（Salvador Allende）左翼政権に対する貸付を拒否したが、次のピノチェト政権に対しては、その最初の年に二、一〇〇万ドルに貸付金を拡大している。さらに、Eximbankはユーゴスラビア、ポーランド、ルーマニアといった東ヨーロッパ諸国においてもソビエトの影響力を弱め、アメリカの影響力行使に努め、そして、その間Eximbankの輸出業者と新市場に進出する銀行の支援をおこなっている。一九八〇年には、当時のカーター政権は中国人民共和国に対して二〇〇万ドルの期間五年以上のEximbankの貸付金の供与を約束している。[34] このように、六〇年代以降のEximbankの活動は外交政策の変化が地理的な貿易相手国に変化をもたらしたことが特徴となっている。しかし、その底流には技術の進歩と世界銀行のような競争的な国際貸付機関の設置がEximbankの支援する生産物の種類と信用計画に影響を与えたことは確かであろう。さらに、信用と保証の組合せによる政策が民間金融の可能性と必要に対応してとられたことも六〇年代以降のEximbankの役割変化の要因とみられる。

周知のように、輸出信用アベイラビリティは、価格、品質あるいはサービスと同様、重要な競争手段である。そのためEximbankは輸出業者の要求に対応し、またアメリカ産業に対する輸出機会の範囲を広げることを意図した諸計画を提供する。Eximbankの提供する信用計画には、主要なものとして、アメリカ国外の借手に対する直接輸出信用

表３－１　Eximbankの貸付計画

短期（180日以下）

生産の例	適正なEximbankのFCIA貸付計画
消耗品（Consumables） 小規模製造品目 (Small manufactured items) 部品（Spare parts） 原材料（Raw materials）	FCIA政策のみ
中期（180日～５年）	
資本財（Capital goods）	FCIA政策（FCIA policies） 商業銀行保証（Commercial bank guarantees） 組合金融機関（Cooperative Financing Facility） 割引貸付（Discount loans） 銀行間保証枠（Bank-to-bank guaranteed lines）
長期（５年以上）	
商業用ジェット航空機 あるいはその他高価重量資本財 (Commercial jet aircraft or other very expensive heavy capital goods)	協調融資（Participation financing:) Eximbank直接貸付併用の商業銀行貸付金 Eximbankによる銀行に対する金融保証 (Financial guarantee to bank by Eximbank where needed)

出所）Encyclopedia of Banking Finance, Salena Press Inc., p.330

保証および輸出信用保険がある。表３－１はEximbankの諸計画を生産物の種類およびＦＣＩＡ計画に対するEximbankの金融支援について、中期、長期に区分して示したものであるが、そのなかの長期直接信用は通常、長期の資本財の輸出が期間延長されたものである。

Eximbankはまた、借手自身の資金あるいは民間資金による金融勘定に対して、その価格の部分の金融支援をおこなう。最も重要な直接貸付計画（direct loan program）における信用供与は、一般に中期（一八一日～五年）、長期（五年以上）に対しドル建で行われる。また、通常一〇〇万ドル以上、時に一億ドル以上の資本財輸出について支援する。貸付金は単一（一方的）、あるいは大規模チケット品目（a single, large-ticket item）の販売に向けられるが、金融支援の形態はその他機関車やトラクターのような単一チケット品目に対する支援、あるいは同一の投資計画に使用される多種類品目の個々のチケット販売に対するものがある。そして、航空機のような品目に向けられる貸付金は生産物貸付金と呼ばれ、他方、完成品引渡し方式のターン・キィ・プラント（turn key plant）を含め、一般・基礎的な供給業務に及ぶオープン勘定はプロジェクト貸付金（project loan）と呼ばれる。[35] Eximbankの直接信用はまず、利子約定書（a letter of interest）および仮売買約定書（a preliminary commitment）が発行され、最終的な貸付許可は実際に、輸出が輸出業者によって実行された後に与えられる。利子約定書はEximbankによる当該輸出に対する融資の検討が行われることを述べたもので、金融支援の諸条件は、そのなかでは明示されない。外国との契約あるいは輸入業者との交渉が開始され、アメリカの輸出業者が実際に申込をするに当たっては、Eximbankは信用供与の額、期間および金融援助の諸条件を明示した仮売買約定書を発行する。そして輸出業者の申し込みが成功した時点で、Eximbankは仮売買約定書に特定された信用あるいは保証の許可に先立って、最終的に貸付金あるいは保証の申し込みが受けられることになる。また、仮売買約定書発行あるいは信用許可の検討は、輸入業者の所在する地理的地域の貸付担当者、輸入国の経済的政治的な分析を経済学者、あるいは輸出の技術的な判断をおこなう技術者、さらに貸付申し込みの過程で要求される法的なサービスを行う法律家等で構成される専門家集団によって個々の申し込みごとの評価がおこなわれる。そして、最終的な承認、検討、評価、勧告、推薦等にもとづき、理事会によって決定されることになる。[36]

貿易金融におけるEximbankの主な活動は既述のように、貸付金供与、保証および輸出信用保険に分けられる。その他、Eximbankの活動は農業、通信、建設、原子力発電等電力、製造業、鉱業と精錬、商業用ジェット機を含む運輸等々の産業分野、さらに、低開発国、産業国家と国別の貿易取引と輸出信用供与に及ぶ。六〇年代Eximbankの融資額は保証・保険を除き、およそ二、〇〇〇億ドルに達し、三四年〜五九年度間の一、〇〇〇億ドルのほぼ二倍にのぼった。また、六〇年代Eximbankの総融資額は概して増加傾向にあるが、六七年度三六億七〇〇〇万ドルのピークに達した後、減少し七〇年代前半に再び増加に転じた。六〇年代前半、直接貸付金が減少したのに対して、保証、保険承

表3－2　Eximbankの貸付承認

（100万ドル）

年　度	総融資額	貸付金	保証、保険
1960	551	500	51
1961	1,414	1,242	172
1962	1,862	1,093	769
1963	1,474	680	794
1964	1,743	778	964
1965	1,859	852	1,008
1966	2,142	1,149	993
1967	3,607	2,724	884
1968	3,534	2,526	1,008
1969	2,517	1,295	1,222
1970	3,968	2,209	1,759
1971	5,397	2,362	3,034
1972	7,230	3,285	3,946
1973	8,514	4,054	4,461
1974	9,100	4,905	4,195
1975	8,315	3,813	4,502

出所）Eximbank, Annual Reports, Washington, D.C.:1945-80.
Richard E.Feinberg, "Subsidizing Success－The Export－Import Bank in the U.S. economy－" Combridge University Press, 1982, PP. 147-148.

認額は六二年前年度を大きく上回り増加した。（表3－2）これはアメリカの輸出業者が二〇億ドルに及ぶ政治的あるいは貿易取引上のリスクに直面し、六一年九月Eximbankに保険付与の権限が与えられたことによるものであった。(37)

六〇年代のEximbankの活動範囲は、アメリカの輸出業者が海外競争の増大に直面し、また、ベトナム戦争における投資増加に伴い法的な改定がおこなわれ、機能の拡大により大きく広範囲なものとなる。世界の航空路線の近代化と拡大が図られ、運航機としてアメリカの新航空機が購入される。これら航空機は高価な購入となるため、これに要する輸出金融では返済期間の延長が不可欠となり、商業銀行のみでは対応できない状況であった。Eximbankは四〇カ国の商業用ジェット機販売に対して融資をおこない、大きな役割を果たしたことが報告されている。(38)

七〇年代、国際経済は大きな転換をとげ、七〇年代前半のインフレーションと国際貿易の困難性によって保護貿易主義が台頭することになった。七一年と七二年、アメリカは記録的な国際収支赤字を計上、その結果、ドル為替相場は大幅に下落、国際通貨制度は固定相場制から変動相場制に移行する。さらに、石油危機がインフレを加速させ、景気後退を余儀なくさせることになった。そのなかで、Eximbankの業務実績は六九年、七〇年と低迷し、その後七一年、七六年は増加傾向をとるものの再び、七〇年代後半、減少に転じた。七〇年代前半のEximbankの業績低下は経営の悪化をもたらした。七二年度の一億五、〇〇〇万ドルにのぼるEximbankの純所得は七五年度八、〇五〇万ドルに減少した。これは七三年まで在職したカーン総裁（Henry Kearns）による低金利政策によってもたらされたものであった。[39] その結果、会計検査院長官（Comptroller General）は議会に報告書を提出し、Eximbankに経営赤字削減方策の検討を勧告している。[40]

また、七〇年代の経済および貿易動向の悪化に際して、外国貿易銀行協会（The Bankers Association for Foreign Trade）は、Eximbankと財務省の後援のもと、アメリカの輸出金融の補完を目的とした民間輸出基金公社（The Private Export Funding Corporation: ＰＥＦＣＯ）を設立した。ＰＥＦＣＯはアメリカの輸出に対して大きな寄与をすることになった。[41] とくにＰＥＦＣＯの業務はEximbankの保証を伴う商業銀行を通して可能にするというより固定金利でもって多額あるいは長期間貸付金のための民間資本を集約することにある。[42] さらに、七一年八月輸出促進金融法（The Export Expansion Finance Act of 1971）[43] の公布はEximbankの融資権限の限度額を一三五億ドルから二〇〇億ドルに引上げ、また、これまでの保証および保険の小規模な準備総額を一〇〇億ドルに増やしている。Eximbankの融資権限の限度額は七八年二五〇億ドルに引上げられ、さらに八〇年代前半には四〇〇億ドルに増大している。

前述、民間輸出基金公社（ＰＥＦＣＯ）や海外民間投資会社（ＯＰＩＣ）と同様、Eximbankの関連機関である海外信用保険協会（The Foreign Credit Insurance Association: ＦＣＩＡ）は、一九六一年設置法公布による保証・保険計画の拡大にともない、輸出貸付金に向けられる民間資本を政府資本に置き換えることを意図して設置されたものであった。それ以前の輸出業者に対する中期貸付金はEximbank保証と保険の支援を受けた商業銀行貸付金に依っていた。保険計画自体は広く共同保険問題の一つであり、FCIAと提携した再保険であった。FCIAは一九六一年には五〇社余という多くの民間保険部門をEximbank支援の共同会社に組織したものであった。(44) 理論的には、輸出信用保険は対外取引の供給および需要の両面で活動することによって輸出を刺激する。まず、輸出業者はリスクが削減されるか、あるいは付保輸出書類がほとんど無危険資産ということから海外での販売が促進される。また、その無危険資産は金融機関によって容易に控除され得るものである。これら二つの条件は輸出業者に代金の敏速な受取を保証する。同時に、海外の購入者は信用を拡大しようとする輸出業者の大きな意欲からアメリカ輸出商品購入が刺激される。FCIA保険の範囲は価格変化に対応しようとする輸入業者の金利負担を軽減する原因となる。

FCIAの主要施策は政治的リスクのみならず貿易リスクをもカバーする短期（一八〇日以上）あるいは中期（一八一日から五年以上）でおこなわれ、総合的な主要施策は短期および中期販売に対する両タイプのリスクに適用される個々の施策すべてを統合しておこなわれる。個々のケースにおける適格な応募者は、製造業者、商業銀行およびその他金融機関、そして輸出業者である。応募者はFCIA本部、一定の保険会社代理店に向け、あるいはブローカーを通して手続きをおこなうことになる。(45) 貿易リスクは契約期限後六カ月以内の購買者の支払困難が返済不能、すなわち延滞債務不履行（protracted default）に起因する。政治的リスクは為替リスク（transfer risk）として規定される。為替リスクは購買者が通常の外国為替当局が各国通貨と同価量のドルを保有しているにもかかわらず、合法的な市場でアメリカドルを取得できない場合に起因する。これは支払能力を有する企業が外国為替取引の不可能な国に所在する場合、あるいは外国為替管理が購買者を排除するか適用される場合に起こる。その他の支払不能をもたらす政治的な原因には、戦争、武力衝突、市民戦争、暴動、革命、扇動、政治的騒動、その他社会的な混乱、さらに輸入業者の取引に対する政府当局による要請と収奪が含められる。(46)

政治的な補償範囲における損害賠償の妥当な根拠には、輸入認可の解消も含められている。また、何らかの他の新たな公的な法や規制は、購買者の責任に帰されない場合には、輸入の付保船積を中止させる。為替レート変動リスクは、それが公的な政府行動の結果といえども、カバーされない。為替レートの変動によってマイナスの影響を受ける企業の債務不履行は貿易リスクのもとでカバーされる場合もある。ＦＣＩＡは購買者の信用度に関する貸手側の評価については慎重に対応し、あえて貸手側に対して警告を発するＦＣＩＡは一般的に、保険契約者が標準的にリスク部分を一〇〇パーセント持ち続けることも求める。リスクの存在する市場において、ＦＣＩＡは単にリスクの七〇パーセントあるいは八〇パーセントをカバーすることに同意するにすぎない。一定の農産物については、適用範囲は九八パーセントに拡大されている。(47) 多くのＦＣＩＡの政策は控除免責条項をふくんでいる。したがって、保険付与は当初の損失を軽減する他の施策が事前に個々の不履行返済についての保有リスクの割合を保険契約者に設定している。主要なものとしての控除免責政策（施策）は初期の控除免責ののち、はなはだしい損失の結果によっては不保険が完全にカバーされるように高額費用の広範囲な補償が考慮されている。(48)

初期の短期施策（信用供与）のなかで示されているのは、短期保険が年間認可の半数以上について説明されている。短期保険（の施策）は食料品、化学、一部分の食料加工品の原材料、非電気等の生産物を広範囲にカバーする。逆に、中期施策の適用範囲は資本財に要求される長期の返済期間、あるいは自動車のような高価な消費者耐久財を反映して、主に機械および運輸設備に備えられている。

ＦＣＩＡとEximbankの関係に触れると、ＦＣＩＡは親会社たるEximbankときわめて緊密な制度的な関係を有し

表３－３　FCIA 年および政策の認可

政策	1971	1972	1973	1974	1975	1976	1977	1978
短期政策	886.6	960.1	1,404.8	1,611.9	1,831.6	2,103.2	2,291	2,026
中期政策	412.8	571.8	544.7	460.3	472.6	432.8	454	910
基本政策	314.3	668.4	523.3	529.1	672.4	888.9	826	957
合計認可	1,613.7	2,200.3	2,472.8	2,601.3	2,931.6	3,425	3,571	3,893

Source: Eximbank, Annual Reports, Washington, D.C., 1971-9; Foreign Credit Insurance Association, Annual Reports, New York, 1971-9.
出所）Rishard E. Feinberg, Ibid., P. 156

ている。さらに、輸出支援においては、二つの機関は緊密に相互補完的な関係にある。EximbankのＦＣＩＡに対する管理に関して、ＦＣＩＡの理事会一〇名のうち理事の一名（他の九名の理事は会員保険会社の代表）はEximbankの役員である。ここで一層重要なことは主要な政策決定の承認についてはEximbank理事会に従わねばならない。ＦＣＩＡの政策決定に関するEximbankの拒否についても規定されている。Eximbankの事前の認可なしにどのようなタイプの保険を委託するのかのＦＣＩＡの委任職権は、購買者ごとに総計二二万五、〇〇〇ドルに限定されている。[49] Eximbankは論理的には、政治的なリスクの一〇〇パーセントに対するＦＣＩＡ施策の再保険のためにその職権に影響を及ぼすことができる。そして、代理機関としてのＦＣＩＡの活動をともない（政治的なリスクに対して）保証を提供するのがEximbankであるためである。Eximbankはまた貿易損失が一定額を越える場合に何らかの要求を受け入れる。この損失防止の条項はＦＣＩＡの潜在的な諸責務（liability）を規定する。ＦＣＩＡはEximbankの直接貸付計画のごく自然（当然）な関連機関であり、短期および中期信用の輸出傾向（動向）のなかでＦＣＩＡの役割を組み込んでいた。農産品や消費財から重機械等の資本設備にいたるまでの全輸出の範囲はそれによる公的支援によって保険と信用あるいは双方を通して利益を得ることができた。とくに、ＦＣＩＡとEximbankは広範囲に海外プロジェクトにおける相互補完的な機関であった。Eximbankは直接貸付信用を通して大規模巨額設備に対する金融を担い、同時に、小規模構成部分に関してはＦＣＩＡの保険によってカバーされる。

四　戦略としての農産物輸出

本節最後に農業部門におけるEximbankとＦＣＩＡの農産物輸出支援や農産物輸出戦略に言及する。七〇年代以降、それまでの自由貿易主義から保護貿易主義あるいは公正貿易の主張が対外政策との関連において国内政策で明確に表明されるようになる。農業部門は他のどの部門よりも国内政策と国際政策が密接に関連している部門であり、その相互依存性は高価格維持政策によって農業所得を高めようとする多くの工業国に顕著である。

すなわち、アメリカ国内の農業政策に対する認識は、対外諸国でとられる農産物高価格維持政策が生産面だけでなく非経済的生産をも刺激してその主な拡大源となってきた。そして、この拡大された生産物のはけ口を見出すために、これら諸国は次第に外国製品の自国市場への流入を制限し、輸出奨励金制度によって余剰を海外市場で処理するようになってきたというものである。とくにアメリカに不利益をもたらしたのは、一九六〇年代にヨーロッパ共同体（ＥＣ）によって展開された「共通農業政策」が貿易に及ぼした効果であった。この政策の下で固定化された高価格が効果的な価格競争を妨げ、その上にＥＣは輸出奨励金を積極的に用いて、生産された余剰品をＥＣ外で処理してきた。「アメリカの農業はこれら諸国の農産物貿易に対する規制とそれから生じるひずみによって影響を受けてきた。広大で肥沃な土地を持ち、高度で効果的な技術と組織にも恵まれて、アメリカは、国内需要をはるかに超えた生産能力を有している。大規模な輸出をさらに増大させることによってのみ、われわれは資源を有効に利用できるし、それによって農業におけるアメリカの相対的に恵まれた条件を生かすことができる[50]」。

農産物の世界貿易はその大部分がアメリカ、カナダ、オーストラリア、ニュージランドといった主要輸出国から西欧（EC）、日本等主要輸入国への一方的な流れに沿っておこなわれている。アメリカは農産物の単独輸出国としては最大であり、その額は世界の総輸出量の約六分の一を占めている。一方、農産物輸入国ではECが最も大きく、その額は世界の総輸入量の約三分の一を占めている。EC全体では世界の農産物総輸入量の約半分を占める。一九五〇年代の後半から六〇年代初に、アメリカの農産物輸出は急速に増大し、一九五五年に三〇億ドルであった輸出額は、六五年には六九億ドルに達して記録的な上昇をとげた。しかし、一九六六年以後の三年間、アメリカの農産物輸出は減少傾向をたどり、六九年の農産物輸出は五九億ドルと全商品輸出の一七パーセントにまで落ち込んだ。その後、一九七〇年に大きな回復を示し、農産物輸出額は七〇億ドルを上回った。その背景として、とくにECにおける穀物ストックと生産減少という短期的動向、そして畜産業における種子油需要の増大にあった。これには五〇年代から重要な役割を果たした公法四八九計画が注目されたが、さらに食肉輸入制限法（公法八八－四八二）の再検討まで要請された。[51]

ここで、EximbankおよびFCIAの産業別で農業分野の貿易金融の動向をみると、以下の主要な貸付金が配分されている。

(1) コートジボアール（the Republic of the Ivory Coast）における砂糖栽培精製複合企業体への貸付金二五〇〇万ドル

(2) 日本への綿花販売のための貸付金七、五〇〇万ドル（一九五〇年代の初頭より年々認可された）

(3) ドミニカ共和国（一九七二年八月）の砂糖製造工場拡張のための貸付金一六〇万ドル

(4) アフガニスタン（一九五四年四月）における潅漑用ダム計画のための貸付金一、八〇〇万ドル

(5) フィリピン（一九七一年一二月）向け果物処理施設のための貸付金七〇万ドル

(6) 韓国向け（一九七四年一一月）エビ・トロール船のための貸付金六二万ドル[52]

農業部門の大部分はそれまでEximbankによって軽視されてきた部門である。既存残高規模の大半はまず綿花やタバコ輸出に示されているが、これは産業諸国向けの長期スタンド・クレジット枠を繰越しており、戦後期間に始められ、一九五六年商品信用公社（Commodity Credit Corporation: ＣＣＣ）がその輸出信用販売計画を開始している。資本装備に関するEximbankの貸付集中は例外である。砂糖、これに対しては多くの国で支持を得た貸付金であるが、Eximbankにとって主要な外国の農産物である。灌漑計画が包括的に対象となったのにもかかわらず、農業における残高は小さい。また、電力発電装置は分類ではそれ自身の項目でもあるが、地方に電力を生み出し、未開発なままの地域が幾分緩和されることになる。ほとんどの農産物や化学製品のような産業中間投入はEximbankの金融支援がないまま貿易取引がおこなわれている。連邦政府は他にＣＣＣおよび公法四八〇という農業に特定化された輸出促進信用計画を有している。そして、ＦＣＩＡは輸入業者の信用度に関して輸出業者の要請に答える。ＦＣＩＡは一般的には通常、保険契約者の一〇パーセントにのぼるリスク部分を保持する。ＦＣＩＡはまたリスク市場において七〇パーセントから八〇パーセントのリスクをカバーするが、一定の農産物に対してはそのカバーの範囲を九八パーセントに増加させている。[53] ただし、ＦＣＩＡの施策には控除条項をも有するが、壊滅的な損害をこうむる状況は検討され、契約初期の控除ののち、完全にカバーされる。

表4－1　合衆国農産物の輸出と輸入　（単位：10億ドル）

年度	輸出							輸入					農業貿易収支
	合計[1]	飼料用穀物	食料用穀物[2]	石油開発および生産物	綿	タバコ	家畜および生産物	合計[1]	果物および野菜[3]	家畜および生産物	コーヒー	ココア豆および生産物	
1940	0.5	(4)	(4)	(4)	0.2	(4)	0.1	1.3	(4)	0.2	0.1	(4)	−0.8
1941	.7	(4)	0.1	(4)	.1	0.1	.3	1.7	0.1	.3	.2	(4)	−1.0
1942	1.2	(4)	(4)	(4)	.1	.1	.8	1.3	(4)	.5	.2	(4)	−.1
1943	2.1	(4)	.1	0.1	.2	.2	1.2	1.5	.1	.4	.3	(4)	.6
1944	2.1	(4)	.1	.1	.1	.1	1.3	1.8	.1	.3	.3	(4)	.3
1945	2.3	(4)	.4	(4)	.3	.2	.9	1.7	.1	.4	.3	(4)	.5
1946	3.1	0.1	.7	(4)	.5	.4	.9	2.3	.2	.4	.5	0.1	.8
1947	4.0	.4	1.4	.1	.4	.3	.7	2.8	.1	.4	.6	.2	1.2
1948	3.5	.1	1.5	.2	.5	.2	.5	3.1	.2	.6	.7	.2	.3
1949	3.6	.3	1.1	.3	.9	.3	.4	2.9	.2	.4	.8	.1	.7
1950	2.9	.2	.6	.2	1.0	.3	.3	4.0	.2	.7	1.1	.2	−1.1
1951	4.0	.3	1.1	.3	1.1	.3	.5	5.2	.2	1.1	1.4	.2	−1.1
1952	3.4	.3	1.1	.2	.9	.2	.3	4.5	.2	.7	1.4	.2	−1.1
1953	2.8	.3	.7	.2	.5	.3	.4	4.2	.2	.6	1.5	.2	−1.3
1954	3.1	.2	.5	.3	.8	.3	.5	4.0	.2	.5	1.5	.3	−.9
1955	3.2	.3	.6	.4	.5	.4	.6	4.0	.2	.5	1.4	.2	−.8
1956	4.2	.4	1.0	.5	.7	.3	.7	4.0	.2	.4	1.4	.2	.2
1957	4.5	.3	1.0	.5	1.0	.4	.7	4.0	.2	.5	1.4	.2	.6
1958	3.9	.5	.8	.4	.7	.4	.5	3.9	.2	.7	1.2	.2	(4)
1959	4.0	.6	.9	.6	.4	.3	.6	4.1	.2	.8	1.1	.2	−.1
1960	4.8	.5	1.2	.6	1.0	.4	.6	3.8	.2	.6	1.0	.2	1.0
1961	5.0	.5	1.4	.6	.9	.4	.6	3.7	.2	.7	1.0	.2	1.3
1962	5.0	.8	1.3	.7	.5	.4	.6	3.9	.2	.9	1.0	.2	1.2
1963	5.6	.8	1.5	.8	.6	.4	.7	4.0	.3	.9	1.0	.2	1.6
1964	6.3	.9	1.7	1.0	.7	.4	.8	4.1	.3	.8	1.2	.2	2.3
1965	6.2	1.1	1.4	1.2	.5	.4	.8	4.1	.3	.9	1.1	.1	2.1
1966	6.9	1.3	1.8	1.2	.4	.5	.7	4.5	.4	1.2	1.1	.1	2.4
1967	6.4	1.1	1.5	1.3	.5	.5	.7	4.5	.4	1.1	1.0	.2	1.9
1968	6.3	.9	1.4	1.3	.5	.5	.7	5.0	.5	1.3	1.2	.2	1.3
1969	6.0	.9	1.2	1.3	.3	.6	.8	5.0	.5	1.4	.9	.2	1.1
1970	7.3	1.1	1.4	1.9	.4	.5	.9	5.8	.5	1.6	1.2	.3	1.5
1971	7.7	1.0	1.3	2.2	.6	.5	1.0	5.8	.6	1.5	1.2	.2	1.9
1972	9.4	1.5	1.8	2.4	.5	.7	1.1	6.5	.7	1.8	1.3	.2	2.9
1973	17.7	3.5	4.7	4.3	.9	.7	1.6	8.4	.8	2.6	1.7	.3	9.3
1974	21.9	4.6	5.4	5.7	1.3	.8	1.8	10.2	.8	2.2	1.6	.5	11.7
1975	21.9	5.2	6.2	4.5	1.0	.9	1.7	9.3	.8	1.8	1.7	.5	12.6
1976	23.0	6.0	4.7	5.1	1.0	.9	2.4	11.0	.9	2.3	2.9	.6	12.0
1977	23.6	4.9	3.6	6.6	1.5	1.1	2.7	13.4	1.2	2.3	4.2	1.0	10.2
1978	29.4	5.9	5.5	8.2	1.7	1.4	3.0	14.8	1.5	3.1	4.0	1.4	14.6
1979	34.7	7.7	6.3	8.9	2.2	1.2	3.8	16.7	1.7	3.9	4.2	1.2	18.0
1980	41.2	9.8	7.9	9.4	2.9	1.3	3.8	17.4	1.6	3.8	4.2	.9	23.9
1981	43.3	9.4	9.6	9.6	2.3	1.5	4.2	16.8	2.0	3.5	2.9	.9	26.6
1982	36.6	6.4	7.9	9.1	2.0	1.5	3.9	15.4	2.3	3.7	2.9	.7	21.2
1983	36.1	7.3	7.4	8.7	1.8	1.5	3.8	16.6	2.3	3.8	2.8	.8	19.5
1984	37.8	8.1	7.5	8.4	2.4	1.5	4.2	19.3	3.1	4.1	3.3	1.1	18.5
1985	29.0	6.0	4.5	5.8	1.6	1.5	4.1	20.0	3.5	4.2	3.3	1.4	9.1
1986	26.2	3.1	3.8	6.5	.8	1.2	4.5	21.5	3.6	4.5	4.6	1.1	4.7
1987	28.7	3.8	3.8	6.4	1.6	1.1	5.2	20.4	3.6	4.9	2.9	1.2	8.3
1988	37.1	5.9	5.9	7.7	2.0	1.3	6.4	21.0	3.8	5.2	2.5	1.0	16.1
1988	33.5	5.2	5.4	7.0	1.8	1.1	5.9	19.3	3.5	4.8	2.3	.9	14.2
1989	36.4	6.9	6.6	5.7	2.0	1.2	5.8	20.0	3.9	4.6	2.3	.9	16.4

1．品目は個別には示されていない。
2．米、小麦および小麦粉
3．ナッツ、果物および野菜貯蔵を含む
4．5,000万ドル以下
注）政府推定値にもとづくデータは統計調査局、商務省によって公表されたものである。

　農産物は次のように規定される。(1)非海洋性食料品、(2)その他複雑な製造過程を経ない農産製品。合衆国輸出港での輸出価格は販売価格にベースが置かれ、国内貨幣輸送、保険およびその他港湾費用を含む。輸入価格は一般的に海外国の市場価格、輸入関税、海外保険における市場価値で規定した。

出所）Economic Report of the President, 1990, P.407

表4－2　アメリカの農業輸出（1955－70年）

（100万ドル）

		農業輸出[1]			全商品輸出に占める割合		
年	全商品輸出[2]	計	特恵取引[3]	商業取引	計	特恵取引[3]	商業取引
1955	14,424	3,199	1,118	2,081	22.1	7.7	14.4
1956	17,556	4,170	1,711	2,459	23.8	9.8	14.0
1957	19,562	4,506	1,536	2,970	23.0	7.8	15.2
1958	16,414	3,855	1,233	2,622	23.5	7.5	16.0
1959	16,458	3,955	1,208	2,747	24.0	7.3	16.7
1960	19,650	4,832	1,461	3,371	24.6	7.4	17.2
1961	20,107	5,024	1,483	3,541	25.0	7.4	17.6
1962	20,779	5,034	1,479	3,555	24.2	7.1	17.1
1963	22,252	5,584	1,520	4,064	25.1	6.8	18.3
1964	25,478	6,348	1,644	4,704	24.9	6.4	18.5
1965	26,447	6,229	1,349	4,880	23.6	5.1	18.5
1966	29,389	6,881	1,353	5,528	23.4	4.6	18.8
1967	30,681	6,380	1,262	5,118	20.8	4.1	16.7
1968	33,598	6,228	1,189	5,039	18.5	3.5	15.0
1969	37,332	5,936	1,018	4,918	15.9	2.7	13.2
1970[4] ..	42,662	7,174	958	6,216	16.8	2.2	14.6

(1)　非水産食品および複雑な工程を経ていない皮革・油脂のような農産物を含む。
(2)　軍需品を除く。　(3)　政府計画にもとづく輸出。　(4)　未確定。
（出所）　アメリカ農務省。
前書「米国の国際経済政策」竹内書店　123頁

むすび

第二次世界大戦終了後一九六〇年代までのアメリカの貿易政策は、貿易自由化が積極的に推進されたが、六〇年代後半からのインフレ抑制と金準備を防衛するための七一年ニクソン大統領の発表した新経済政策等により、国際経済面ではドルの金停止とともに一律一〇パーセントの暫定的な輸入課徴金が賦課されることになった。[54] すなわち、アメリカは自由貿易原則に沿った通商法を制定し、これにもとづいてGATTの多角的貿易交渉を主導した。そして、その合意取決めに従って関税および非関税障壁の軽減撤廃を実施してきた。いいかえると、アメリカの貿易政策は自由貿易主義を原則として追求しながら、他方で保護貿易主義を導入した。

ケネディ・ラウンドの妥結後、六〇年代後半からインフレーションの高進と関税の低下に伴って繊維、鉄鋼、家電品、通信機器、自動車等の輸入が急増し、これら産業の経営者と労働組合は輸入規制を求めて議会に強く働きかけた。アメリカの最大の労働組合ＡＦＬ－ＣＩＯは、これまで自由貿易政策の支持者であったが、輸入競争による失業の増大という事態に直面して保護貿易政策支持へと転換した。議会に提出された保護貿易政策推進支持者による輸入規制法案は前述の七〇年のミルズ法案と七二年の貿易投資法案（バーク＝ハートケ法案）が顕著である。

加えて、七四年通商改革法は関税および非関税障壁の軽減撤廃を図りながら、他方で、その枠外で繊維、鉄鋼、その他の輸入品に輸入規制措置（対米輸入自主規制）が導入された。先述の農産品につづき、工業品においても繊維製品のような労働集約的な軽工業品から輸入抑制がはじまった。繊維製品の輸入が顕著なため日本政府に繊維製品の輸出自主規制（voluntary export restraints: ＶＥＲ）を要請し、一九五七年から五年間の自主規制協定（voluntary restraints agreements: ＶＲＡ）が結ばれた。[55] さらに、繊維製品の輸入規制を包括的に発展途上国からの輸入全体の抑制をすべく国際協定の作成をめざした。これは一九の主要貿易国の間で一九六一年に綿製品貿易に関する短期取り決め（Short-Term Agreement on Cotton Textile Trade: ＳＴＡ）、一九六二年の有効期間五年間の綿製品貿易に関する長期取り決め（Long-Term Arrangement on Cotton Textile Trade: ＬＴＭ）として締結された。ＬＴＭは期間を五年として締結、六七年、七〇年、七三年に更新され、六〇年代を通じて綿製品貿易を規制した。[56] ＳＴＡ、ＬＴＡともにガットの枠組みの下でおこなわれているが、数量制限を導入する保護主義的協定であり、ＧＡＴＴの基本原則に背くものであった。これはＳＴＡ、ＬＴＤの締結に先立って、一九五九年、六〇年のガット協議ではアメリカ主導により市場攪乱（market disruption）についで議論されたことにもとづいている。

ＧＡＴＴは一九六〇年輸入国が市場攪乱を避けるために輸入規制をおこなうことを認めた。この決定に従えば、たとえ実際に市場攪乱が起こらなくても、市場攪乱の起こる恐れがある場合には輸入規制を課すことができた。また、最恵国待遇とは関係なく、特定の国に対して規制を実行することができる。この市場攪乱がこれ以降の繊維製品に関する多国間協定で重要となってくる。[57] 先述の日米繊維紛争の決着後、さらに主要貿易国の間で、毛・化繊の貿易の規制に関する包括的な国際ルールを決める試みが始まった。一九七三年にはＧＡＴＴ四一カ国が参加して、綿・毛・化繊分野で多品目繊維協定（Multi-fiber Agreements: MFA）が締結され、翌年に発効した。ＭＦＡはＬＴＡや二国間の自主規制協定を多少緩和して繊維製品の伸び率が五パーセントから六パーセントに拡大された。

工業品の輸入抑制は、一九六〇年代後半に入ると重工業品へと広がった。五〇年代後半よりアメリカの鉄鋼輸入は次第に増加し、五九年には鉄鋼貿易は初めて赤字を記録し、これを反映してはじめてアメリカの鉄鋼業者によるダンピング提訴がおこなわれている。アメリカの鉄鋼産業を保護するための鉄鋼輸入を制限しようとする動きが高まり、未成立に終わったものの、議会による輸入制限立法活動が繰り返し行なわれるようになった。そのため日本やＥＣ諸国の鉄鋼業界はこの圧力の前に一九六九年から三年間、さらに七二年から二年半の対米鉄鋼輸出についての輸出自主規制（ＶＥＲ）をおこなわざるをえない状況に追い込まれた。このＶＥＲは対米輸出量の伸びを二・五―三パーセントに抑えるというものであった。

註

（1） ワシントン輸出入銀行の機関名称はコロンビア地区法（the law of the District of Columbia）に基づきワシントンに設置されたことによるが、一九六八年以降、合衆国輸出入銀行（Export-Import Bank of the United States:

Eximbank）に変更されている。

（2）“Economic Report of the President”, Transmitted to the Congress, January 1962, pp.149-153

（3）松村文武、「現代アメリカ国際収支の研究」東洋経済新報社、昭和六〇年六月二七日、六八頁

（4）“Economic Report of the President”, January 1962, op.cit., p.148

（5）Seymour E.Harris, “Economics of the Kennedy Years and a Look Ahead”, Harper & Row, 1964, p.149（邦訳　村松増美訳「ケネディ時代の経済」サイマル出版会、一九六八年三月一〇日、一三三頁）

（6）“Economic Report of the President”, January 1964, p.128

（7）“Economic Report of the President”, January 1977, p.298

（8）“Economic Report of the President”, January 1970, p.126-132

（9）“Economic Report of the President”, January 1972, p.128-131

（10）“Economic Report of the President”, January 1975, p.228

（11）Ibid., p.226

（12）Ibid., pp.223-229, “Inflation Control Under the Economic Stabilization Act”, において一九七四年管理計画について、その効果と評価をおこなっている。

（13）石崎昭彦、佐々木隆雄、鈴木直次、春田素夫著「現代のアメリカ経済」東洋経済新報社、昭和六二年八月一〇日、一九六頁

（14）Richard N.Gardner, “Sterling-Dollar Diplomacy”, McGraw-Hill Book Company, 1969, pp.30-35, p.39（邦訳、村松孝、加瀬正一訳、「国際通貨体制史」東洋経済新報社、昭和四八年二月一日、一三八頁～一四四頁、一四九頁）

（15）佐々木隆雄「アメリカの通商政策」岩波書店、一九九七年一〇月二〇日、六四～七七頁

（16）経済同友会編「通商拡大法と日本経済」至誠堂、昭和三七年一一月三〇日、六八頁　一九六一年一二月の全国工業者協会およびＡＦＬ－ＣＩＯの年次総会での演説で、通商政策に関する所信を明らかにし労使両団体の協力を求めて

いる。

(17) Seymour E.Harris, op.cit., p.171（邦訳、一五五頁）

(18) Ibid.,

(19) Abraham Berglund, "The Reciprocal Trade Agreement of 1934", The American Economic Review, September 1935, Vol. xxv, No. 3, pp.415-417

(20) Frederick C.Adams, "Economic Diplomacy: The Export-Import Bank and Foreign Policy", University of Missouri Press, 1976, pp.87-90

(21) I.M.Destler, "American Trade Politics: System Under Stress", The Twentieth Century Fund, 1986, pp.21-22

(22) 経済同友会編「通商拡大法と日本経済」前書、八三〜八四頁

(23) I.M.Destler, op.cit., pp.87 その後、ニクソン政権はＳＴＲを弱め、廃止しようとしたが、一八七四年通商法ではＳＴＲを大統領府の法定の正式機関とした。

(24) Economic Report of the President, February 1968, p.187

(25) Ibid., p.188

(26) Ibid.,

(27) Ibid.,

(28) I.M.Destler, op.cit., p.36

(29) Ibid., p.39

(30) 中本悟「現代アメリカの通商政策」有斐閣、一九九九年一〇月二五日、三三頁

(31) 前書、三六頁

(32) 一八六一年一二月、ラテンアメリカの経済開発のどの促進を目的として設立されたもので、ラテンアメリカ諸国のほか、アメリカ、イギリス、ドイツ、日本など四〇カ国はどが参加した。

（33） Richard E.Feinberg, "Subsidizing Success", Cambridge University Press, 1982, pp.20-22
（34） Jordan Lay Hillman, "The Export-Import Bank At Work", Quorum Books, 1982, pp.35-38 Richard E.Feinberg, Ibid., Export-Import Bank of Washington, Semiannual Report, 1984, pp.8-15
（35） Richard E.Feinberg, Ibid., pp.23-7
（36） David P.Baron, "The Export-Import Bank: An Economic Analysis", Academic Press, 1983, pp.12-16
（37） Export-Import Bank of Washington, Semiannual Report, 1968, p.17
（38） Ibid., p.10
（39） David P.Baron, op.cit., p.49　Eximbankではカーン（Henry Kearns）、カーシー（William Casey）、ドブルー（Steven Dubrul Jr）、ムーア（John Moore）、ドラパー（William H.Drapper）など五名の総裁が就任する。総裁は当然のことながら業務運営および政策決定について重要な役割を有している。七〇年代初期、とくにカーン総裁は利子率の上昇にもかかわらず、Eximbankの役割を強調し、低貸出金利政策を維持した。
（40） By the Comptroller General of the United States, "Weakened Financial Condition of the Export-Import Bank of the United States", Report to the Congress, 1975
（41） David P.Baron, op.cit., pp.52-57　J.J.Hillman, "The Export-Import Bank At Work", Quorum Books, 1982, pp.127-128　ＰＥＦＣＯは海外信用保険協会（ＦＣＩＡ）、海外民間投資会社（ＯＰＩＣ）と同様、Eximbank関連機関の一つで、一九七〇年四月に設置され、七一年五月に業務を開始した。ＰＥＦＣＯの組織形態は基本的に、アメリカ商業銀行と工業品輸出企業および投資銀行等の企業法人形態をとるコンソーシアムである。
（42） J.J.Hillman, op.cit., p.127
（43） Encyclopedia of Banking Finance, Salem Press Inc., p.330　Eximbankは同法によって連邦政府予算（にもとづく）の執行機関となった。
（44） J.J.Hillman, op.cit., p.49

(45) R.E Feinberg, pp.49-50

(46) Ibid., p.50

(47) Ibid.,

(48) Ibid.,

(49) Ibid., pp.53-54

(50) "United States International Economic Policy in An Independent World", Report to the President submitted by the Commission on International Trade and Investment Policy, July 1971 p.141 国際貿易投資政策委員会報告「米国の国際経済政策」竹内書店出版部監訳、竹内書店、一九七二年三月三一日、一一七頁～一三八頁

「国際貿易投資政策委員会」は一九七〇年五月二一日ニクソン大統領によって設置された。大統領のこの委員会への要請は、アメリカの国際貿易投資の分野の基本的問題に検討を加え、変化を続ける世界経済にどう対応すべきを勧告することであった。こうしたアメリカの認識は後に、貿易の自由化にとどまらず、ＥＣやその他諸国の農業政策の修正を主張する。「国際貿易投資委員会」は、農産物貿易に関して「輸出奨励金制度、数量制限、その他の農産物に対する非関税障壁の段階的撤廃を要求し、ＧＡＴＴの規制強化を勧告する。

(51) 前書、一三五頁

(52) Richard E. Feinberg, op.cit., p.27

(53) Ibid., pp.31-32, p.50

(54) Herbert Stein, "President Economics: the Making of Economic Policy from Roosevelt to Clinton", Simon and Schuster, 1984, p.195、（土志田征一訳「大統領の経済学」日本経済新聞社、昭和六〇年八月二〇日、二〇四頁）

ドルの金交換停止は、ドルの減価が輸入制限的な輸入課徴金と組み合わされた新経済政策が輸入からの国内産業保護を基調とする貿易政策への転換点として象徴的である。

(55) I.M.Destler, Haruhiro Fukui, Hideo Sato, "The Textile Wrangle", Cornell University Press, 1979, pp.121-139

（邦訳「日米繊維紛争」日本経済新聞社、昭和五五年二月一八日、九六頁〜一一四頁）日米繊維交渉については、沖縄の返還問題と結びつけて、アメリカの要求する厳しい輸出自主規制（包括規制）を受け入れるというものであった。俗に「糸と縄の取引」といわれる密約があったか否かは現在でも議論がつづいている。

(56) 福島栄一監訳「米国の通商関連法：その背景と法律解説」日本貿易振興会、一九八七年、一二五頁〜一二七頁(U.S.House of Representatives, Committee and Ways and Means (ed) "Overview and Compilation of U.S. Trade Statues", 1987)

(57) 伊藤元重「通商摩擦はなぜ起こるのか」NTT出版、二〇〇〇年三月一〇日、一四〇頁市場攪乱とは「輸入国で一般に売られている価格よりも低い価格で、特定国から特定製品の輸入が大幅に増大すること」と定義される。

第五章　レーガン政権の貿易政策とEximbankの活動

はじめに

アメリカ経済における国際貿易は、国民経済にとってきわめて重要な意味をもっている。実質GDPに占める財とサービスの輸出比率は、一九九二年には、一一・六パーセントという戦後最高の水準にあった。[1] その比率は八〇年代の輸出の落ち込みから八五年以降、次第に増加し、九二年までにアメリカは世界最大の輸出国としての地位を回復した。輸入についても、国民経済に対する影響という点では、輸出同様、重要な役割を持っているが、政府の貿易政策の基調としては、開発途上国に対する経済援助、あるいは外交政策の一環としての性格を持っていることは否定できない。そして、国民経済における国際貿易は、単に輸出と輸入による経済効果に限定されず、輸出入に直接関連をもたない間接的な生産者あるいは企業の活動や業績の動向にも影響を与える。アメリカの製造業の雇用の六人に一人が直接間接、輸出関連であった。[2] また、アメリカの輸出品の中では、輸入中間財の占める比率が高く、輸出は国民経済にとってより重要なものとなり、輸入は輸出のために重要性を増し輸出の輸入に依存する度合いが大きくなっているのが現状である。このように、アメリカの国際貿易は常に国民経済を規定し、その推移は、世界貿易に対しても重要な影響を与えてきた。さらに、そのなかで、アメリカの貿易政策および政策を担う政府機関はアメリカの輸出国としての地位を維持し発展させる上できわめて重要な役割を果たしてきたということがいえる。

とくに、七〇年代以降、国内のインフレーションの高進および新産業国家の台頭と国際貿易市場の競争激化に伴うアメリカの貿易収支構造の悪化は、合衆国輸出入銀行の再評価を促し、貿易金融の機能強化のために法的な地位の改善が図られ、多くの関連機関が設置される要因を作った。さらに、合衆国輸出入銀行の政府系金融機関としての性格と政策金融のなかに占める規模と役割が議論される。

本章は一九七〇年代後半から八〇年代のアメリカ経済および貿易政策におけるEximbankの活動からその役割を把握しようとするものである。その課題は、とくに八〇年代に激化する貿易摩擦のなかで、議会を中心に公正貿易論と保護貿易主義台頭の推移を明らかにすることにある。この推移はまた、アメリカの貿易政策を規定するうえで重要なものである。恒常的に赤字を計上し、そこで貿易不均衡が大きな問題となりプラザ合意によるドル高是正の為替政策がとられた。

第一節の貿易収支の推移と為替政策では、貿易収支が七〇年代後半から八〇年代初頭によるドル高是正の為替政策がとられたことをみる。同時に議会と産業界には保護貿易主義が台頭するが、レーガン政権ではその危険性を認識しつつも為替政策では抑止のための有効手段がとられないまま推移する。第二節では、国際貿易の困難の拡大に伴って議会を中心に保護貿易主義的傾向が強まり、レーガン政権は海外の不公正な貿易慣行への対抗に主眼を置いた新通商政策を発表するが、貿易政策は自由主義を標榜しながら、現実には保護主義措置が拡大するという矛盾に満ちたものであった。それはまた、それまでアメリカが自ら作ったGATT主導のもとでも自由貿易主義に変化が生じ始め、八

○年代にこれが転換と呼べるほどになった。第三節は八○年代初頭のEximbankが国際貿易の困難およびレーガン政権の財政赤字削減の結果、政府機関としての役割が改めて問われる状況をみる。それはEximbankの業務運営に対してさまざまな圧力が増大し、Eximbankは文字通り岐路に立たされた。しかし、Eximbankの輸出支援と助成金の削減に対しては議会において反対が強く、そこでも輸出業者の苦境にともない保護主義的な政策運営が賛意をもって受け取られる。第四節では、具体的な事例でEximbankの輸出促進戦略として商業用航空機生産および原子力プラント輸出をみる。とくに、商業用航空機輸出はEximbankの輸出支援のなかでもその割合は最も大きなものであるが、商業用航空機産業は技術開発上のリスクと莫大な先行開発コストという経営特質を有している。したがって、商業用航空機生産は巨額の資金負担とリスクを有することから政府の支援なしには育成できない。しかし、開発の結果は、商業用部門と軍事部門の間で技術波及をもたらし商業用転用の基礎を構成する。

一　貿易収支の推移と為替政策

第二次大戦後のアメリカは、GATTを中心とする自由貿易体制とIMFのブレトンウッズ体制を確立し、これによって五○年代～六○年代の世界の貿易量は急速な拡大をする。この期間、アメリカの輸出は大幅に増加するが、主要貿易国からの輸入もまた大幅に増加した。このため、アメリカの貿易収支は一九七一年には五○年代、六○年代の黒字から一転し、その後は七三年、七五年を除き、恒常的な赤字が継続する。七○年代の世界経済は固定相場制から変動相場制への移行、二度の石油危機等大きな変化に直面するが、一九七一年のアメリカの貿易収支の赤字化もこうした時代の転換点を示すものといえる。その後、一九七七年から八二年のアメリカの貿易収支は、およそ三○○億ドル程度の赤字を継続するが、レーガン政権の経済政策により貿易収支赤字は八三年から急激な増加をはじめ、八七年には一、五九五億ドルと歴史的な赤字を記録することになる。（表1―1）輸出の停滞と輸入の増大により貿易収支が急速に変化したのである。これには高金利によりインフレ率が低下したことも作用したが、[3]実効為替相場は一九八〇年七月からピークの八五年二月までに八七パーセントの上昇となった。八〇年から八五年の五年間の輸出数量の年増加率はわずか〇・三六パーセントにすぎない。アメリカの輸入増加は、第二次石油危機後の不況に苦しんでいた世界経済を立ち直らせる契機となったが、アメリカ産業の国際競争力の低下も示している。一九八八年以降のアメリカの貿易収支は、八五年のプラザ合意以降のドル安の効果もあり、徐々に改善傾向をたどる。とくに、九一年の貿易収支は七三八億ドルと大幅に縮小している。九一年には湾岸戦争の影響で日本の九〇億ドルの支払いなどもあり、アメリカの移転収支が黒字化したため、経常収支はわずか八三億ドルの赤字と大幅な改善となった。[4]しかし、九一年の貿易収支赤字の減少は国内需要の停滞に伴う輸入減少が影響したため、その後の国内景気の動向によって、再び貿易収支赤字が拡大している。

このようなアメリカの輸出入、あるいは貿易収支の変化はすべての品目で同時平行的に生じたものではない。貿易構造はまた、品目別構成と地域別構成の変化を伴っていた。まず、貿易構造の変化を品目別輸入構成比の推移からみてみる。七〇年代後半から八〇年代前半の貿易の品目別構成の動向は輸出面で食料品、原材料等の比重が大幅に減少し、鉱工業品の輸出の割合が増加した。最終用途別分類による七〇年代後半から八〇年代前半の品目別構成の変化の特徴をみると、資本財の輸出割合が増大傾向を辿って推移したことがあげられ、資本財がアメリカの最も重要な輸出品であることが分かる。また、産業用原材料の輸出割合は、漸減したが、それでもなおアメリカの輸出で大きな比重を占める。食料、飼料、飲料の輸出割合はこの時期、産業用原材料と合せて、およそ五割近くになり、その輸出割合

表Ｉ－１　合衆国の国際取引（1970 ～ 1988年）

（単位：100万ドル：四半期値は季調値：貸方は＋、借方は－）

年・四半期	商品[1,2]			投資所得[3]			軍事純取引	旅行運輸純受取	その他サービス(純)[3]	財・サービス収支[4]	送金、年金及びその他一方的取引[4]	経常収支[4]
	輸出	輸入	純輸出	受取	支払	純受取						
1970……	42,469	-39,866	2,603	11,748	-5,515	6,233	-3,354	-2,038	2,330	5,773	-3,443	2,331
1971……	43,319	-45,579	-2,260	12,707	-5,435	7,272	-2,893	-2,345	2,649	2,423	-3,856	-1,433
1972……	49,381	-55,797	-6,416	14,765	-6,572	8,193	-3,420	-3,063	2,965	-1,742	-4,052	-5,795
1973……	71,410	-70,499	911	21,808	-9,655	12,153	-2,070	-3,158	3,406	11,244	-4,103	7,140
1974……	98,306	-103,811	-5,505	27,587	-12,084	15,503	-1,653	-3,184	4,231	9,392	[5]-7,431	1,962
1975……	107,088	-98,185	8,903	25,351	-12,564	12,787	-746	-2,812	4,854	22,984	-4,868	18,116
1976……	114,745	-124,228	-9,483	29,286	-13,311	15,975	559	-2,558	5,027	9,521	-5,314	4,207
1977……	120,816	-151,907	-31,091	32,178	-14,217	17,961	1,528	-3,565	5,680	-9,488	-5,023	-14,511
1978……	142,054	-176,001	-33,947	42,245	-21,680	20,565	621	-3,573	6,458	-9,875	-5,552	-15,427
1979……	184,473	-212,009	-27,536	64,132	-32,961	31,171	-1,778	-2,935	6,215	5,138	-6,128	-991
1980……	224,269	-249,749	-25,480	72,506	-42,119	30,387	-2,577	-997	7,794	9,126	-7,593	1,533
1981……	237,085	-265,063	-27,978	86,412	-52,329	34,083	-1,523	144	11,085	15,810	-7,647	8,163
1982……	211,198	-247,642	-36,444	83,548	-54,884	28,664	-474	-992	11,436	2,191	-9,188	-6,997
1983……	201,820	-268,900	-67,080	77,251	-52,376	24,875	-343	-4,227	12,264	-34,510	-9,776	-44,286
1984……	219,900	-332,422	-112,522	85,908	-67,419	18,489	-2,099	-7,885	12,299	-91,718	-12,468	-104,186
1985……	215,935	-338,083	-122,148	88,832	-62,901	25,931	-3,557	-9,832	12,351	-97,256	-15,426	-112,682
1986……	223,367	-368,425	-145,058	88,615	-66,968	21,647	-4,576	-8,031	18,547	-117,470	-15,778	-133,249
1987……	250,266	-409,766	-159,500	104,703	-82,420	22,283	-2,857	-7,324	17,909	-129,488	-14,212	-143,700
1988……	319,251	-446,466	-127,215	107,775	-105,548	2,227	-4,606	-2,633	20,335	-111,892	-14,656	-126,548
1989:												
Ⅰ………	87,919	-116,297	-28,378	26,830	-29,246	-2,416	-1,498	-297	5,725	-26,864	-3,526	-30,390
Ⅱ………	91,423	-118,977	-27,554	26,644	-32,765	-6,121	-1,518	91	5,886	-29,216	-2,868	-32,084
Ⅲ[p]………	91,569	-119,320	-27,751	33,808	-31,197	2,611	-968	193	6,884	-19,031	-3,656	-22,687

1．軍事は除く

2．センサス・データについて価格評価、範囲、期間の差異を調整した

3．合衆国海外直接投資あるいは合衆国における外国直接投資による手数料及び特許権使用料は投資所得から除かれ、その他サービス（純）に含めた。

4．概念上、財サービス収支は国民所得の純輸出と輸入及び生産勘定に等しい。（経常収支の均衡総額及びSDR配給額は勘定の中で純外国投資に等しい）。但し、系列は一定項目（金、資本利得及び損失、等）、修正、等々のために異なる。

出所）　商務省経済分析局

Economic Report of the President, February 1990, P.410

表Ⅰ－2　合衆国の商品輸出入と貿易収支（1970－89年）
（単位：10億ドル・月次値は季調値）

年・月	商品輸出（f.a.sベース）[1] 合計[2]	主要最終用途商品分類 食料・飼料・飲料	産業用補充品及び原材料	自動車を除く資本財	自動車、パーツ、エンジン	消費財（非食料）自動車を除く	その他[2]	一般商品輸入（通関ベース） 合計	主要最終用途商品分類 食料・飼料・飲料	産業用補充品及び原材料	自動車を除く資本財	自動車、パーツ、エンジン	消費財（非食料）自動車を除く	その他	一般商品輸入（c.i.fベース）[4]	貿易収支 輸出(f.a.s)－輸入(通関)	輸出(f.a.s)－輸入(c.i.f)
	f.a.sベース[5]							通関ベース									
1970	43.2							40.0							42.4	3.2	0.8
1971	44.1							45.6							48.3	-1.5	-4.3
1972	49.9							55.6							58.9	-5.7	-9.0
1973	71.9							69.5							73.2	2.4	-1.3
1974	99.4							103.3							110.9	-3.9	-11.4
								f.a.sベース[5]									
1974	99.4							102.6							110.9	-3.1	-11.4
1975	108.9							98.5							105.9	10.4	3.0
1976	116.8							123.5							132.5	-6.7	-15.7
1977	123.2							150.4							160.4	-27.2	-37.2
1978	145.8							174.8							186.0	-28.9	-40.2
1979	186.4							209.5							222.2	-23.1	-35.9
1980	225.6							244.9							257.0	-19.3	-31.4
								通関ベース									
1981	238.7							261.0							273.4	-22.3	-34.6
1982	216.4	31.3	61.7	72.7	15.7	14.3	20.7	244.0	17.1	112.0	35.4	33.3	39.7	6.5	254.9	-27.5	-38.4
1983	205.6	30.9	56.7	67.2	16.8	13.4	20.5	258.0	18.2	107.0	40.9	40.8	44.9	6.3	269.9	-52.4	-64.2
1984	224.0	31.5	61.7	72.0	20.6	13.3	24.0	[6]330.7	21.0	123.7	59.8	53.5	60.0	7.8	346.4	-106.7	-122.4
1985	[7]218.8	24.0	58.5	73.9	22.9	12.6	27.3	[6]336.5	21.9	113.9	65.1	66.8	68.3	9.4	352.5	-117.7	-133.6
1986	[7]227.2	22.3	57.3	75.8	21.7	14.2	35.9	365.4	24.4	101.3	71.8	78.2	79.4	10.4	382.3	-138.3	-155.1
1987	254.1	24.3	66.7	86.2	24.6	17.7	34.6	406.2	24.8	111.0	84.5	85.2	88.7	12.1	424.4	-152.1	-170.3
1988	322.4	32.3	85.1	109.2	29.3	23.1	43.4	441.0	24.8	118.3	101.4	87.7	95.9	12.8	459.5	-118.5	-137.1
1988:																	
Jan	24.7	2.3	6.7	8.6	2.2	1.7	3.2	35.2	2.1	9.6	7.8	7.0	7.8	0.9	36.8	-10.5	-12.1
Feb	24.8	2.5	6.7	8.6	2.4	1.7	2.9	36.3	2.2	9.6	8.3	7.4	7.9	.9	37.9	-11.5	-13.1
Mar	26.8	2.5	7.6	8.6	2.6	1.8	3.6	36.3	2.2	9.9	8.2	7.3	7.6	1.1	37.9	-9.6	-11.2
Apr	26.0	2.6	7.0	8.7	2.3	1.8	3.5	35.4	2.0	9.5	8.1	7.3	7.5	1.0	36.9	-9.3	-10.8
May	27.4	2.9	7.2	9.2	2.5	1.9	3.8	36.1	2.0	10.4	8.3	6.8	7.7	1.0	37.7	-8.7	-10.2
June	26.7	2.7	7.1	8.8	2.2	1.9	4.0	37.3	1.9	10.2	8.8	7.3	8.0	1.1	38.8	-10.6	-12.1
July	26.6	2.8	7.1	9.2	2.1	2.0	3.5	35.1	1.9	9.7	7.9	6.6	7.9	1.1	36.5	-8.5	-9.9
Aug	27.5	2.9	7.1	9.3	2.8	2.0	3.4	37.6	2.2	10.2	8.9	7.2	8.1	1.1	39.2	-10.1	-11.7
Sept	27.6	2.9	7.2	9.4	2.5	2.1	3.6	36.8	2.0	9.3	8.7	7.6	8.0	1.1	38.2	-9.2	-10.6
Oct	27.9	2.7	6.8	9.4	2.5	2.0	4.4	37.1	2.1	9.9	8.2	7.7	8.1	1.1	38.6	-9.2	-10.7
Nov	27.5	2.6	7.0	9.4	2.5	2.0	4.0	38.1	2.1	9.8	9.1	7.5	8.3	1.2	39.6	-10.5	-12.1
Dec	28.9	2.8	7.4	10.1	2.7	2.3	3.6	39.7	2.2	10.2	9.1	8.0	9.0	1.2	41.3	-10.8	-12.5
1989:																	
Jan	29.0	2.9	7.1	9.4	2.4	2.4	4.7	37.9	2.2	10.7	9.0	7.4	7.7	.9	39.5	-8.9	-10.5
Feb	28.8	2.9	7.5	9.3	2.4	2.5	4.2	38.2	2.0	10.0	9.3	7.6	8.3	1.0	39.7	-9.4	-10.9
Mar	30.1	3.2	7.6	9.9	2.5	2.7	4.2	39.5	2.1	11.0	9.3	7.7	8.3	1.1	41.2	-9.5	-11.2
Apr	30.8	3.1	8.0	10.1	2.4	2.8	4.4	39.0	2.0	11.3	9.1	7.3	8.3	1.1	40.7	-8.3	-9.9
May	30.5	3.2	7.9	9.8	2.3	2.6	4.6	40.5	2.2	11.7	9.9	7.2	8.5	1.1	42.2	-10.1	-11.7
June	31.3	3.2	8.3	10.6	2.3	2.9	4.0	39.3	2.0	11.4	9.5	6.7	8.5	1.1	40.9	-8.0	-9.6
July	30.5	2.9	8.2	10.9	2.2	2.6	3.6	38.7	2.0	11.4	9.1	6.6	8.6	1.0	40.4	-8.2	-9.9
Aug	30.6	2.8	7.8	10.6	2.7	2.7	4.0	40.7	2.1	11.4	10.2	7.1	8.7	1.2	42.4	-10.1	-11.9
Sept	30.7	2.6	7.6	11.7	2.3	2.8	3.7	39.2	1.9	10.3	9.6	7.2	9.0	1.2	40.8	-8.5	-10.1
Oct	31.0	2.7	7.8	10.8	2.6	2.7	4.4	41.3	2.3	11.8	9.7	7.1	9.0	1.4	43.1	-10.2	-12.0
Nov	30.2	2.7	7.6	9.8	2.5	2.9	4.7	40.7	2.2	11.0	10.2	7.0	9.0	1.2	42.5	-10.5	-12.3

1．軍事支援計画による国防省の軍事補充品と軍事設備供与の搬出は、1985年まで総輸出から除いているが、1986年以降は含まれている
2．1988年までのカナダへの証拠書類のない輸出を含む。1989年以降は証拠書類のないカナダへの輸出は適当な最終財の分類に区分されている
3．輸送中のものを除く輸入財の到着分の合計
4．c.i.f.（cost, insurance, and freight）輸入価額は合衆国への最初の入港時点での評価。1967年から73年までは推計
5．f.a.s.（free alongside ship）価額ベースは、輸出品は合衆国の輸出港、輸入品は外国の輸出港での価額
6．合計は改定値を含むが詳細は示さない
7．輸出の合計は改定統計月次ベースによる。最終財の分類は従来の統計月次ベースによる
注：センサス局報告のデータ。1969年まで個別に報告されていた銀鉱石と銀塊を含めるように調整されている。1974年以降金貿易を含む。輸出統計は、合衆国関税地域から搬出される商品については合衆国軍の補充品を除いてすべてカバーしている。輸出には、国際開発局及び平和のための食料計画における搬出を含み、その他の民間による救援物資の搬出も含んでいる
1974年以降のデータは合衆国バージン諸島の貿易を含む

出所）商務省センサス局　Ibid., P.414

はアメリカの資源産出国としての側面を反映するものである。また、自動車と消費財の輸出割合はおよそ六パーセントから八パーセント台にあり、これらの事実はアメリカの食料や原材料といった資源や加工度の最も高い高度技術製品や大型機械等資源加工品の大きな輸出国であることを示しているが、その他諸製品の輸出割合は小さい。輸入の構成比では、産業用原材料の輸入割合が七〇年代後半から八〇年代前半に増加したが、これは石油輸入額が価格高騰により急増した。また、資本財、自動車、消費財等の輸入割合は同時期、合せて増加をした。このような品目別構成からみたアメリカの貿易は資源関連品目と高度技術製品の輸出が増加傾向を辿り、その他諸製品でも輸入割合が著増したことが特徴となっている。

次に貿易の地域別構成をみると（表1－3）、カナダ、西ヨーロッパ、オーストラリア、ニュージランド、南アフリカ等の工業国とのアメリカの貿易割合は、七〇年代後半から八〇年代前半、輸出面、輸入面とも大幅に低下した。これに対して、OPECおよびその他諸国、東欧諸国との貿易の比重はこの期間、大幅に増加し、とくにOPECとの貿易割合は輸出、輸入の双方で大幅に増加している。アメリカの主要貿易相手国が先進国であることは現在でも変わらないが、OPECその他諸国との貿易関係が緊密化したのは、石油輸出価格の引上げによりOPECの対外取引が増加したことがあげられる。さらに、アメリカの途上国に対する特恵供与とNIES等の新興工業国の急激な工業化により発展途上国の対アメリカ貿易が拡大したこと、七〇年代後半から八〇年代前半にかけて先進国間で貿易摩擦の激化により先進国とアメリカの貿易拡大が抑制されたことが影響した。この期間のアメリカの貿易の特徴は、アメリカが資本財の輸出を拡大し、石油の輸入が増大する過程でOPECその他諸国との貿易関係を強めたことにあるが、他方、先進国との貿易はその比重が減少し、依然大きな割合を占めている。

八〇年代後半以降の貿易収支は、貿易黒字の激減と赤字の激増が特徴である。これは資本財と食料品で黒字が大幅

表Ⅰ－3　米国の地域別商品輸出入（1980－89年）
（単位：10億ドル）

項　　目	1980	1981	1982	1983	1984	1985	1986	1987	1988	1989年第1～3四半期(年率)[1]
輸出	224.3	237.1	211.2	201.8	219.9	215.9	223.4	250.3	319.3	361.2
工業国	137.2	141.9	127.3	128.4	141.0	140.5	150.3	165.6	206.5	234.1
カナダ	41.6	46.0	39.2	44.5	53.0	55.4	56.5	62.0	73.5	81.1
日本	20.8	21.8	20.7	21.8	23.2	22.1	26.4	27.6	37.1	43.8
西欧諸国	67.6	65.1	59.7	55.4	56.9	56.0	60.4	68.6	86.4	98.3
オーストラリア、ニュージーランド、南アフリカ	7.1	9.0	7.7	6.6	7.8	7.0	7.1	7.4	9.4	10.8
オーストラリア	4.0	5.1	4.4	3.9	4.8	5.1	5.1	5.3	6.8	8.2
その他諸国（東欧諸国を除く）	82.9	90.7	80.1	70.4	74.6	72.0	71.0	82.4	108.9	121.5
OPEC[2]	17.4	21.1	20.7	15.3	13.8	11.4	10.4	10.7	13.7	12.8
その他[3]	65.6	69.6	59.5	55.2	60.8	60.6	60.6	71.7	95.2	108.8
東欧諸国	4.1	4.4	3.7	3.0	4.3	3.3	2.1	2.3	3.8	5.6
国際機関および未分類	.0	.1	.1	.1	.0	.2				
輸入	249.8	265.1	247.6	268.9	332.4	338.1	368.4	409.8	446.5	472.8
工業国	127.9	144.3	144.1	159.9	205.5	219.1	245.4	259.7	282.4	290.5
カナダ	42.9	48.3	48.5	56.0	67.6	70.4	69.7	73.6	84.4	89.0
日本	31.2	37.6	37.7	42.8	60.2	65.7	80.8	84.6	89.8	93.4
西欧諸国	47.2	52.9	52.9	55.6	72.1	77.5	89.0	96.1	102.2	101.4
オーストラリア、ニュージーランド、南アフリカ	6.5	5.6	5.0	5.4	5.6	5.6	5.9	5.4	6.0	6.6
オーストラリア	2.5	2.5	2.3	2.3	2.7	2.7	2.6	3.0	3.5	3.7
その他諸国（東欧諸国を除く）	119.1	119.2	102.4	107.6	124.7	117.1	121.1	148.2	161.9	180.2
OPEC[2]	55.6	49.9	31.5	25.3	26.9	22.7	18.9	24.4	23.0	30.4
その他[3]	63.5	69.3	70.9	82.3	97.8	94.5	102.2	123.8	138.9	149.9
東欧諸国	1.4	1.6	1.1	1.4	2.2	1.8	2.0	1.9	2.2	2.1
国際機関および未分類	1.3		.0	.0						
収支（輸出超過＋）	-25.5	-28.0	-36.4	-67.1	-112.5	-122.1	-145.1	-159.5	-127.2	-111.6
工業国	9.3	-2.4	-16.9	-31.5	-64.5	-78.6	-95.0	-94.0	-75.8	-56.4
カナダ	-1.3	-2.2	-9.3	-11.5	-14.6	-15.0	-13.2	-11.6	-10.9	-7.9
日本	-10.4	-15.8	-17.0	-21.1	-37.0	-43.5	-54.4	-57.0	-52.6	-49.6
西欧諸国	20.4	12.2	6.8	-.2	-15.2	-21.4	-28.6	-27.5	-15.8	-3.1
オーストラリア、ニュージーランド、南アフリカ	.6	3.4	2.6	1.2	2.2	1.4	1.1	2.0	3.4	4.2
オーストラリア	1.5	2.6	2.1	1.6	2.1	2.4	2.5	2.3	3.3	4.5
その他諸国（東欧諸国を除く）	-36.2	-28.5	-22.3	-37.2	-50.1	-45.2	-50.1	-65.8	-53.0	-58.7
OPEC[2]	-38.2	-28.8	-10.9	-10.0	-13.1	-11.3	-8.5	-13.7	-9.3	-17.6
その他[3]	2.0	.3	-11.4	-27.1	-37.0	-33.9	-41.6	-52.1	-43.8	-41.1
東欧諸国	2.7	2.9	2.7	1.6	2.1	1.4	.1	.3	1.6	3.5
国際機関および未分類	-1.3	.1	.0	.1	.0	.2				

1. 速報値；季調値
2. アルジェリア、エクアドル、ガボン、インドネシア、イラン、クウェート、リビア、ナイジェリア、カタール、サウジアラビア、アラビア首長国連合、及びベネズエラで構成される石油輸出国機構。
3. ラテンアメリカ共和国、その他西欧諸国、アジア・アフリカ諸国、OPEC非加盟国。

注）データは国際取引基礎であり、軍事を除く。

出所）商務省経済分析局、"Economic Report of the President,"February 1990, P.413

に増加したにもかかわらず、消費財貿易収支赤字が著増、それまでの自動車の貿易収支黒字が赤字に転化し、産業用原材料貿易収支の赤字が大幅に増加したことによるものであった。食料と自動車を除く消費財貿易収支の赤字額は、八二年二五四億ドル、八五年には五五七億ドルに達している。繊維品や履物など非耐久消費財の貿易収支はすでに五〇年代後半から赤字を記録している。これら消費財貿易収支赤字の増加はラジオ、カラーテレビなど民生用電子機器、カメラ、時計その他耐久消費財の輸入増加によるものであった。アメリカはこれまで有していたこれら耐久消費財産業において優位性を喪失し、日本がこの分野で国際的優位を確立していることは周知のことであろう。

自動車の貿易収支は六〇年代後半に赤字に転化し、八〇年代の赤字額は急増して、八二年部品、エンジンを含め一七六億ドルとなり、八五年四三九億ドル、八九年には最大の五一三億ドルに達している。この巨額の赤字は日本およびヨーロッパ諸国からの小型乗用車輸入の激増によるものであった。産業用原材料もまた赤字貿易部門であり、赤字幅は六〇年代後半から増大し、七〇年代後半に激増、八二年には五〇三億ドルの巨額の赤字額を記録した。赤字激増の主要な要因は石油価格高騰による石油輸入額の増加である。

資本財貿易は黒字を計上し、八二年に三七三億ドルと増加した。資本財には発電配電制御機械、通信機器等の電気機械、建設土木機械、産業機械、コンピュータ、化学機器等の非電気機械、航空機、同部品等の輸送機械があり、この品目では黒字を記録している。しかし、資本財貿易でも、繊維機械、計算会計機、ベアリング、金属切削工作機械は七〇年代後半から赤字に転化している。これら資本財産業では、一部でアメリカの比較優位が失われるにいたっているが、その他多くの技術集約的な資本財産業では、たとえば航空宇宙機器、コンピュータ等で比較優位が伸張し、貿易黒字を生み出している。

食料、飼料、飲料の貿易収支は、七〇年代から黒字を計上し、八二年にはピークの一四三億ドルの収支黒字額を記録している。これら食料農産物に原料農産物を加えた農産物貿易は、六〇年代に黒字に転じ、八〇年代前半には巨額な収支黒字を記録、農業資源国としてのアメリカの優位が示されている。すなわち、アメリカの資本財、医薬品、化学品といった先端技術製品ないし高度技術製品の貿易で優位にあり、また農産物や石炭など一次産品貿易でも優位にある。他方、両者の中間にある繊維製品や履物など軽工業品貿易で優位性を喪失した。鉄鋼、自動車、耐久消費財および繊維機械、ベアリング、計算機、工作機械など一部資本財の貿易赤字の増大は、これら産業においてアメリカが伝統的に保持していた優位性を喪失したことを表すものであり、これがアメリカの貿易収支赤字の主要な要因である。

このような貿易収支の推移は、アメリカ経済にとって重要な意味を有する。とくに八〇年代前半の輸入拡大とドルの為替相場が一九七九年を転換点として急上昇をはじめ、八〇年代前半、その上昇傾向が継続した。貿易収支赤字拡大の背景には、この時期のこうした異常なドル高が輸入の急増と併せて貿易収支赤字の背景をなしていたといわれる。(5)ドル為替相場の上昇により輸入品価格は、八〇年代前半ゆるやかに下落し、一方、アメリカの国内物価はこの期間を通して上昇し続けた。その結果、国内物価に対する輸入物価の相対価格指数は八五年まで下落する。このような輸入品の価格競争力の大幅な強化により輸入数量は八〇年から八五年にかけて急速に上昇した。これが一九八五年アメリカ、日本、ドイツ、フランス、イギリスの蔵相と中央銀行総裁が為替政策を協議する、いわゆるプラザ合意以降、ドル為替相場は急速に下落傾向を辿った。

また、ドル為替相場上昇の背景として挙げられるのは七〇年代後半の第二次石油危機によるインフレ抑制のためにとられた強力な金融引締め政策と八一年からの大幅減税と軍事支出増大という財政政策の組合せが高金利をもたらし、国際的金利格差を生んだことである。その後、高金利は八一年～八二年の深刻な不況からインフレが沈静化し、事後的な実質金利はまだ高水準にあったものの、事前的実質金利はメキシコの債務危機以来の金融緩和で低下する。加え

表Ⅰ－4　米国の農産物輸出入（1940－89年）

（単位：10億ドル）

年	輸出 合計[1]	飼料用穀物	食料用穀物[2]	油料種子・油料製品	綿花	タバコ	畜産・生産物	輸入 合計[1]	穀物・果物・野菜	畜産・生産物	コーヒー	ココア豆	農産物貿易収支
1940	0.5	(4)	(4)	(4)	0.2	(4)	0.1	1.3	(4)	0.2	0.1	(4)	-0.8
1941	.7	(4)	0.1	(4)	.1	0.1	.3	1.7	0.1	.3	.2	(4)	-1.0
1942	1.2	(4)	(4)	(4)	.1	.1	.8	1.3	(4)	.5	.2	(4)	-.1
1943	2.1	(4)	.1	0.1	.2	.2	1.2	1.5	.1	.4	.3	(4)	.6
1944	2.1	(4)	.1	.1	.1	.1	1.3	1.8	.1	.3	.3	(4)	.3
1945	2.3	(4)	.4	(4)	.3	.2	.9	1.7	.1	.4	.3	(4)	.5
1946	3.1	0.1	.7	(4)	.5	.4	.9	2.3	.2	.4	.5	0.1	.8
1947	4.0	.4	1.4	.1	.4	.3	.7	2.8	.1	.4	.6	.2	1.2
1948	3.5	.1	1.5	.2	.5	.2	.5	3.1	.2	.6	.7	.2	.3
1949	3.6	.3	1.1	.3	.9	.3	.4	2.9	.2	.4	.8	.1	.7
1950	2.9	.2	.6	.2	1.0	.3	.3	4.0	.2	.7	1.1	.2	-1.1
1951	4.0	.3	1.1	.3	1.1	.3	.5	5.2	.2	1.1	1.4	.2	-1.1
1952	3.4	.3	1.1	.2	.9	.2	.3	4.5	.2	.7	1.4	.2	-1.1
1953	2.8	.3	.7	.2	.5	.3	.4	4.2	.2	.6	1.5	.2	-1.3
1954	3.1	.2	.5	.3	.8	.3	.5	4.0	.2	.5	1.5	.3	-.9
1955	3.2	.3	.6	.4	.5	.4	.6	4.0	.2	.5	1.4	.2	-.8
1956	4.2	.4	1.0	.5	.7	.3	.7	4.0	.2	.4	1.4	.2	.2
1957	4.5	.3	1.0	.5	1.0	.4	.7	4.0	.2	.5	1.4	.2	.6
1958	3.9	.5	.8	.4	.7	.4	.5	3.9	.2	.7	1.2	.2	(4)
1959	4.0	.6	.9	.6	.4	.3	.6	4.1	.2	.8	1.1	.2	-.1
1960	4.8	.5	1.2	.6	1.0	.4	.6	3.8	.2	.6	1.0	.2	1.0
1961	5.0	.5	1.4	.6	.9	.4	.6	3.7	.2	.7	1.0	.2	1.3
1962	5.0	.8	1.3	.7	.5	.4	.6	3.9	.2	.9	1.0	.2	1.2
1963	5.6	.8	1.5	.8	.6	.4	.7	4.0	.3	.9	1.0	.2	1.6
1964	6.3	.9	1.7	1.0	.7	.4	.8	4.1	.3	.8	1.2	.2	2.3
1965	6.2	1.1	1.4	1.2	.5	.4	.8	4.1	.3	.9	1.1	.1	2.1
1966	6.9	1.3	1.8	1.2	.4	.5	.7	4.5	.4	1.2	1.1	.1	2.4
1967	6.4	1.1	1.5	1.3	.5	.5	.7	4.5	.4	1.1	1.0	.2	1.9
1968	6.3	.9	1.4	1.3	.5	.5	.7	5.0	.5	1.3	1.2	.2	1.3
1969	6.0	.9	1.2	1.3	.3	.6	.8	5.0	.5	1.4	.9	.2	1.1
1970	7.3	1.1	1.4	1.9	.4	.5	.9	5.8	.5	1.6	1.2	.3	1.5
1971	7.7	1.0	1.3	2.2	.6	.5	1.0	5.8	.6	1.5	1.2	.2	1.9
1972	9.4	1.5	1.8	2.4	.5	.7	1.1	6.5	.7	1.8	1.3	.2	2.9
1973	17.7	3.5	4.7	4.3	.9	.7	1.6	8.4	.8	2.6	1.7	.3	9.3
1974	21.9	4.6	5.4	5.7	1.3	.8	1.8	10.2	.8	2.2	1.6	.5	11.7
1975	21.9	5.2	6.2	4.5	1.0	.9	1.7	9.3	.8	1.8	1.7	.5	12.6
1976	23.0	6.0	4.7	5.1	1.0	.9	2.4	11.0	.9	2.3	2.9	.6	12.0
1977	23.6	4.9	3.6	6.6	1.5	1.1	2.7	13.4	1.2	2.3	4.2	1.0	10.2
1978	29.4	5.9	5.5	8.2	1.7	1.4	3.0	14.8	1.5	3.1	4.0	1.4	14.6
1979	34.7	7.7	6.3	8.9	2.2	1.2	3.8	16.7	1.7	3.9	4.2	1.2	18.0
1980	41.2	9.8	7.9	9.4	2.9	1.3	3.8	17.4	1.6	3.8	4.2	.9	23.9
1981	43.3	9.4	9.6	9.6	2.3	1.5	4.2	16.8	2.0	3.5	2.9	.9	26.6
1982	36.6	6.4	7.9	9.1	2.0	1.5	3.9	15.4	2.3	3.7	2.9	.7	21.2
1983	36.1	7.3	7.4	8.7	1.8	1.5	3.8	16.6	2.3	3.8	2.8	.8	19.5
1984	37.8	8.1	7.5	8.4	2.4	1.5	4.2	19.3	3.1	4.1	3.3	1.1	18.5
1985	29.0	6.0	4.5	5.8	1.6	1.5	4.1	20.0	3.5	4.2	3.3	1.4	9.1
1986	26.2	3.1	3.8	6.5	.8	1.2	4.5	21.5	3.6	4.5	4.6	1.1	4.7
1987	28.7	3.8	3.8	6.4	1.6	1.1	5.2	20.4	3.6	4.9	2.9	1.2	8.3
1988	37.1	5.9	5.9	7.7	2.0	1.3	6.4	21.0	3.8	5.2	2.5	1.0	16.1
Jan-Nov:													
1988	33.5	5.2	5.4	7.0	1.8	1.1	5.9	19.3	3.5	4.8	2.3	.9	14.2
1989	36.4	6.9	6.6	5.7	2.0	1.2	5.8	20.0	3.9	4.6	2.3	.9	16.4

1、合計は個別に示されていない項目も含む

2、米、小麦および小麦粉

3、ナッツ、果物および野菜在庫を含む

4、5,000万ドル以下

注：データは商務省センサス局の公式推計から作成。農産物とは、(1)非海産物食料と(2)複雑な製造過程を経ないその他の農業生産物と定義される。輸出価額とは、米国積出し港におけるもので、販売価格に基づき、国内運送料、保険、その他港湾手数料を含む。輸入価額とは、一般に外国の市場価値と定義され、輸入関税、海運料、海上保険を除く。

出所）　農務省、Ibid., P.407

て、レーガン政権のとった財政政策や法人税率低下による収益増、さらに投資優遇税制の導入もあり、投資が活発化して急速な景気回復が進んだ。他方、貿易相手国は概して石油危機による景気停滞からまだ脱出しておらず、発展途上国は債務を累積させ輸入を抑制させていた。その後、こうした八五年以降の為替相場の下落にもかかわらず、輸入が増加し続けたのは貿易相手国の輸出業者の価格対応策にもあった。すなわち輸出業者はドル為替相場の下落によって発生する為替差損を輸出価格引上げによってカバーせず、アメリカ市場における競争を考慮してドルベースの輸出価格引上げを抑制した。八〇年代前半にアメリカ市場に参入した外国輸出業者は販売網を確立し、ブランド名が認知されるようになった後は、ドル為替相場が下落して輸出に不利な状況が生じても簡単に輸出をとめることはできない。また、ドルベースの輸出価格の大幅引上げによってアメリカ市場を失うようなリスクも冒さないということもいわれた[6]。

これまでみてきたように、一九八〇年代前半の貿易収支赤字拡大の原因は、一般に輸入の増大、異常なドル高のほか、高金利、インフレーションの高進等ファンダメンタルズに求めることが多い。ここではまず八〇年代のドル高是正が五カ国蔵相中央銀行総裁によるプラザ合意によって達成されるというアメリカの経済事情とこの期間のアメリカの為替政策を説明する。レーガン大統領は、「アメリカ経済に対する信認が高まるにつれ、世界中の投資家がドルの値をせり上げた。このような信認は資産なのであり不利なことではない[7]」と述べていた。同時に、リーガン財務長官と交代したベーカー新財務長官は、ドル高のために議会で高まってきた保護主義抑止のために為替不介入政策を変更し協調介入によってドル高を是正することを表明する。すなわち、アメリカの財政収支赤字削減と日本、西ドイツの内需拡大という政策変更によって主要国間の経常収支不均衡（アメリカの貿易収支赤字、日本、西ドイツの貿易収支黒字）を解消し、アメリカの政策変更による需要減を日本、西ドイツ両国の需要増によって埋め合わせ、世界経済の成長鈍化による発展途上国への影響を避けようとした。(8) これが一九八五年九月二二日、五カ国蔵相中央銀行総裁によるプラザ合意である。ベーカーにとって、リーガン財務長官時代の強いドルの理念よりも議会と産業界に台頭しつつある保護主義の危険の方が重要であり、為替不介入政策を変更し協調介入によって異常なドル高に対応せざるをえない状況にあったといえる。ベーカーはもっぱら円高・ドル安誘導政策のみを保護主義抑止の有効手段と考えていたようであるが、保護主義をおさえるためには、何よりも貿易不均衡の是正こそが重要なものであった。(9)

ドル高是正のための為替介入政策導入の背景をなした貿易不均衡の拡大は、大幅減税や軍事費の増大といったレーガン政権のとったマクロ経済政策にあった。これをやや長期的なトレンドでみると、アメリカの経常収支赤字はファンダメンタルズという景気循環的要因に加えて、その底流には経済構造の変化があった。アメリカの貿易収支赤字拡大の要因は、一般的にマクロ経済的議論が貯蓄・投資バランスからなされることが多い。これは周知のように、開放経済下の財市場における均衡は、民間貯蓄・投資バランス、財政収支、経常収支という三者の間に成立することから説明される。まず、一国の経常収支は、貯蓄・投資バランスと財政収支の関係によって決定される。アメリカの場合、過小な貯蓄と過大な財政赤字から経常収支は必然的に赤字になる。日本の場合の経常収支黒字は、国内の投資不足のためであり、民間投資や政府支出を増加させれば経常収支黒字は縮小するとされる。ただし、そこでの為替相場の下落によって輸出が増加すれば、これに伴って国民所得が変化し税収や貯蓄も変動する。これらの変動の程度はその国の経済構造によって異なるが、実際には国民所得の増大に伴い、税収や民間貯蓄も変動し、その結果、輸入あるいは経常収支に影響を与える。

これら三者間の均衡条件は、八〇年代前半のアメリカ経済に適応できる。経常収支の赤字は国内貯蓄以上に投資が過大であったことが反映された。仮に、貯蓄・投資のアンバランスを非常に強力な投資の結果であるとするならば、

表Ⅰ－5　米国、実質有効為替レート

米国ドルの実質価値は下落以前の1980年代前半に急激に上昇し、その後低水準で推移した。

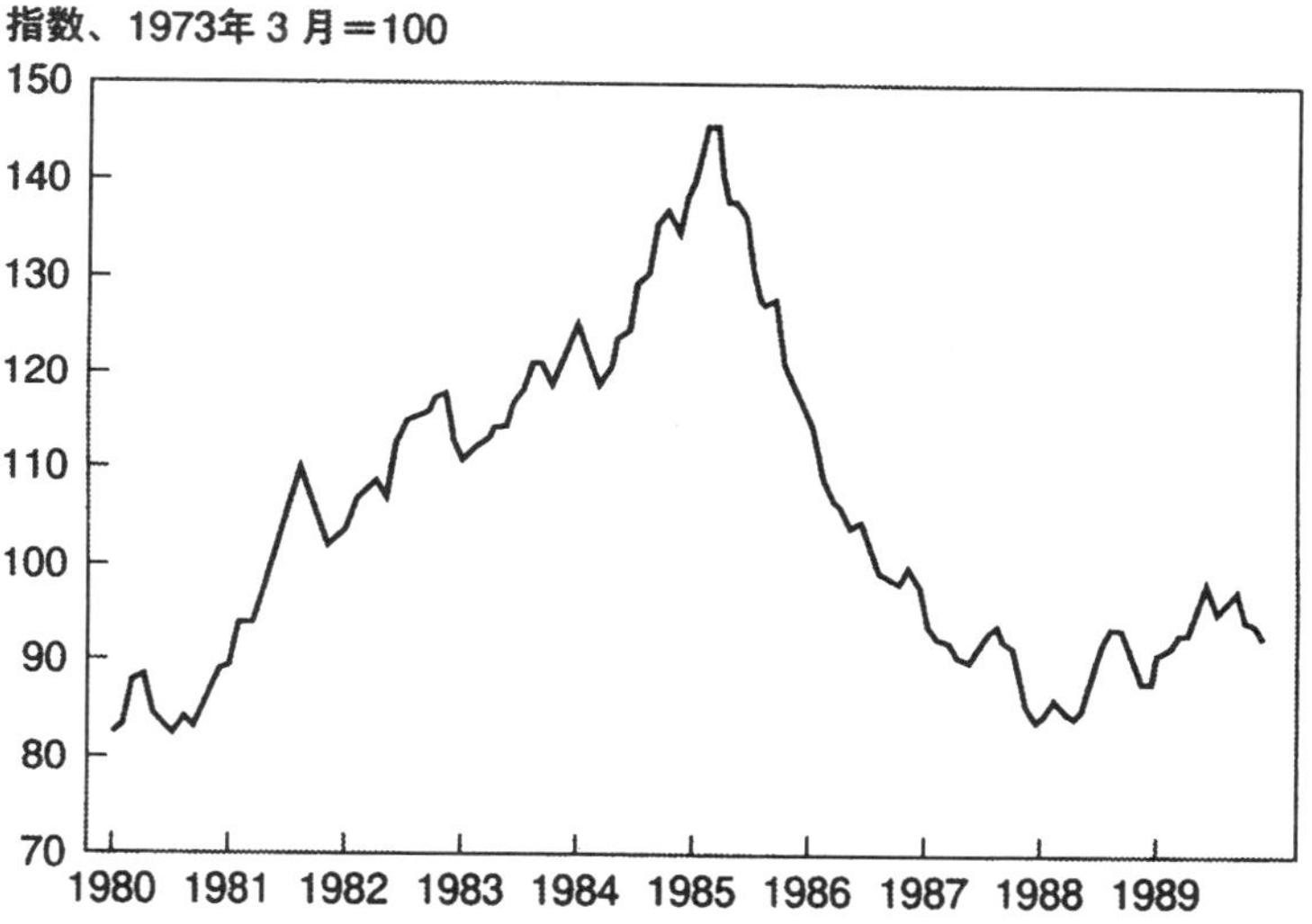

注：データは月別。

出所）　**連邦準備制度　総裁会議**

Economic Report of the President, 1990年2月、P.91

一般的には、この問題はそれほど考慮されることはない。外国の貯蓄の流入は経済成長を促進し、より大きな投資実現に貢献しえる。そして、国内の生活水準の成長を遅らせることなく、将来の債務提供（公債等の債券発行に起因する）のために生産能力をきちんと位置づけることができよう。一九八二年から八七年のアメリカの経常収支赤字の拡大に関する問題は、それが主として国内貯蓄の減少を反映した。貯蓄が回復するに従って、こうした赤字は八七年中期のピーク以来、三〇パーセント以上も削減されてきた。[10]

八〇年代のドル為替相場の変動は三つの段階に分けるとかなり適切に説明できる。一九八一年〜八四年は、主要貿易国通貨に対して急速に切り上げた。八五年〜八六年、この時期はドル為替相場がピークに達するが、それが急速な下落に転ずる。八七年〜九〇年は、それ以前のめまぐるしい変動に比較して、一定な幅の範囲内で変動する。一九八〇年から八五年二月のドル為替相場の急激な上昇はもちろん、連邦準備制度の貿易ウェイト指数で五九パーセントという前例のない大きさであり、為替相場は主要な問題に影響を及ぼす。アメリカの輸出業者は世界市場で価格競争力を失い、他のアメリカ企業は安価な輸出による激しい競争に直面した。そして、多くの分析はドル為替相場の上昇がアメリカの貿易赤字の拡大の主要な原因であるとしていた。(11)

第二段階の八五年〜八六年、プラザ合意をはさんだ前後の状況をみてみる。そこでは一九八五年九月二二日が明らかな転換点であり、ニューヨークプラザホテルにおいて、いわゆる五カ国蔵相中央銀行総裁がドル高是正の協議で合意に達する。一九八五年二月ドル為替相場がピークに達した後、G5政策当局は海外為替市場で協調介入をおこない、同時に政策当局による国内における一定の為替相場維持および国内貯蓄・投資バランスを変えようとして金融政策や財政政策も併せて実施される。しかし、当局による海外市場における一日の売買額約六、五〇〇億ドルに比較してアメリカ国内市場におけるそれは小さいものであった。(12)

プラザ合意の発表以降、ドル為替相場は他通貨の加重平均に対して即時に四パーセントも下落した。マルクおよび円はそれをわずかに下回って下落しただけであった。その後、ドル為替相場は以前の七カ月の変動相場が次第に下落を始める。ボルカーがドル相場下落はドルを保有する国際投資家を落胆させるに違いないと懸念したのに反して、金利も徐々に下落を始めた。(13) その後、プラザ合意の発表は広範囲に認識され、社会的に成功したと考慮されるようになる。こうしたプラザ合意が即時かつ強力な効果をもったのはそれまでの強いドルを受容し歓迎してきたレーガン政権の政策変更をみたことが大きい。金融面では、この合意によってFRBのマネーサプライ増加に対して引締政策の継続はないものと市場で予想されたものであろう。

二　貿易政策の変化

一九八〇年代前半、アメリカの輸出業者は国際市場で新たな競争に直面する。台湾、メキシコ、ブラジルという新産業国家の登場は貿易市場の競争を一層激化させ世界貿易のシェアを増大させていく。これらの国々はまた、輸出信用に対して公的資金を投入し支援していたが、アメリカの輸出業者はインフレーションに悩み、ドル高と記録的な高金利が進行していた。八二年の輸出信用供与総額は前年度をおよそ三五億ドルも下回るもので、さらに八四年度には八二年度から約七億三、三〇〇万ドル減少している。アメリカ経済は八二年後半、景気後退から回復を始めたものの、八三年の世界貿易は三年連続減少し、世界経済の景気後退に加え、国内の対応措置はアメリカの輸出に対する需要を一層制約することになった。世界経済の状況が改善されるのは、八四年に入ってからであり、世界貿易も再び成長し、また八〇年代前半の貿易取引の特徴は開発途上国の外国貸付金の元利支払い不履行が表面化したことにも示されている。八二年八月の国際金融危機の最初の徴候はメキシコの対外債務返済不能であった。[14] Eximbankや他の政府機関はアメリカの商業銀行、IMFあるいは他の国際機関と協同で、メキシコの対外債務に対して一〇〇億ドルの一括供与をおこなっている。

こうした国内の経済環境に加え、国際貿易の困難が拡大したことに対応して、一九八〇年代のアメリカの貿易政策は民主党が多数派を占めた議会を中心に保護貿易主義的傾向を強めた。レーガン大統領が発表した新通商政策は「自由・公正貿易」の実現を目標に、海外の不公正な貿易慣行への対抗に主眼を置いたのが最大の特徴であった。具体的には、「一九七四年通商改革法」三〇一条（不公正な貿易慣行に対する報復措置の適用）の積極的活用である。その詳細は後述するが、レーガン政権は発足以来、ともかくも「新自由貿易主義」をとなえ、新通商政策のねらいのひとつが議会に対する保護主義機運の圧力をかわすことであった。しかし、三〇一条は「八四年通商関税法」三〇四条の改正で適用範囲が拡大されていた。とくに、下院において地域利害がストレートに連邦レベルの政策措置につながりやすく、厳しさを増していく貿易摩擦のダイナミズムが作用していた。このような保護貿易主義の圧力は下院で「八七年貿易・国際経済政策改革法」、上院では「八七年包括貿易法案」がそれぞれ提出されるという動きになっていた。

レーガン政権の貿易政策は全体としてみれば、自由貿易を標榜しながら、現実には保護主義的措置が拡大するという矛盾に満ちたものとなった。「大統領の一貫した目標は、国内および国外双方における自由貿易であった。しかしながら、国内の政治的圧力に対応して、レーガン政権はフーバー政権以来のどの政権よりも貿易に関してより新たな制限を押し付けた[15]」こうしたレーガン政権の貿易政策は八〇年代の産業的再生のもうひとつの枠組みを与えるものであったが、それはガットを制度的枠組みとした戦後自由貿易体制に大きく変質を迫るものであり、戦後パックス・アメリカーナの世界的な政治経済秩序の変質を示す重要な転換点となった。

議会とレーガン政権は非常に強い保護貿易主義の圧力にもかかわらず、一般的には自由貿易を支援する総括的な貿易法案を提案した。これが一九八四年通商関税法（The Trade and Tariff Act of 1984）である。それはそれまでそれぞれ別個に立法段階に達していた。各種の通商法案のパッケージであった。それはまた上院でも同様のパッケージ法案が提出されている。そこで一九八四年通商関税法の制定に至るまでの経緯を多少、詳しく説明する。

下院を例にとれば、提案されていたオムニバス式の通商法（H.R. 6301）の一部として可決されていた。それらには、「イスラエルおよびカナダとの自由貿易圏に関する交渉（H.R. 5377）、国際ワイン貿易における相互主義（H.R. 2795）、一般特恵制度（Generalized System of Preferences: ＧＳＰ）の期限延期（H.R. 6023）、国際サービス貿易における相互主義（H.R. 2848)、アンチダンピング税と相殺関税のための諸法の改革（H.R. 4784)、国際貿易委員会（ＩＴＣ）や米国関税局（Customs Service）といったいくつかの政府機関の一九八五年予算（H.R. 5188)、およびその他各種の関税措置[16]」があった。上下両院協議会は上院下院それぞれのオムニバス式の通商法案をもとに折衷案を協議するために開かれた。しかし、そこで米国通商代表（ＵＳＴＲ）の強い圧力のもとに下院法案に含められていた議論の多い諸規定の一部を削減した。そして、上下両院協議会によってまとめられ、立法化された最終的な折衷案には保護貿易主義的な色彩が露骨に現われた規定が依然として数多く含められている。「一九八四年通商関税法は、それが保護貿易主義的な性格をもっていることは確かだとしても、その制定をめぐって諸般の事情に照らしてみると、もとの形にくらべてかなりましなものとなっている」といえよう[17]

一九八四年通商関税法が予想されたほどには保護貿易主義に偏らないですんだのは、米国政府の努力、そのなかでもとくにブロック大使（William Brock）の努力に負うところが大きく、ブロック大使は米国通商代表（ＵＳＴＲ）で通商関係の立法をめぐって政府と議会の折衝を全般にわたって受けもった。ブロックはイスラエルとの双務貿易協定をもつ一般特恵関税（ＧＳＰ）やいくつかの過半数に達しない貿易法案を更新する法案を提案するよう上院金融委員会を説得した。委員会は下院をすでに通過した比較的重要でない関税調整法案の修正として、このパッケージ法案の添付を採決している[18]。ミズリー選出の共和党上院議員で貿易小委員会委員長のダンフォース（John C.Danforth）は議会にあって法案の採決を望んでいた。ダンフォースは上院でテネシー選出共和党の有力なベイカー（Howard H.Baker, Jr）を議会開会時に説得した。ベイカーはダンフォースの説得をしぶったが、法案が下院でも通過の機会は全くないものと思っていた[19]。その後、法案に関する聴聞会が開催されたが、ベイカーは依然、懐疑的であったものの、テキサス選出の上院議員ベントセン（Lloyd Benstsen）とブロックが支援に加わった。この二人はイスラエル自由貿易協定に関する繊維産業の懸念を緩和するために尽力する。[20] さらに、二つの要因が法案通過に有利に働いた。ひとつには、レーガン政権は鉄鋼輸出諸国に対してアメリカ市場の約一八・五パーセントの輸入削減を目標とする制限規定の交渉を提案することを約束していた。第二に、組織労働は全体として、不効率であることを示していたし、どんな対応策がとられるかもほとんど認識が示めされていなかった。労働部門は提案されている不都合な修正あるいは法案の最終的な変更における国内項目の条項の要求というような諸問題の要因となっていた。[21]

こうした経緯をとって一九八四年通商関税法は、第九八連邦議会において一九八四年一〇月九日に可決され、一〇月三〇日レーガン大統領によって署名承認された。一九三四年互恵通商協定法以降、八四年通商関税法までのアメリカの通商法はいくつかの通商法が制定されたが、第二次大戦後最初の重要な通商法はケネディ政権のもとでの一九六二年通商拡大法である。さらにケネディ・ラウンドの終結後、国内産業保護という政治的圧力が議会に加えられるようになり、このような政治的圧力のもとに議会に提出されたさまざまな法案をまとめたものが一九七四年通商法であった。ついで一九七九年四月の多角的貿易交渉（ＭＴＮ）にもとずいて制定されたのが七九年通商協定法であったが、これは本来の主要目的であったＭＴＮ協定の承認にとどまらず、アンチ・ダンピングおよび相殺関税に関する規定をもつ既存の通商法規の修正が意図されていた。アメリカの国内産業は七九年通商協定法成立以降、各通商法規の運用面において不満をもち議会に対して改正を求めることとなった。八四年通商関税法はこうした政治的圧力を加えられた議会が保護規定も含めた包括的な通商法として成立させたものであった。戦後の四つの通商法の変遷をみると、一九七〇年代以降のアメリカの国内産業の国際経済競争力の低下に伴い、そうした国内産業からの議会に対する政治的圧力が強まり、それに応じて保護貿易主義的色彩の強い条項の増加が特徴としてあげられる。[22]

アメリカの貿易政策は七〇年代、それまでアメリカがガットのもとで主導してきた自由貿易主義に変化が生じ始め、それが八〇年代には変化が大きくなり、転換と呼べるほどになった。そうした貿易政策の変化要因は、第一に国内経済環境の悪化の中での経済の国際化の進展、第二には大戦後の経済的覇権の地位後退、第三は東西冷戦の終焉、等が挙げられる。[23] これらは戦後国際通商体制に対するアメリカの不満を爆発させた。すでにみたように、八〇年代にはアメリカ国内で保護貿易主義が強まっただけでなく、旧来のGATT体制は非能率で不公正なものであり、外国に対して多角主義の原理に反してでも自己目的を追求するルールを強制すべきだという主張が生じた。[24] さらに、これがこれまで差別反対に背いてでも、その差別を伴う地域主義に転換する。

ここではアメリカの貿易政策の転換を先述の第一の要因、経済の国際化の進展の中で説明する。八〇年代のアメリカの貿易政策の新しい傾向は、これまでの交渉で多角主義の主導国であったアメリカが今や「使えるところではより妥当な多角主義、必要なところではミニラテラリズム」[25] という二重のアプローチをとったことである。多角主義とは異なるミニラテラリズム（mini-lateralism）には、一方主義、相互主義、地域主義があり、これをアメリカは状況に応じて使い分けることで、多角主義だけでは達成できない有利な条件を追求するようになった。ここで多角主義はGATTなどの国際的な場での交渉によるか、その国際ルールに従う通商政策等をいい、ミニラテラルな転換は三つの傾斜狭い範囲での交渉や政策のあり方をいう。[26] 八〇年代のアメリカの貿易政策におけるミニラテラリズムはそれより（tilts）が最も恒久的なものとしてあった。また、管理貿易への転換は八〇年代初期から始まったが、これは八〇年代後半まで継続する。

議会のミニラテラリズムにもとずく積極的な活動は八〇年代中期に増加し、一九八八年貿易法案とウルグアイ・ラウンドの開始の後に多少減少傾向となる。アメリカのミニラテラリズムは一九八二年一一月の予備的会合（ministerial meeting）直後の時期に生じている。予備的会合とはそれぞれの多角的貿易交渉を開始するに当たってそう呼ばれたもので、八二年会合は東京ラウンドの開始された一九七三年以来で最初のものである。八二年の会合はアメリカが広範囲に主導権をとり、米国通商代表部（ＵＳＴＲ）の当局者は新ラウンドの議題事項に関して東京ラウンドの締結以降、徐々に影響を及ぼしていく。(27) 協議事項は農業やセーフガードといった明らかに困難で旧来の諸問題を含み、新たな問題は急速に拡大するサービス、高度技術製品等の取引のためのルールであった。この協議事項の具体化は、それまで提案されてきたもので、数年間にわたり年々ＯＥＣＤ予備会合でも議論された。しかし、何らかの具体化の決議や協議問題そのものに関するアメリカの適切な協議もなかった。(28) また、アメリカは最大の工業七カ国の指導者が集まった一九八一年七月のオタワ経済サミットにおける決議事項の具体化を押し付けることは困難な状況であった。当時の政権内部（レーガン政権第一期）では自然なものでもなく自由市場へ向けた強力でラジカルな推進を支持するものでもなかった。しかしながら、貿易相手国は明白に圧力と感じ、説得に応じなかった。ミニラテラルな交渉機会はもちろん地域の貿易自由化を含み、一九八四年貿易関税法は相互的な自由貿易地域交渉についての大統領権限を含んでいた。しかし、ミニラテラリズムはまた、不満な交渉に満ち、とくにサービス、農業、高度技術製品等のアメリカ市場へのアクセスに関する諸問題に対して貿易相手国が敏感に対応するように意図されている。(29) ＵＳＴＲの当局者は当初、これらのミニラテラリズムの不満や一九八五年から八六年の期間の日本に対して、後に進展した市場重視型個別協議（ＭＯＳＳ）アプローチを解消する方法として三〇一条の要請を促した。(30)

ブッシュ（George H. W. Bush）政権は多角的交渉主義とミニラテラリズムという二重の政策を継続する。これはウルグアイ・ラウンドにおける積極的な戦略であった。それはまた、「スーパー三〇一条」「特定三〇一条」および一九八八年貿易法の電気通信規定等で不満の原因となる双務的交渉の法制を具体化したものであった。これは北米アメリカ三カ国すべてを包含する自由貿易地域に対する一九九一年の交渉権限の遂行でメキシコを積極的に仕向けたその一九九〇年事業における北米自由貿易地域に対して公的に可能性を示したものであった。(31) 八〇年代のレーガン政権は輸入保護主義において小さな政府の公約に反してフーバー政権以降のどの政権よりも多くの貿易制限を新設した。八〇年代のドル高と巨額な貿易赤字の顕現が保護主義圧力を生じたが、圧力の多くは輸出自主規制等の政治的処理にゆだねられている。同時に保護主義要求の正当化のために、公正貿易の論理が多用されるようになり、公正貿易型の手続きと保護主義要求も拡大した。また、七四年通商法三〇一条の強化拡大により、外国の不公正慣行を一方的に定義し、巨大なアメリカ市場の閉鎖を脅しに使い、個別的貿易相手国に対してさまざまな要求を強要していった。さらに、北米自由貿易地域やアジア地域でのアメリカの地域主義への傾斜は、戦後一貫して無差別原則の立場を堅持してきたアメリカの大転換であった。

一九八八年包括通商・競争力法（Omnibus Trade and Competitiveness Act of 1988）は一九八八年八月二三日にレーガン大統領の署名を得て発効した。法案は上下両院における三年以上にわたる超党派的な努力の結果であり、一九八五年に提案され、八八年四月二一日工場閉鎖の事前通告に関する条項に反対するというレーガン政権の主張をほぼ取り入れ、妥協案が成立した。下院は三一二対一〇七、一週間後に上院も六三対三六で可決した。それにもかかわらずレーガン大統領は保護主義的色彩が強すぎるとして拒否権を行使したが一部削除のうえ議会に再提出され下院が三七六対四五で通過、上院八五対一一で可決成立した。(32) この法案の背景となっているのは、アメリカ産業の相対的な地位低下や競争力の減退に対する危機感であり、通商・金融等の分野における規制強化によるアメリカ産業の利益擁護、競争力強化とともに外国の不公正慣行に対する報復権限の強化が規定されている。(33) 同法の特徴は単に貿易に関する施策だけでなく、教育などの国内政策も含んだ総合的なものである。反ダンピング法の強化と相殺関税法の改正、外国の不公正貿易慣行への規定強化、知的所有権の保護とプロセス保護のための特許法、エクソン・フロリオ（Exon-

Florio）条項[34]などのほか、先述の競争力強化のための教育・訓練の規定を含み、経済力ないし国際競争力の低下したアメリカ産業に対し広範な分野の対応措置を規定した。[35]

一九八八年包括通商・競争力法は七四年通商改革法の第三〇一条を八八年法において大幅に修正したもので、通常の三〇一条より強力であるためスーパー三〇一条と呼ばれる。これは「不公正」な貿易のケースと認定された場合、その不公正貿易慣行に関して調査期間と必要な場合の対抗措置の発動の権限を大統領からＵＳＴＲに委譲するようにしたものである。しかし、大統領は依然報復の手法とタイミングに関する管理権限を保持していた。[36]当初、スーパー三〇一条は二年間の時限立法であったが、一九九四年三月には再びクリントン大統領の署名を得て二年間復活し、さらにその後、大統領行政令により九七年まで延長された。そして、九九年一月にもクリントン大統領の行政令により再び二年間の時限で復活した。

八八年法ではこの一三〇二条（いわゆるスーパー三〇一条）に加え、第一三〇三条（いわゆる特定三〇一条）を追加した。これは知的財産保護が不十分なため自国企業の公正な市場アクセスが阻害されている場合に国を特定して第三〇一条をより迅速に適用するものである。ＵＳＴＲは知的財産権の適切かつ効果的な保護を拒否している国を交渉優先国として特定し、三〇日以内に三〇一条調査を開始決定された場合、三〇日以内に報復措置をとるとした。その他特定三〇一条の特徴としてガットによるウルグアイ・ラウンドにおける交渉継続の権限を大統領に認めた。とくに、大統領は銀行業、保険その他サービス分野で市場開放に向けた協定・交渉のためにあらゆる努力を尽くした。また、早速日本に対して東芝機械の親会社、東芝からの政府調達に関して三年間の禁止措置を要求した。これはソ連に向けた技術売却に伴い、輸出管理に違反したというものであった。特定三〇一条の新設においても知的財産権を貿易政策として重視するアメリカの意図があった。[37]

三　岐路に立つEximbank

八〇年代初頭のEximbankは、輸出業界の苦境とレーガン政権の財政削減の結果、政府機関としての役割が改めて問われることとなり、政策運営に関してさまざまな圧力が増大した。Eximbankは五〇年の歴史の中でこれまでにないほどの、いわば岐路に立たされることになった。レーガン政権は国際貿易における政府の関与とEximbankの貸付金を民営化することで財政赤字を減少させる意図をもっており、同時に、オン・バジェット項目をもつEximbankをオフ・バジェットの地位に移転させる機会だと考えていた。(38)

アメリカの輸出業者は七〇年代のドルの切上げ、世界経済の不振および主要国の緩やかな経済回復、そして伝統的な貿易相手国の債務危機によって損失をこうむってきた。さらに、これらの要因が重なり輸出競争力の弱いアメリカ製品に対する需要を減少させたのである。但し、アメリカの輸出産業はこれらの貿易競争力と輸出産業支援の方策が脅かされる場合には制限的な諸手段に訴える方法を有しており、輸出業者の側ではその方策に加え、その維持に対して闘うことが期待できたのである。このような環境のもとで、レーガン政権のEximbankの業務削減の意図がいかに困難なもので助成金の支給が不明確なものであったかがうかがえる。しかし、これら削減に対する反対は議会において強く、議会の公聴会では輸出業者の苦境が共感をもって迎えられ、保護主義的な政策運営が賛意をもって受け取られている。(39)これらの経済的および政治的な圧力は、Eximbankを岐路に立たせたものとみられ、Eximbankの性格と活動の規模に重要な変化をもたらすものと予想された。(40)

Eximbankの長期的な目的は、こうした政治的あるいは国際貿易にかんして一定の交易上のリスク等、構造的な市場の失敗に対応するところにあるが、民間の保険や保証市場は未成熟な状況にあった。この目的と一致したところでEximbankは保険範囲の提供と連動した機会費用およびリスクを反映した手数料を通して独自の支援の基盤に働きかける保証と保険計画を提供する。輸出金融の推移はこうして民間金融の方向を志向する。しかしながら、Eximbankは短期的に直接輸出支援を禁止するGATTと同様、輸出金融助成金を禁止する国際協定の達成を意図するアメリカの戦略における役割を果たそうとするものであった。GATTの禁止協定の事項の組み入れは、好都合なものであったが、予想可能な将来において、この目的達成の見通しは少なかった。より現実的な目的は、追随する加盟国を含め、拡大を伴う現行の公的支援輸出信用のガイドラインに関するOECD協定を通して実施すべきものであった。

この暫定的な目的と一致する諸計画は、直接貸付を含めるべきであり、また助成金の公表についても消極的な態度を続ける国々の海外の助成輸出金融の効果を中立化することを意図していた。この海外の輸出助成金を明らかにすることの目標とその対応は、暫定的なものであり、直接貸付金と合せて満足すべき国際協定が達成されるか、あるいは現行の国際協定のなかでさらなる改革の達成が不可能か、またその実行の費用の価値が少ないと考えられるまで継続される。これら計画の評価はそれら費用と協定に向けた進展の度合いによって判断される。重要な進展はすでに政府支援の輸出信用でもたらされる助成金削減においてみられたが、さまざまな信用の活用は新たな輸出促進の手段を実行する主要貿易相手国に向けて拡大されている。[41] このようにアメリカは国際協定を政策のなかに位置づけるべきであったが、その国際協定は多種多様な信用支援が目的であり、輸出促進の可能性を増大させる。その理由は通常、これら国々の政府の果たす主要な役割がそれら国々の資源配分に影響を与えることにあり、達成すべき現実的な期待は政府の提供する金融が少なくとも流通市場で売買される長期政府証券の利回りを反映した政府借入費用と等しい利子率での実行である。この政府借入利率と市場利率の差を反映する助成金は、多くの国々にとって恒久的なものとして適切であり、アメリカはそれを有効なものとして用意すべきであった[42]。

これらのEximbankの目的は、効率の概念と貿易利益にみられる公共政策の観点に基礎を置いたものであるが、公共政策は政治的な決定過程を通して選択されたもので経済的な経過に立つものではない。これらの便益はまた、比較優位に起因する競争、ドル切上げ、あるいは海外の輸出助成金等々、いずれかの局面に直面する諸財にとって一層競争の大きなものとなる。とくに、新重商主義者の手法をもって実行される他諸国による輸出助成金がアメリカ産業と労働者に損害を与える場合には、公正の名目による救済の要請が期待され得る。この要請はEximbankの継続的な資金提供だけでなく、ドル切上げに起因する対応にも関連していく。また、これら諸力は輸出金融助成を除去しようとする長期目的の達成を困難なものとするだけでなく、海外輸出助成金の効力を失わせるものとしてEximbankの役割に懸念をもたらす。多くの議論はEximbankの役割が資金供給をおこなうことでアメリカの輸出業者と労働者に対する公正を確保すべきだというもので、そのためすべての輸出業者は同一の要件のもとで取引をおこなうのである。アメリカの輸出業者に対する公正は適切なものであるが、公正を確保する最良の方法は、可能なかぎり効果的に助成的な輸出金融の除去という協定を達成することであった。より重要なことは現行の輸出業者と輸入競争産業に向けた救済の要請が政府支援を助成金交付に変換するという危険に陥る可能性があるということである。

議会はこれら公正に関する議論と諸輸出産業の苦境から生じた政治的な圧力に敏感に反応した一九八三年のEximbankの再認可では、議会は公正とEximbank諸計画にかかる費用の間の緊張を反映したものであった。議会の議論は少なくとも「競争的な資金供給を通してアメリカの輸出を拡大するもの[43]」としてEximbankの主要な業務を詳細に挙げ、Eximbankの経済的な独立の目的に――その独自性は何年間にもわたり絵空事と考えられていた――第二次的な役割を与えた。そして、Eximbankの機能は旧貸付金が多大な損出を相殺して新貸付金に貢献するものであるとした。しかし、重要なことは議会が海外輸出金融を調整するためにEximbankに要求するものではなく、アメリカの輸出業者に対して政府の助成給付金を公的に供給するということでもない。Eximbankの資金供給は海外諸国の申込に対応するものではないが、成果の観点から制度上確立される必要があり、国際貿易競争上、こうした海外信用の効果が除去されることになろう。Eximbankの独自性の観点から議会はまた、国際開発局（ＡＩＤ）と連携して計画の確立のためEximbankを方向づけることで混合的な信用問題に対応した。ＡＩＤは外国政府の効率化と輸出に向けてひも付援助信用を終結させるための包括的な議論を促すという目的をもっていた。そのEximbank計画はアメリカの財・サービス輸出に対して資金供給をおこなうことであり、財・サービスはまた、アメリカの輸出販売における誠実な海外競争者に対する実質的に譲許的な海外金融である。

前述したように、Eximbankは八〇年代初のアメリカ経済の不振から機関経営に制約が課されるようになった。前節の繰り返しになるが、アメリカの基本的立場はアメリカの貿易収支赤字や産業競争力の低下が外国の不公正な貿易上の障壁になっているというものであった。日本はじめ諸外国は開放的なアメリカ市場へのアクセスが許されるが、他方で自らの市場は競争力のあるアメリカ産業や製品に対して様々な不公正な障壁で保護し、先端技術部門、農業、サービス産業等のアメリカの競争力の強い部門の輸出を抑制している。その結果、アメリカ国内には、これは同一要件での競争を求める権利があるという認識が強まっていく。貿易収支赤字と財政赤字という双子の赤字で激化されたアメリカ産業の競争力低下と産業覇権喪失の意識は、広く国内問題を対外問題に転化し自らの主導のもとで作ったＧＡＴＴ体制への不満を強めることになった。とくに、レーガン政権の財政赤字削減政策は政府機関としてのEximbankの役割が改めて問われ、文字通り、Eximbankは政府機関として岐路に立たされることになる。

Eximbankは実質的に一九七一年の輸出促進金融法（The Export Expansion Finance Act of 1971）によって、連

表Ⅲ－1　5年間の認可集計

(単位：百万)	1984年度			1983年度			1982年度			1981年度[1]			1980年度		
	認可件数	認可総額	輸出額	認可件数	認可総額	輸出額	認可件数	認可総額	輸出額	認可件数	認可総額	輸出額	認可件数	認可総額	輸出額
貸付金															
直接信用[2]	29	$1,122.1	$1,880.7	21	$684.7	$1,212.7	68	$3,104.2	$4,719.4	131	$5,045.5	$8,303.7	137	$4,045.3	$7,735.9
中期信用[3]	186	302.3	170.0	94	133.8	64.5	—	—	—	—	—	—	—	—	—
中小企業信用[3]	77	40.6	22.1	60	26.4	16.3	—	—	—	—	—	—	—	—	—
特別融資制度[2]	—	—	—	—	—	—	—	—	—	226	33.8	81.3	178	41.7	83.3
割引貸付金[3]	—	—	—	—	—	—	752	412.1	348.5	527	351.6	189.5	875	490.8	297.0
貸付金合計	292	1,465.0	2,072.8	175	844.9	1,293.5	820	3,516.3	5,067.9	884	5,430.9	8,574.5	1,190	4,577.8	8,116.2
保証															
融資[2]															
直接信用関連	16	226.3	—	23	519.9	—	13	139.6	—	28	369.0	—	15	1,318.4	—
特別融資関連	—	—	—	—	—	—	—	—	—	83	13.8	—	82	12.7	—
貸付金非関連	13	672.9	1,023.2	9	682.0	954.8	4	99.9	168.5	19	521.4	1,025.6	12	572.3	1,055.9
現地コスト	—	—	—	—	—	—	—	—	—	—	—	—	1	1.5	—
銀行	195	415.6	489.5	217	528.4	621.7	440	468.6	552.8	635	557.4	650.3	576	473.1	553.5
運転資金	10	18.4	19.5	7	9.6	10.6	—	—	—	—	—	—	—	—	—
その他[4]	—	—	—	—	7	7	4	18.9	19.9	7	51.6	127.0	11	131.7	264.1
保証合計	234	1,333.2	1,532.2	256	1,740.6	1,587.8	461	727.0	741.2	772	1,513.2	1,802.9	697	2,509.7	1,873.5
輸出信用保険															
短期	997	4,710.1	4,710.0	1,209	5,565.1	5,565.1	1,403	3,446.8	3,446.8	1,716	3,769.6	3,769.6	1,682	3,018.3	3,018.3
中期	84	302.4	347.6	91	204.6	231.4	297	220.4	261.0	582	342.8	394.1	870	529.6	692.6
短期・中期結合	1	2.0	2.0	5	86.5	86.5	35	217.8	223.6	74	171.2	171.2	108	196.4	192.2
基本政策	28	803.2	1,765.6	47	927.5	1,640.3	51	1,219.7	2,409.3	87	1,626.4	3,885.9	87	1,777.4	4,215.2
保険合計	1,110	5,817.6	6,825.2	1,352	6,783.7	7,523.3	1,786	5,104.7	6,340.7	2,459	5,910.0	8,220.8	2,747	5,521.7	8,118.3
総計	1,636	$8,615.8	$10,430.2	1,783	$9,369.2	$10,404.6	3,067	$9,348.0	$12,149.8	4,115	$12,854.1	$18,598.2	4,634	$12,609.2	$18,108.0

1．1981年度初期、認可は初期に認可されている年度では取消された。
2．特定貸付金に関連する融資保証に対する輸出価値は貸付金細部項目に含まれる。
3．保証および保険付保の貸付金に対する輸出価値は保証および保険項目に含まれる。
4．貸借保証、設備政治リスク保証、エンジニアリングサービス保証、船積み前適用範囲、および契約者保証を含む。

出所）Export-Import Bank of Washington, Semiannual Report, 1984, pp26-27

邦政府予算にもとづく執行機関となった。[44] 九二年、Eximbankは先述したように、総額四〇〇億ドルを越えないドル建て貸付、保証および輸出信用保険等供与の権限が与えられ、さらに一〇億ドルの資本株式の保有とEximbank自身の債券によって財務省から六〇億ドル以内の借入が認められている。六八年以前、Eximbankの基金は連邦政府の予算で編成されていなかったが、六八年の予算編成で初めて組み込まれている。それはただ、財政黒字期待のためのキャッシュフローを予想したからであり、さらに財政赤字の規模縮小の見込を見せねばならなかったためであった。また、この時代、ベトナム戦争に直面し、連邦予算赤字の削減の維持という圧力が存在していた。しかし、この点では、前記のEximbankの機関予算編成の論拠は疑わしいものである。[45] 結局、なぜEximbankの業務が連邦政府予算に組み入れられることになったかは、相当に検討を要する問題であろう。

他方、Eximbankの業務の資本基盤を拡大するというもう一つの問題は、Eximbankの経営収入が連邦政府の所得税の規定によるものでなく、債券は相対的に低利率で販売され、付加的な基金取得の手段としては相対的に経費が要らないというものであった。さらに、六八年から連邦金融銀行（The Federal Finance Bank）が設立される七四年の間、Eximbankは民間部門で債券を販売して基金を調達していたのである。したがって、Eximbankの政府系金融機関としての性格は、六〇年代後半以降、新たな産業国家が台頭し、国際貿易市場における競争の激化にともない、付与されるに至ったものと思われる。この点で、六〇年代後半以降の新通商拡大法との関連性が指摘され、さらに国際貿易に付随する政治的、また取引上のリスク対応の延長上に、Eximbankの政府系貿易金融機関としての再編成の意図があるように思われる。

表３－２は、七〇年代以降の政府系金融機関の債務残高を示したものである。七〇年代、八〇年代、Eximbankの活動における顕著な特徴は、七五年度の前年度比債務残高の急激な増加である。これは七四年度予算の承認限度額を

表Ⅲ－2　連邦信用機関、債務残高（100万ドル）、年度末

機　関	1970	1971	1972	1973	1974	1975	1976	1977	1978	1979	1980	1981	1982	1983	1984	1985	1986	1987	1988	1989	1990
連邦機関	12,481	11,038	11,761	11,575	12,768	19,046	22,419	22,760	23,488	24,715	28,606	31,806	33,055	33,940	35,145	36,390	36,958	37,981	35,668	35,664	42,159
国防省[1]	1,727	1,638	1,535	1,439	1,326	1,220	1,113	983	968	738	610	484	354	243	142	71	33	13	8	7	7
輸出入銀行[1、3]	1,882	1,420	2,625	2,646	2,893	7,188	8,574	8,671	8,711	9,191	11,250	13,339	14,218	14,853	15,882	15,678	14,211	11,978	11,033	10,985	11,376
連邦住宅管理局[4]	447	470	456	415	440	564	575	581	588	537	477	413	288	194	133	115	138	183	150	328	393
政府国民モーゲッジ協会参加証書[5]	7,236	5,915	4,830	4,390	4,286	4,200	4,120	3,743	3,141	2,979	2,817	2,715	2,165	2,165	2,165	2,165	2,165	1,615	0	0	0
郵便業務[6]	—	—	250	250	750	1,750	2,998	2,431	2,364	1,837	1,770	1,538	1,471	1,404	1,337	1,940	3,104	6,103	6,142	6,445	6,948
TVA	1,166	1,595	2,065	2,435	3,070	3,915	4,935	6,015	7,460	8,997	11,190	13,115	14,365	14,970	15,435	16,347	17,222	18,089	18,335	17,899	23,435
合衆国鉄道協会[6]	—	—	—	—	3	209	104	336	356	436	492	202	194	111	51	74	85	0	0	0	0

1．モーゲッジの構成は家族住宅および住宅保有支援協会のもとで1957年と1963年の間、国防省によって規定された。
2．包含される参加証書は初期の1976年10月1日債務として再分類した。
3．1974年8月17日から1976年9月30日の間はオフ・バジェット、その後オン・バジェット。
4．無担保社債の構成は、連邦住宅管理局保険支払の請求で発行された。
　これらの証券は私的に証券市場で販売されたものである。
5．参加証書は1969年以前、農業住宅管理局、保険・教育・福祉省、住宅・都市開発局、中小企業庁、退役軍人管理局の信託者として活動する政府国民モーゲッジ協会が発行した。
6．オフ・バジェット

出所）Bord of Government of the Federal Reserve System, Annual Statistical Pigect,1970-1979
Fedel Reserve Bulletim, 1982, 1985, 1989, 1991.

越える貸付金需要が七五年度に持ち越された目的であり、また、七五年一月、フォード大統領の立法措置によってEximbankの株式資本が二五〇億ドルに増加されたことが影響したものと思われる。債務残高は八五年、一五八億ドル八、二〇〇万ドルのピークに達した後、八〇年後半減少し、九〇年代に入り増加傾向に転じている。全体の政府系金融機関の債務残高に占めるEximbankのウェイトは、七〇年から八〇年まで一貫して増大した。七〇年の一五・〇パーセントから七五年三七・七パーセント、八〇年三九・三パーセント、八五年四三・〇パーセントと推移し、八五年以降、ウェイトは低下、九〇年二六・九パーセントと七四年の水準に後退している。このようなEximbankの推移は、アメリカの貿易政策を判断する上で重要な示唆を含むものと思われる。

四　商業用航空機および原子力プラント輸出におけるEximbankの役割

商業用航空機と原子力プラント輸出は一見して商品生産物としての共通性はないが、これを政治経済学の視点からみると、共通するところが多い。これら生産物の民生用需要への転換はともに軍事用需要に始まり、寡占的な巨大産業と強大な政府機関の間での連携がきわめて密接である。商業用航空機と原子炉の調査・開発費用は巨額であり、生産面では下落的な限界費用曲線を示す。生産にかかわる問題はさらに、生産物一単位当たりの巨額の初期費用と販売量が議論され、それぞれアメリカの国内市場での負担よりもより大きくなるものとされる。補完的な海外市場において結果として生じる措置は、不可避的に重要な対外政策含意を有する。(46)

巨額の資金負担とリスクを生ずるこれら商業用航空機生産や原子力プラントは政府の支援なしには育成できない。これは商業用部門と軍事部門の間で技術波及が生じるからである。それはまた、原子力プラント、大型工作機械、電気通信機器等も同様であり、ここでは商業用航空機と原子力プラントの輸出促進戦略におけるEximbankの役割に焦点を当て説明する。Eximbankは六〇年代後半の貿易収支の悪化に伴い、輸出促進政策に重点を移し他の産業国家の輸出信用機関による競争に直面する。七〇年代のEximbankは貿易収支改善をも担い、世界銀行や地域金融機関に対して開発計画を間接的にもたらす国際機関の緊急貿易信用を漸次的に廃止する。それにもかかわらず、重工業製品へ融資するというEximbankの基本的な施策は維持され、Eximbankの資金が商業用航空機、原子力発電所、電気通信機器といった生産物に向けられ、技術進歩に寄与することにもなった。さらに七〇年代後半、Eximbankは経済協力開発機構（ＯＥＣＤ）加盟の輸出信用機関と輸出信用の公的支援に関する開発協定（International Agreement on Officially Supported Export Credits）の交渉に同意し、最小限度の利子率で異なる市場の最大限度の満期限の設定による公的な輸出信用競争を限定的ながら防ぐ試みをおこなっている。同時に、Eximbankは直接信用の利子率を市場利子率以下に抑え、さらにEximbankの利益率に逆行するような補助金を拡大している。

航空宇宙産業は本来、市場要因をもつ生産物を産出していない。産業組織論のテキストでは、航空宇宙産業は一般的な外観から意識的に除外されている。その航空宇宙産業では、航空機、ミサイルおよび宇宙生産物といった製造企業は一九七五年合計二三〇億ドルにおよぶ売上があった。[47] 航空宇宙産業の生産物は公開市場における販売が意図されてはおらず、政府契約の仕様書の設計に向けられている。一九四六年～六一年の間、一一の主要な航空宇宙製造企業（これら企業は軍用航空機や民間航空機、さらにミサイル、宇宙生産物を製造する）のＲ＆Ｄの八四パーセントは政府の支援と資金供与であった。さらに、そうした企業に対する支援にもかかわらず、一〇パーセントは政府契約に対する間接的な委託を通して最終的には政府によって資金が供与されている。いわゆる政府および政府関係機関がおこなう物資・サービスの購入、大規模な予算執行を伴う政府調達である。また、連邦政府は航空宇宙産業のＲ＆Ｄに向けた大

表Ⅳ－1　商業用航空機の企業別、機種別受注（受注残数）

機　種	1975	1976	1977	1978	1979	1980	1981	1982	1983	1984	1985	1986	1987	1988	1989	1990
ボーイング																
ナローボディ機																
707	16	11	17	10	5	23	21	18	25	17	14	16	18	18	13	20
727	66	117	184	196	170	106	39	18	8	0	0	0	0	0	0	0
737	23	21	34	139	138	150	167	134	121	187	353	423	441	615	932	916
757	0	0	0	40	40	112	136	121	113	94	101	79	83	196	372	392
ナローボディ機計	105	149	235	385	353	391	363	291	267	298	468	518	542	829	1,317	1,328
ワイドボディ機																
747	33	20	42	93	101	76	46	29	31	37	54	102	146	173	196	298
767	0	0	0	84	135	156	173	157	118	84	59	55	75	103	191	183
777	0	0	0	0	0	0	0	0	0	0	0	0	0	0	0	49
ワイドボディ機計	33	20	42	177	236	232	219	186	149	121	113	157	221	276	387	530
合計	138	169	277	562	589	635	582	477	416	419	581	675	765	1,105	1,704	1,858
マクダネルダグラス																
ナローボディ機a	51	26	55	99	109	106	45	50	61	131	180	203	213	346	423	400
ワイドボディ機																
DC-10	8	15	30	57	53	25	9	3	0	5	8	6	7	1	0	0
MD-11	0	0	0	0	0	0	0	0	0	0	0	0	29	88	126	175
ワイドボディ機計	18	15	30	57	53	25	9	3	0	5	8	6	36	89	126	175
合計	69	41	85	156	162	131	54	53	61	136	188	209	249	435	549	575
米国企業計	207	210	362	718	751	766	636	530	477	555	769	884	1,014	1,540	2,253	2,433
エアバス・インダストリー																
ナローボディ機b	0	0	0	0	0	0	25	25	47	51	90	236	294	404	445	663
ワイドボディ機																
A300	0	0	0	0	104	108	98	44	21	3	17	14	34	34	66	78
A310	0	0	0	0	61	76	88	102	91	72	45	38	45	40	48	70
A330	0	0	0	0									12	12	110	138
A340	0	0	0	0									68	71	84	89
ワイドボディ機計	0	0	0	0	165	184	186	146	112	75	62	52	159	157	308	375
合計	0	0	0	0	165	184	211	171	159	126	152	288	453	561	753	1,038
米国・ヨーロッパ企業計	207	210	362	718	916	950	847	701	636	681	921	1,172	1,467	2,101	3,006	3,471

Laura D'Andrea Tyson, "Who's Bashing whom? "
Institute For International Economics, November 1992, PP158-159
（竹中平蔵監訳　阿部司訳「誰が誰を叩いているのか」ダイヤモンド社。1993年5月20日、232～233頁）

a．マクダネル・ダグラスによって生産されたナローボディ機はDC 9とMD80である。
　エアバス・インダストリーの1979年以前の数字は入手できないが、該当する数字は小さい。エアバス・インダストリーによって生産されたナローボディ機は、A320とA321である。

b．総数と個々の項目の合計の不一致は、原資料による。

資料：Seider Amdec Securities, Inc. データは許可を得て使用

部分の信用供与を継続している。ちなみに、そのR&Dは全アメリカ産業のR&Dの約四分の一を占めている。[48] 国防総省（Department of Defense: DOD）、航空宇宙局（National Aeronautic and Space Administration: NASA）、および原子力委員会（Atomic Enegy Commission: AEC）によって供与される信用は主として軍事あるいは宇宙開発目的に向けたものであるが、結果として生ずる技術は商業用転用の基礎を構成する。

そして、商業用航空機製造業は膨大な技術開発上のリスクと莫大な先行開発コストという経営上の特性を有するために政府支援の形態も多様である。先述の軍事目的とした航空機の選択的な調達、航空宇宙分野における軍事および民間のR&Dに対する支援、貸付保証のほか、価格よりも新型の航空機の供給を通じての競争を促進する航空規制があった。運輸業者の金融可能性は長年、米連邦航空局（Federal Aviation Administration: FAA）によって保護されていた。[49] FAAの調整的な規制は航空会社間の価格競争を制約し、収益性を実現する金利を設定する。また、それまでアメリカの運輸業者によって購入される航空機はほとんどアメリカ国内で生産されたものであったが、[50] 一九七〇年代にヨーロッパのエアバスがアメリカ市場に参入し始めている。エアバスはアメリカの商業用航空機製造企業にとって、アメリカ国内だけでなく国際市場で大きな競争相手となり、市場の中距離分野区分においてはエアバスの市場シェアによって明示されている。（表4－2）アメリカは一九七八年〜八一年、短距離分野の航空機販売（737,727、およびD-9）で九七パーセントを占めていたが、中距離ワイドボディ航空機販売ではわずか二七パーセント（757を含む）にすぎず、残りはA-310に向かっている。それまでの航空機市場では競争相手がなく、長距離航空機販売のすべてがアメリカ製造企業によるものであった。エアバスは一九八〇年、販売市場においてマクダネル・ダグラスおよびロッキード両社が圧倒的な位置を占めていた。しかし、エアバスは一九八一年ロッキード社が現行の受注に満期限がくれば、L-1011の生産に着手するという声明発表があり、第二位を占めるようになった。[51]

表Ⅳ－2　海外市場における米国および外国商業用ジェット機企業の市場占有率（1978－1981）a．b

企業	受注数と市場占有率（％）							
	1978		1979		1980		1981	
	件数	率(％)	件数	率(％)	件数	率(％)	件数	率(％)
短・中距離ナローボディ機								
旧式								
米国（737-200、727、DC-9-30/41）	173	100	106	99	101	98	74	88
外国（BAC-111、F-28）	0	0	1	1	2	2	10	12
新型								
米国（737-300、DC-9-80）	8	100	16	100	0	0	1	100
外国（A-320、BAE-146）	0	0	0	0	0	0	0	0
中距離ワイドボディ機								
初期型式								
米国（DC-10-10、L-1011-100）	3	8	6	9	1	4	0	0
外国（A-300）	35	92	58	91	26	96	35	100
新型式								
米国（757c、767）	0	0	41	53	11	41	23	49
外国（A-310）	0	0	36	47	16	59	24	51
長距離								
米国（747、DC-10-30/40、L-1011-200/500）	81	100	113	100	71	100	31	100
外国（なし）	0	0	0	0	0	0	0	0
合計								
米国	265	88	282	75	184	81	129	65
外国	35	12	95	25	44	19	69	35
全機	300	100	377	100	228	100	198	100
米国受注額（100万ドル）	7680		9510		5925		3735	

a．出所（13）
b．米国への全販売および航空機製造業者による自国市場への全販売は除く。
（例　フランス、ドイツおよび英国へのエアバス販売）
c．ナローボディ機は技術的に基本的な特徴以外ではワイドボディ機よりも完成されている。

出所）David P.Baron,
"The Export-Import Bank,"
Academic Press, 1983, P－227

原子力産業は必然的に、開発および原子力技術促進において政府の果たす重要な役割を強調する。第二次大戦後、原子核技術の軍事および商業用開発は原子力委員会（AEC）に拠点が置かれていた。軍事目的の調査研究のいくつかは商業用目的に転用されえる原子力技術に付随したものであった。例えば、ウェスティングハウス（Westing House）が海軍の潜水艦ノーチラス号（Navy's Nautilus submarine、一九五四年進水）、の開発支援をおこなった原子力推進システムは、ウェスティング原子炉技術の第一段階に位置づけられていた。[52] AECはまた、商業用原子炉に対するR&Dを意図的に資金支援、そして燃料探査や原子炉安全性研究のような付随的な活動に対しても直接支援をおこなった。[53] 一九五〇年代、商業用原子炉の開発はAECが開拓者の役割を担った。民間企業は契約者としての経験を重ねたが、初期の実験用原子炉のほとんどは政府保有であった。AECの金融支援を得て公共事業として建設されていた。

この意味においては、前述の宇宙航空機製造企業と同様に、政府による育成と支援によって成長したということがいえる。さらに、GEとウェスティングハウスといった両主要原子炉システム製造企業は公的援助の模索を継続しながら、インフラトラクチャー（ウラニウム生産と燃料の再生利用）の供給、外部性（核廃棄物）の吸収、そして公的支援（規制、安全性）の創出をおこなっている。[54]

一九七四年、GEの原子炉システムの運用中か受注八四基の二五パーセントは輸出対応のものである。一方、八八基のウェスティングハウスのシステムの二六パーセントが外国向けであった。[55] 外国市場における二つの寡占企業の信用は、アメリカの輸出のみの調査により控え目に説明されているにすぎない。主要な外国の競争企業のいくつかは、この二つのアメリカの巨大企業によって一部保有されるか、認可されている。補助金および特許使用料というこの戦略は、企業自身の原子力技術を開発するための一定の政府決定に対する対応であった。[56] 一九七〇年代中期まで、アメリカ企業は民間原子炉輸出市場と同様、世界市場において支配的な役割を保持していた。一九七四年、アメリカ企業は運用中の原子炉（一〇〇メガワット以上）の三分の二を建設し、新たな受注の六三パーセントを取得している。アメリカ市場を除外した外国企業は運用されるのか、受注期間中の一七一システムのうちの二七基を数えるにすぎない。しかし、外国企業の一二五基の原子炉については、一〇一基が国内の範囲であり、輸出市場向け販売がおこなわれた六〇基のうち四四基がアメリカ企業によるものであった。この輸出市場におけるアメリカ企業の強力な位置は、スウェーデンのフィンランド向け販売、あるいはオーストリア向け西ドイツの販売のように大きな政治的、地理的要因によって決定され、失われた販売の多くは印象的なものであった。[57] 原子力プラントの外国販売では、政府は取引の両面で積極的に活動してきた。販売者は政府機関や政府規制の公共施設の両者であった。外国政府はまた、一九五四年合衆国原子力エネルギー法（U.S. Atomic Energy Act of 1954）一二七条による決定的な措置をもたらした。一九五四年合衆国原子力エネルギー法は輸入外国政府と合衆国（原子力委員会—ＡＥＣ、現在、原子力規制委員会—Nuclear Regulatory Commission: ＮＲＣ、国務省）の間での合意を要求している。個別の取引について、輸出認可はＮＲＣによって取得されねばならない。アメリカは諸政府が非拡散条約の調印国であることを要求しないが、国際的なセーフガードと非軍事的使用の保証を求めた。それにもかかわらず、原子炉の稼働は必然的に軍事転用の可能性を有し、輸出国の原子力技術開発を支援することになる。この技術の取得は諸政府が原子力プラントの運用と購買に包含されているものに関心があるというひとつの重要な理由によるものである。[58]

一九五七年の商業用ジェット航空機の海外販売の開始から一九七五年を通して、Eximbankは輸出販売において一三六億ドルの直接信用支援のなかの五四億ドルの認可をおこなった。（一九七〇年—七五年の間、これらのジェット航空機向け認可は年平均六億三、七〇〇万ドル、Eximbankの全直接信用の三九パーセントから三四パーセントを占める）加えて、Eximbankの信用保証は民間金融部分を頻繁にカバー、そしてEximbankは常に、航空機金融をおこなう民間輸出金融株式会社（ＰＥＦＣＯ）の保証をおこなっている。航空機製造産業において、一九八〇年代に予想され増大する競争の展開速度に対応して、Eximbankは一九七九年度、八〇年度、八二年度のおよそ四二億ドルにのぼる航空機金融に対し全認可件数の約半数の配分を見越した声明発表をおこなっている。[59] 一九七〇年〜七五年の間、Eximbankは商業用ジェット航空機輸出の約七五パーセントの金融に関与した。これらの五年間、アメリカ国内における全商業用ジェット航空機製造の約六〇パーセントが輸出されている。したがって、Eximbankはアメリカ国内において製造された全商業用ジェット航空機のおよそ四五パーセントの金融支援をおこなったことになる。

原子力プラントおよび訓練センターに向けたEximbankの直接信用と保証の認可は一六カ国以上に拡大した。一九五九年から七六年度を通して、Eximbankは施設設備輸出の七四億ドル、直接信用の三一億ドル貸付認可による燃料

表Ⅳ－3　部門別Eximbankの直接信用（1979年度－1981年度）

部門	貸付金件数	貸付金合計 (100万ドル)	合計比	平均貸付比 (%)	平均貸付金 (100万ドル)	平均値引き (%)	支払猶予期間 (年)	平均期間 (年)
農業／建設	5	42.5	0.3	8.300	8.5	1.070	2.07	9.77
通信	25	799.4	5.9	8.190	32.0	0.834	3.11	10.25
製造工業	67	1,184.0	8.8	8.403	17.7	0.826	3.87	9.61
鉱業／精製	53	1,618.1	12.0	8.652	30.5	0.838	4.16	10.41
電力	57	2,951.6	21.9	8.495	51.8	0.794	4.09	12.45
航空機	98	5,900.6	43.8	8.635	60.2	0.781	4.31	10.80
運輸	23	322.7	2.4	8.456	14.0	0.770	4.10	8.84
雑貨	35	642.6	4.8	8.318	18.4	0.886	3.05	8.72
全信用	363	13,461.5	100.0	8.459	37.1	0.817	3.93	10.40

出所） David P. Baron, "The Export-Import Bank," Academic Press, 1983, P156

表Ⅳ－4　Eximbankの計画認可　1960－84　（百万ドル）

年	貸付金		保証		保証		合計	
	総額	年変化率	総額	年変化率	総額	年変化率	総額	年変化率
1960	551	-38.1					551	-38.1
1961	1,242	125.4	153		19		1,414	156.6
1962	1,093	-12.0	424	177.1	345	1715.8	1,862	31.7
1963	680	-37.8	219	-48.3	575	66.7	1,474	-20.8
1964	778	14.4	218	-0.5	746	29.7	1,742	18.2
1965	852	9.5	282	29.4	726	-2.7	1,860	6.8
1966	1,149	34.9	299	6.0	694	-4.4	2,142	15.2
1967	2,724	137.1	192	-35.8	692	-0.3	3,608	68.4
1968	2,526	-7.3	290	51.0	718	3.8	3,534	-2.1
1969	1,295	-48.7	398	37.2	824	14.8	2,517	-28.8
1970	2,209	70.6	601	51.0	1,158	40.5	3,968	57.6
1971	2,362	6.9	1,420	136.3	1,614	39.4	5,396	36.0
1972	3,285	39.1	1,745	22.9	2,201	36.4	7,231	34.0
1973a	4,054	23.4	1,988	13.9	2,473	12.4	8,515	17.8
1974	4,905	21.0	1,594	-19.8	2,601	5.2	9,100	6.9
1975	3,813	-22.3	1,572	-1.4	2,930	12.6	8,315	-8.6
1976	3,489	-8.5	1,660	5.6	3,471	18.5	8,620	3.7
1977	1,221	-65.0	289	-82.6	4,090	17.8	5,600	-35.0
1978	3,425	180.5	589	103.8	3,363	-17.8	7,377	31.7
1979	4,475	30.7	907	54.0	4,109	22.2	9,491	28.7
1980	4,578	2.3	2,510	176.7	5,521	34.4	12,609	32.9
1981	5,428	18.6	1,546	-38.4	5,910	7.0	12,884	2.2
1982	3,516	-35.2	727	-53.0	5,104	-13.6	9,347	-27.5
1983	845	-76.0	1,741	139.5	6,784	32.9	9,370	0.2
1984	1,465	73.4	1,333	-23.4	5,818	-14.2	8,616	-8.0

Rita M. Rodriguez, "The Export-Import Bank at Fifty,"
Lexington Books, 1987, PP. 26-27

の一六億ドルおよび信用保証一五億ドルの金融支援をおこなった。施設設備輸出の大部分はGEとウェスティングハウスによるものであった。Eximbankは事実上、アメリカの個々の原子力プラント輸出の金融支援をおこなったが、主要なプラントのみがEximbankによってカバーされるものでなく、インド向けの二つのプラントは国際開発局(Agency for International Development: AID)による金融がおこなわれている。[60]

航空宇宙産業および原子力産業に関する前述の議論は、Eximbankの金融活動に対して全面的な政策的な問題形成の背景を提供した。航空宇宙産業および原子力の開発促進に対する実際の政府契約はいわばEximbankの業務の入口の段階を設定する。Eximbank は、これらの産業を育成したものと同様の政府組織であり、また、Eximbankは一定の独立性を持っているが、最終的には大統領の責任に帰する。したがって、Eximbankの貸付金と諸施策は政府省庁の仲介機関である諮問委員会(National Advisory Council: NAC)によって再検討される。さらに、Eximbank理事会は大統領の同意のもとに任命され業務を遂行する。航空宇宙および原子力技術に対する公的な売買約定の段階では、Eximbankの業務は一般的な業務の中の一つの政府機関業務ではあるが、それ以上に新たな業務を付加することでもある。大戦直後の期間、Eximbankに対する航空機輸出金融が公的に要求され、五〇年代にはAECが南アフリカのウラニウム鉱山へのEximbankの融資をおこなっている。[61]

そして、一九五六年、EximbankとAECは原子炉開発と実験を含め原子力プラントの金融に対するEximbankの方策に関して特別公式声明を発表した。[62] こうしたEximbankの支援は、個々の産業の初期段階から継続され強力に推進されてきている。

むすび

アメリカの貿易政策の基本的な目的は少なくとも一九七〇年代初まで貿易障壁や差別待遇、そして各産業分野で補助金が存在しない単一の世界経済市場の形成に向けられていた。この目的達成のため一九六〇年代までさまざまな努力をする。まず、一九三四年一二月の互恵通商協定法案（Reciprocal Trade Agreement Acts）を議会で通過させ、その後、修正を加えられながら一一回も延長されたが、他方で保護関税への関心も強くなり、互恵通商協定法の更新をめぐって多くの論議がおこなわれた。自由貿易政策は一九三〇年六月一七日に成立したホーレイ・スムート関税法（Hawley-Smoot Act of 1930）のもたらした弊害の反作用としての性格をもつものであった。この関税法による効率関税の実施は、アメリカを世界経済のなかで孤立させ、アメリカの利益に反することを自覚させることになる。互恵通商協定法は輸入から国内産業を保護することではなく、輸出拡大を通して景気拡大を図ると同時に、関税引下げによる輸入の拡大もやむをえないと公式に認めた点にある。すなわち、保護関税の孤立主義的政策から自由貿易主義的政策への転換を余儀なくさせる情勢にあったといえる。互恵通商協定目的のもとでは、大統領に対して現行関税率を最高五〇パーセントまで増減でき、必要に応じ貿易相手国と交渉して相互的に貿易上、譲許できる権限を与えた。ここに関税引下げと無条件最恵国待遇を通じてアメリカの貿易政策に自由主義がとり入れられることになったのである。

保護主義的な貿易政策は更新延長過程の議会審議のなかで何度も議論されているが、輸入によってこうむる重要な損害に対してアメリカの産業・雇用のためのセーフガード（保護措置）の継続という強化措置を規定している。これに加えて、ペリル・ポイント（関税率引き下げの限界点）規定が更新され、免責条項が規定された。そこでは、譲許関税は「関係国内産業あるいは直接的な競合商品に対する重要な損害を避けるために関税および追加的な輸入制限の強化が要請[63]」されるとした。その結果、議会では保護法案を立法するよう圧力が高まっていく。ニクソン政権は多国籍企業の対外投資を規制し、輸入に数量制限を課そうとする保護法案が否決されたことから、一九七二年の外国貿易投資法案（バーク＝ハートケ法案）に代わり、一九七三年四月通商改革法案を提出、七四年に成立した。この通商改革法は大統領に対して非関税障壁の軽減撤廃権限の付与、免責条項の適用基準の緩和、相殺関税法とダンピング防止法の改正による大統領への大幅な裁量権の付与、不公正貿易に対する報復の強化等々の保護主義条項を強化したものであった。とくに、東京ラウンド交渉の重要課題が非関税障壁にあったことから、通商改革法三〇一条の対象に財貿易だけでなくサービス貿易や貿易関連直接投資にまで拡張された。さらに、ニクソンの「新経済政策」は、輸入課徴金を導入したことからもうかがえるように、議会を中心に経済再建の方策を対外通商分野に求めるようとする機運が高まりを見せるようになる。保護貿易主義の台頭である。

アメリカの保護主義は、一九八〇年代に入ると七〇年代以降の輸入保護主義を継続しつつも大きく変質する。これは前述の三〇一条アプローチと地域主義の台頭であるが、とくに三〇一条アプローチはバグワティによって輸入保護主義と呼ばれた[64]。アメリカの輸出を阻害する不公正貿易慣行の申し立ては、通商法三〇一条によっておこなうことができるが、この条項は八〇年代初頭、精力的に使われた。この「ばかげていてしかも危険な三〇一条規定」は国際収支黒字の諸国をねらい、これら諸国に対して過酷な対応を求めている[65]。それはまた、輸出を拡大し貿易拡大を志向するものではあるが、ＧＡＴＴに対応する条項はなく、不公正行為を一方的に認定し、ＧＡＴＴの紛争処理手続きを無視して制裁を発動するもので、ＧＡＴＴに違反する恐れが大きい。輸出拡大も人為的におこなわれるもので、市場に歪みをもたらす。そのため三〇一条アプローチは輸出保護主義といわれた。レーガン政権では保護主義の危険性が認識されながらも、異常なドル高、高金利とインフレーションの更新等の貿易困難をもたらすファンダメンタルズの悪化に対応して議会において高まった保護貿易主義的傾向を阻止できなかったのである。

レーガン政権は、こうした非常に強い保護貿易主義の圧力にもかかわらず、一般的には自由貿易を支持する総括的な貿易法案を提案した。これが二節で説明した一九八四年通商関税法であるが、予想されたほどには保護貿易主義に偏らずにすんでいる。これに先立って、一九七九年四月の多角的貿易交渉（ＭＴＮ）にもとづいて制定されたのが七九年通商協定法である。これは主目的であったＭＴＮ協定の承認にとどまらず、アンチ・ダンピングおよび相殺関税に関する規定をもつ既存の通商法規の改正を意図した。一九八四年通商関税法は、政治的圧力を加えられた議会が保護規定も含めた包括的な通商法として成立させたものであった。

註

(1) Economic Report of the President, Transmitted to the Congress, February 1994, p. 205,（『九四年米国経済白書』エコノミスト臨時増刊、毎日新聞社、一九九四年四月、一八三頁）

(2) Ibid.

(3) “Economic Report of the President”, February 1990, p.91　一九八二年から八七年の経常収支赤字は、高金利によるインフレ率の低下のほか、国内貯蓄率の低下とそれ以上の投資過剰にもあった。貯蓄率が回復するにしたがい、ピークの一九八七年以降、経常収支赤字は三〇パーセント以上が削減された。

(4) 一九七一年における移転収支は湾岸戦争による先進諸国から米国への巨額の軍事支援の送金によるものである。湾岸戦争による米国・多国籍軍への各国の支援約定額は五三五億ドルであり、そのうち五〇〇億ドル近くは米国の国庫に残るとされた。

(5) 佐久間潮、「アメリカ経済論」東洋経済新報社、一九九六年六月二七日、一〇二〜一〇八頁（R.Solomon, “The Transformation of the World Economy, 1980〜93”, St Martin’s Press, 1994)

(6) R.Baldwin, “Hysteresis in Import Prices: The Beachhead Effect”, American Economic Review, Sep. 1988, pp.773-774 こうした外国輸出業者の価格対応策をボールドウィンは橋頭保効果（Beachhead Effect）によって説明している。

(7) Economic Report of the President, 1985, p.6

(8) Jeffrey A.Frankel, “Exchange Rate Policy”, Martin Feldstein, (ed) American Economic Policy in the 1980’s, The University of Chicago Press, 1994, pp.302-303

(9) J.M.Destler, C.Randall Henning, “Dollar Politics: Exchange Rate Policymaking in the United States”, Institute for International Economics, 1989, pp.41-42

(10) Economic Report of the President, February 1990, p.90

(11) Jeffrey A.Frankel, op.cit., pp.293-294

(12) Economic Report of the President, 1990, op.cit., p.93

(13) Jeffrey A.Frankel, op.cit., pp.304-305

(14) Michael Smirlook, Howard Kaufold, “Foreign Lending, Disclosure and the Mexican Debt Crisis”, Bank Structure and Competition, Federal Reserve Bank of Chicago, May 1985, pp.577-578

(15) J.David Richardson, “U.S. Trade Policy in the 1980s: Turns-and Roads Not Taken”, Martin Feldsten, (ed) American Economic Policy in the 1980s, University of Chicago Press, 1994, p.628

(16) 松下満雄監修、「米国の一九八四年通商関税法」日本貿易振興会、一九八五年一〇月、四頁

(17) 前書、五頁

(18) I.M.Destler, “American Trade Politics: System Under Stress”, Institute for International Economics, 1986,

p.224

(19) Ibid., p.225

(20) Ibid., p.226

(21) Edward S.Kaplan, American Trade Policy 1923-1995, Greenwood Press, 1996, p.114

(22) 通商摩擦問題研究会編　福島栄一監修、「米国の八八年包括通商・競争力法」、日本貿易振興会、一九八九年四月七日、五～一一頁

(23) 佐々木隆雄「アメリカの通商政策」岩波書店、一九九七年一〇月二〇日、一二〇～一三〇頁

(24) 前書、一二〇頁

(25) J.David Richardson, op.cit., p.641

(26) 佐々木隆雄、前書、一三三頁

(27) J.David Richardson, op.cit., pp.639-640

(28) Ibid. p.640

(29) Ibid. pp.641-642

(30) Ibid.

(31) Ibid.

(32) Edward S.Kaplan, op.cit., p.116

(33) Ibid.

(34) 「米国の八八年包括通商・競争力法」前書、一一～一五頁　これは一九五〇年国防生産法（Defence Production Act）の修正で、諸外国の対米直接投資に影響を与えると予想された条項である。この条項は国防関連の企業の合併、買収、取得が国家安全保障を損なうと判断された場合、大統領はその取引を中止または禁止することができるというものである。また、この条項が八八年包括通商・競争力法の中に盛り込まれた直接の契機は、富士通のフェアチャイ

ルド買収の動きにあったとされる。

(35) 前書、一〇一～一〇三頁

(36) Edward S.Kaplan, op.cit., p.116

(37) Ibid,

(38) Rita M.Rodriguez, "The Export-Import Bank at Fifty", Lexington Books, 1987, p.107

(39) Ibid. p.107, p.128, 上院議員ロバート・ドール (Robert Dole) は報告のなかで、レーガン政権の多数の助成金支給計画、可能なかぎりの農業支援、アムトラック (Amtrack) 補助金、学生ローン、歳入の配分等々において削減の要求がおこなわれていないことを指摘している。

(40) Ibid. p.107

(41) Ibid.

(42) Ibid. p.108

(43) Ibid. p.109

(44) Encyclopedia of Banking Finance, Salem Press, p.330

(45) Penelope Hartland Thunberg, Morris H.Crawford, "Government Support for Export", Lexington Books, 1982, p.75

(46) Richard E.Feinberg, "Subsidizing Success", Cambridge U.Press, 1982, p.124

(47) Ibid.

(48) Ibid. pp.124-125

(49) Ibid. p.127

(50) Ibid. 一九六〇年、運用中の商業用航空機の八二パーセントがアメリカ国内での製造であり、一九七四年運用の四、一三三機の商業用航空機の三、三一一機（八〇パーセント）がアメリカ製造であった。

(51) David P.Baron, The Export-Import Bank, Academic Press, 1983, pp.226-228
(52) Ibid. p.128
(53) Ibid.
(54) Ibid.
(55) Ibid. p.130
(56) Ibid.
(57) Ibid.
(58) Ibid. pp.130-131
(59) Richard E.Feinberg, op.cit. pp.131-132
(60) Ibid. p.132
(61) Ibid.
(62) Ibid.
(63) M.Letiche, "United States Foreign Trade Policy", The American Economic Review, December 1958, p.955
(64) Jagdish Bhagwati, "Protectionism", The MIT Press, 1988, p.82
(65) Ibid.

第六章　一九九〇年代クリントン政権の貿易政策とEximbankの役割

はじめに

クリントン政権はソ連が崩壊し、東西対立・冷戦が終了し国際経済体制が新たな展開をみせた一九九三年に発足したが、その貿易政策はレーガン政権やH・Wブッシュ政権とは異なりアメリカの経済的利益を重視した現実的で対決的なものとなっていく。レーガン・ブッシュ政権のもとでの貿易収支および経常収支は八〇年代まで赤字状態を継続するが、その経常収支赤字は九一年に減少に転ずる。九一年の貿易収支赤字の減少は、国内需要の停滞に伴う輸入減の傾向が大きいため、その後の国内景気の動向によって九三年から再び貿易赤字が拡大している。八〇年代初の貿易収支は、レーガン政権下での金融引締め政策と拡張的な財政政策によって生じたものであった。財政赤字の増加はアメリカ国内の貯蓄を流出させ新規投資が借入を通してファイナンスされることを余儀なくさせた。国内貯蓄不足と金融引締め政策はまた利子率を上昇させ、それがまたドルの実質実効為替レートを引上げた。このドル高によって輸入品がアメリカ国内で安くなり、アメリカの輸出品は外国では高くなる。その結果、アメリカの貿易収支は深刻な赤字を計上した。九二年以降の実質実効為替レートの上昇がアメリカへの投資機会を求める外国からの資本流入を反映するとともに、アメリカ製品に比べて外国製の財価格を低下させることによって貿易収支赤字の拡大をもたらしたことを示している。

クリントン政権における貿易政策は自国の経済的覇権のための競争力強化や経済成長と雇用の確保、そしてそのために必要な輸出の拡大策をとるなど経済を安全保障の中心におく経済安全保障を掲げる。さらに、対外経済政策の調整と立案をおこなう国家経済会議（NEC）を設けた。こうして自国の経済的利益を最優先させるアメリカ優先主義を掲げ、アメリカ経済自身の強化を目指した。とくに、対日要求はより強硬となり、スーパー三〇一条の復活と数値目標の設定、結果を重視する管理貿易に傾斜し、保護貿易主義の強化を指向する。

本章は九〇年代のクリントン政権の戦略的な貿易政策とEximbankの役割の検討を叙述課題とするが、第一節では管理貿易あるいは保護主義に傾斜する貿易政策の直面する国際収支動向と均衡調整政策を明らかにする。一九九五年以降のドルの減価に対してはG７の為替レート是正要求とドル回復のための協調介入が行われる。とくに、円、ドイツマルクに対するドルの引上げは九五年以降、インフレ率の低下と交易条件の改善を通してアメリカ経済に有益な効果をもたらした。第二節は、ウルグアイ・ラウンドを推進する多国間主義、NAFTAと地域主義、対日・対EU貿易交渉の二国間主義等で構成され、九五年に発足したWTOやAPECへも積極的に係わるなど自由化を推進するクリントン政権の貿易政策を検討した。第三節は、八〇年代政府の貿易関与拡大によって貿易政策理念が「自由貿易主義」から「公正貿易主義」へ転換したことを反映するクリントン政権の管理貿易および競争力政策が課題である。二国間あるいは一方的な通商交渉における強権的な市場開放の要求はアメリカ企業の収益性低下と失業者増大を背景にその必要性が強調されるに至り、戦後通商体制の決定的な転換を意味した。その契機となったレーガン政権による一九八八年包括通商・競争力法についても詳細に検討した。

一　一九九〇年代の国際収支不均衡調整政策

一九九〇年代アメリカの貿易収支は、八七年の歴史的な赤字を記録したのち、八八年以降、徐々に改善傾向をたどる。とくに、一九九一年の貿易赤字は大幅に縮小し、しかも湾岸戦争の影響もあり日本の九〇億ドルの支払い等から移転収支が黒字化したため、経常収支赤字は大幅に改善した。また、一九八五年から九三年までの商品輸出は二、一五九億ドルから四、五六八億ドルと九八・六パーセント増加した。九二年までにアメリカは世界最大の輸出国としての地位を回復し、アメリカ製造業の雇用は六人に一人が直接間接輸出関連が占めた。[1] 商品輸入もまた重要性を増した。GDPにおける財・サービスの輸入比率は、堅調に推移してやはり戦後最高水準の一三・二パーセントを示している。[2] しかし、九一年の貿易赤字の減少は、国内需要の停滞に伴う輸入減の傾向が大きいため、その後の国内景気の動向によって九三年から再び貿易赤字が拡大している。

八〇年代の貿易収支を詳しくみると、貿易収支赤字は八三年から急激に増加をはじめ、八七年には一、五九五億ドルと大幅な赤字を計上した。これは輸出の停滞と輸入の増大によって貿易収支が急速に変化したのである。さらに高金利によりインフレ率が低下したことも作用した。この時期、実効為替相場は一九八〇年七月からピークの八五年二月には八七パーセントもの上昇を示したが、八〇年から八五年の五年間の輸出数量の年増加率はわずか〇・三六パーセントにすぎなかった。このようなアメリカの輸入増加は、第二次石油危機後の不況に苦しんでいた世界経済を立ち直らせる契機ともなったが、他方でアメリカ産業の国際競争力の低下も示している。また、一九八二年から八七年の経常収支赤字の原因は、先述のインフレ率の低下のほか国内貯蓄率の低下とそれ以上の投資過剰にもあった。すなわち、八七年の経常収支赤字は貯蓄率が回復するにしたがい、ピーク以降、八二年五七七億ドルから八七年一、五一六億ドルに拡大している。

八三年から八七年の歴史的な貿易収支赤字はレーガン政権の貿易政策によるところが大きいが、その新通商政策は「自由・公正貿易」を標榜し、海外の不公正な貿易慣行への対抗に主眼を置いたのが最大の特徴であった。しかし、レーガン政権の貿易政策は全体としてみれば、自由貿易を標榜しながら、現実には議会の保護主義的機運の圧力に抗しきれず保護主義的措置が拡大するという矛盾に満ちたものであった。[3]アメリカの保護主義的措置は、一九六〇年代の繊維、鉄鋼輸入急増に対して輸出自主規制措置として開始され、七〇年代後半には相殺関税やアンチダンピング法の活用、そして輸出自主規制措置が多用される。これらの保護主義的措置は日本や東アジア地域からの輸入急増に対抗したものであったが、これらの措置は必ずしもGATTのルールにそぐわないもので、GATTの多角主義から逸脱して、二国間協定や輸入規制措置に訴えるケースが拡大した。とくに日本やEC等先進国間摩擦が大きな問題として浮上したが、これは貿易収支悪化の状況に深く関連している。アメリカ製造業の生産能力の欠如が差し迫ったものであるという認識は、自動車、鉄鋼、半導体チップおよび工作機械等の品目において保護措置のケースを多用させた。高度先端技術製品やサービスの輸出促進政策が開始されるについては、海外の不公正な市場障壁および国内の補助金に対する認識も大きな影響を与えていた。[4]

一九九〇年代の貿易収支は九三年からゆるやかに赤字拡大をはじめ（表1－1）、九八年以降、その収支幅を急速に広げていく。九三年の貿易収支赤字は九二年の九六一億ドルに対して三七・九パーセント増の一、三二六億ドルである。これが九八年と九九年に急増し、収支幅は二〇〇〇年には四、五四六億ドルに拡大した。二〇〇〇年の財・サ

表Ⅰ－1　合衆国の国際取引（1980年～1999年）
（単位：100万ドル、四半期値は季調値：貸方は＋、借方は－）

年・四半期	財			サービス			財・サービス収支	所得受取と支払い			一方的経常取引(純)	経常収支
	輸出	輸入	財収支	純軍事取引	旅行・運輸純受取	その他サービス(純)		受取	支払	所得収支		
1980……	224,250	-249,750	-25,500	-1,822	-997	8,912	-19,407	72,606	-42,532	30,073	-8,349	2,317
1981……	237,044	-265,067	-28,023	-844	144	12,552	-16,172	86,529	-53,626	32,903	-11,702	5,030
1982……	211,157	-247,642	-36,485	112	-992	13,209	-24,156	91,747	-56,583	35,164	-16,544	-5,536
1983……	201,799	-268,901	-67,102	-563	-4,227	14,124	-57,767	90,000	-53,614	36,386	-17,310	-38,691
1984……	219,926	-332,418	-112,492	-2,547	-8,438	14,404	-109,073	108,819	-73,756	35,063	-20,335	-94,344
1985……	215,915	-338,088	-122,173	-4.390	-9,798	14,483	-121,880	98,542	-72,819	25,723	-21.998	-118,155
1986……	223,344	-368,425	-145,081	-5,181	-8,779	20,502	-138,538	97,064	-81,571	15,494	-24,132	-147,177
1987……	250,208	-409,765	-159,557	-3,844	-8,010	19,728	-151,684	108,184	-93,891	14,293	-23,265	-160,655
1988……	320.230	-447.189	-126,959	-6.320	-3,013	21,725	-114,566	136,713	-118.026	18,687	-25,274	-121,153
1989……	362,120	-477,365	-115,245	-6,749	3,551	27,805	-90,638	161,287	-141,463	19,824	-26,169	-96,982
1990……	389,307	-498,337	-109,030	-7,599	7,501	30,270	-78,857	171,742	-143,192	28,550	-26,654	-76,961
1991……	416,913	-490,981	-74,068	-5,274	16,561	34,516	-28,266	149,214	-125,084	24,130	10,752	6,616
1992……	440,352	-536,458	-96,106	-1.448	19,969	41,918	-35,666	132,056	-109.101	22,954	-35,013	-47,724
1993……	456,832	-589,441	-132,609	1,385	19,714	42,562	-68,949	134,159	-110,255	23,904	-37,637	-82,681
1994……	502,398	-668,590	-166.192	2,570	16,305	50.278	-97,039	165.438	-148,744	16,694	-38,260	-118,605
1995……	575,845	-749,574	-173,729	4,600	21,772	51,410	-95,947	211,502	-190,955	20,547	-34,057	-109,457
1996……	612,057	-803,327	-191,270	5,385	25,015	58,757	-102,113	223.810	-204,934	18,876	-40,081	-123.318
1997……	679,702	-876,367	-196,665	5,138	22,152	63,443	-105,932	257,346	-251,160	6,186	-40,794	-140,540
1998……	670.324	-917,178	-246,854	5,387	10.145	64,424	-166,898	258,445	-264,656	-6,211	-44,029	-217.138
1999……	684,358	-1,029,917	-345,559	2,684	6,797	71,107	-264,971	276.165	-294,648	-18,483	-48.025	-331,479
2000:												
Ⅰ………	183,728	-289,566	-105,838	252	1,549	18,920	-85,117	80.877	-85,241	-4,364	-12,024	-101,505
Ⅱ………	191,783	-302,014	-110,231	268	2,296	19,069	-88.598	87,653	-91,756	-4,103	-12,270	-104,971
Ⅲp………	200,385	-315,801	-115,416	270	1,270	17,373	-96,503	86,810	-91,328	-4,518	-12,752	-113,773

1．センサスデータについて価格評価、範囲、期間の差異を調整した
2．四半期データは季節調整なし
3．合衆国軍事補助計画下の財・サービス取引を含む
出所）　Economic Report of the President, January 2001, P.392

表Ⅰ－2　合衆国の国際取引（1980－1999）
（単位：100万ドル、四半期は季調値、貸方は＋、借方は－）

年・四半期	資本勘定取引（純）	金融勘定							統計上の不突合	
		合衆国保有海外資産（純）（増加／資金流出（－））				海外保有合衆国資産（純）（増加／資金流入（－））				
		合計	合衆国外貨準備資産	その他合衆国政府資産	合衆国民間資産	合計	海外公約資産	その他海外資産	合計（品目の総計記号改定による）	季調値不突合
1980	…	-85,815	-7,003	-5,162	-73,651	62,612	15,497	47,115	20,886	…
1981	…	-113,054	-4,082	-5,097	-103,875	86,232	4,960	81,272	21,792	…
1982	199	-127,882	-4,965	-6,131	-116,786	96,589	3,593	92,997	36,630	…
1983	209	-66,373	-1,196	-5,006	-60,172	88,694	5,845	82,849	16,162	…
1984	235	-40,376	-3,131	-5,489	-31,757	117,752	3,140	114,612	16,733	…
1985	315	-44,752	-3,858	-2,821	-38,074	146,115	-1,119	147,233	16,478	…
1986	301	-111,723	312	-2,022	-110,014	230,009	35,648	194,360	28,590	…
1987	365	-79,296	9,149	1,006	-89,450	248,634	45,387	203,247	-9,048	…
1988	493	-106,573	-3,912	2,967	-105,628	246,522	39,758	206,764	-19,289	…
1989	336	-175,383	-25,293	1,233	-151,323	224,928	8,503	216,425	47,101	…
1990	-6,579	-81,234	-2,158	2,317	-81,393	141,571	33,910	107,661	23,204	…
1991	-4,479	-64,388	5,763	2,924	-73,075	110,808	17,389	93,420	-48,557	…
1992	612	-74,410	3,901	-1,667	-76,644	170,663	40,477	130,186	-49,141	…
1993	-88	-200,552	-1,379	-351	-198,822	282,040	71,753	210,287	1,281	…
1994	-469	-176,056	5,346	-390	-181,012	305,989	39,583	266,406	-10,859	…
1995	372	-352,376	-9,742	-984	-341,650	465,684	109,880	355,804	-4,223	…
1996	693	-413,923	6,668	-989	-419,602	571,706	126,724	444,982	-35,158	…
1997	350	-488,940	-1,010	68	-487,998	756,962	18,876	738,086	-127,832	…
1998	637	-335,436	-6,783	-422	-328,231	482,235	-20,127	502,362	69,702	…
1999	-3,500	-430,187	8,747	2,751	-441,685	753,564	42,864	710,700	11,602	…
2000:										
Ⅰ	166	-178,958	-554	-131	-178,273	236,535	22,015	214,520	43,762	5,724
Ⅱ	170	-92,424	2,020	-574	-93,870	245,149	6,346	238,803	-47,924	-2,515
Ⅲp	165	-77,204	-346	110	-76,968	200,169	11,625	188,544	-9,357	-9,691

4．インドとの特別合衆国政府取引を含む
5．IMFにおける金、SDR、外国通貨および合衆国準備ポジションから成る
出所）　商務省、経済分析局、Ibid, P.393

ービス収支はおよそ三、六〇〇億ドルの赤字でGDPの約三・六パーセントに相当する。その間に経常収支は対GDP比約四・三パーセントの赤字を記録した。九九年の経済諮問委員会年次報告書による貿易収支赤字拡大要因の説明は、アメリカの堅調な経済成長と九七年のアジア危機に帰せられている。それらの結果が純輸出の顕著な減少と貿易収支赤字の拡大をもたらしたとする。[5] 貿易収支赤字拡大の原因は次の三つの要素にあるとしている。「第一は、他のほとんどの工業国よりも速い米国の所得成長であり、それは輸入を増加させた。第二は、日本および他の東アジアの大部分における紛れもない輸出の収縮であり、それは米国輸出を削減した。第三に、名目ターム、実質ターム双方で、ヨーロッパ通貨およびアジア通貨、とりわけ円に比べてドルが値上がりしたことである」。[6] 九八年夏以降、ドルは円に対して値下がりしてきたが、他のG10通貨に対するドルの下落は貿易加算ベースではかなり控えめなものであった。

貿易収支はアメリカ国内の総生産と総支出において、アメリカ人が国内で購入したアメリカ国内産の財・サービスが控除され、その差が輸出マイナス輸入、すなわち貿易収支となる。したがって、貿易赤字はアメリカの支出がその生産を上回ったときに生ずる。貿易は海外所得と海外支払の最大の源泉であるが、ほかにも利子とその他投資収益、援助補助金、移転等の収入源がある。こうした経常フローを貿易収支に加算したものが経常収支勘定であり、これがアメリカが世界の他の国々から受け取った純所得になる。所得状況を表す経常収支勘定はこれがプラスであれば、アメリカは総所得と外国に集まる資産価値より支出の方が少ないことになる。これがマイナスであれば、支出が所得を超えているのであり、外国から借入をしているということになる。貿易は経常収支のなかで最も大きな構成要素であるが、国内投資が国民貯蓄を超えている時期には、経常収支は通商政策がどのようなものであれ、必ず赤字になる。したがって、アメリカ国内の消費の過剰や投資資金の調達のために借入をする場合、その結果生じた経常収支赤字は、こうした総借入決定の不可避的な帰結を表しているにすぎない。

図1－1　貯蓄、投資、および経常収支

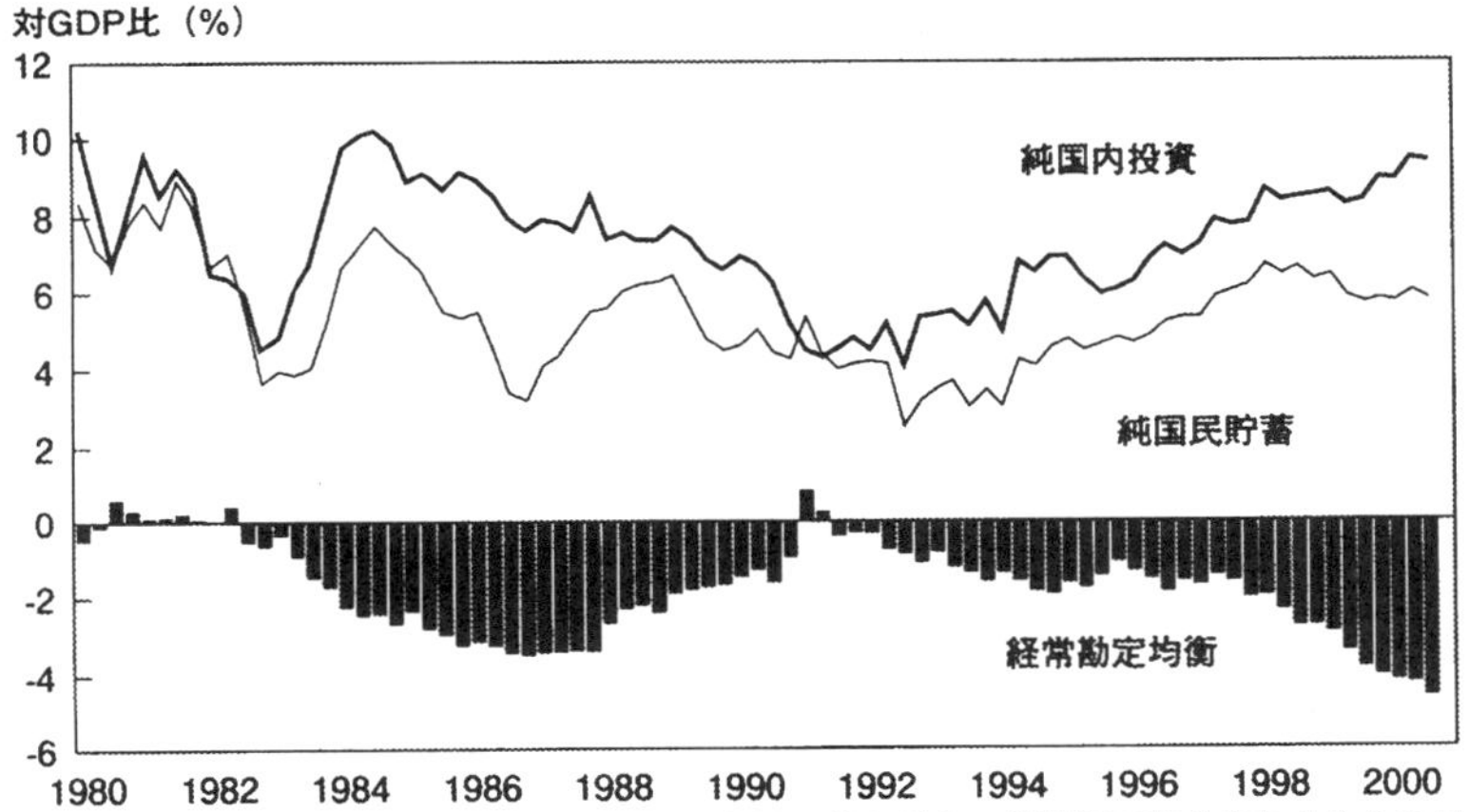

注）経常収支は、純国民貯蓄から純国内投資を差し引き、統計的不突合を加えたものに等しい。

出所）商務省（経済分析局）Economic Report of the President, January 2001, P.159

定義上、経常収支は国民貯蓄と国民投資の差に等しい。経常収支は国内貯蓄に対する投資の超過を、したがって不足を埋める外国資本の流入を反映している。経常収支赤字は純貯蓄の増加にもかかわらず純国内投資がそれ以上に増加したことを示している。GDPに占める純国内投資のシェア（図1－1）は、一九九二年から二〇〇〇年の最初の第三四半期までに一四・八パーセントから九・四パーセントへ四・六ポイント伸びたが、純国民貯蓄のシェアは（三・五パーセントから五・八パーセント）わずか二・三ポイント上昇したにすぎない。[7] 外国資本がアメリカの経常収支赤字をファイナンスするに当たって、八〇年代にはその流入のほとんどがアメリカ国債に向かっていたが、九〇年代の資本流入は民間発行の資産に投資されている。その資本流入の多くは、債券購入やポートフォリオ資産購入よりも、海外直接投資の形で生じている。対アメリカ直接投資額は、九三年から九九年までに五一〇億ドルから二、七一〇億ドルに増加した。外国貯蓄のアメリカへの流入によって、アメリカの純国際投資ポジションはマイナスに向かっている。九九年の純国際投資ポジションは、外国人がアメリカ資産八兆六、〇〇〇億ドルを保有したのに対してアメリカ人の在外資産保有が七兆一、〇〇〇億ドル、その結果、マイナス一兆五、〇〇〇億ドル、対GDPで約一六パーセントであった。すなわち、アメリカは外国貯蓄を利用することによって生産力を拡大し、経済成長を実現する高投資率が可能になったことを示している。

また、アメリカの貿易収支赤字の大部分は、前記したように、アジア向け輸出の減少に関係している。名目価格での貿易収支赤字拡大に対する輸入増加の寄与はそれまできわめて小さいものであった。とくに、東アジア六カ国（インドネシア、日本、韓国、マレーシア、フィリピン、タイ）向け輸出の減少は、年率で計ったもので九八年に二五〇億ドルから三〇〇億ドルで推移していた。韓国だけでその減少の約五分の二を占めた。これらの国からの輸入もまた増加し、数年間増加傾向が続いた(8)。

これまでみてきたように、一九八〇年代まで国際収支のうち経常収支が均衡することはめったになく、それ以降も貿易収支と経常収支はほぼ赤字状態にある。ただ、九一年の貿易収支赤字の大幅な減少と移転収支の黒字によって経常収支の赤字は大幅に減少したが、その後再び増大していく。この経常収支赤字は輸入の伸びが輸出の伸びを大きく上回るという貿易収支赤字の影響が大きい。図1－2は、貿易収支赤字と実質実効為替レートの動きを示したものであるが、貿易収支赤字と実質実効為替レートの変動は密に連動して動いていることが分かる。この場合、経常収支赤字の傾向は外国為替の受取（海外での財・サービスの販売と資本の流入からなる）が外国為替の需要（外国の財・サービスあるいは資産借入と海外投資）より小さいことを示す。換言すると、貿易量を加味した実質実効為替レートは、アメリカの財と資産を購入しようとする米ドル需要と外国の財と資産購入のためのドル供給を反映する。

一九八〇年代初の貿易収支赤字は、レーガン政権下での金融引締め政策と拡張的な財政政策の維持の結果、生じたものであった。その財政赤字の増加はアメリカ国内貯蓄を流出させ、新規投資が借入を通してファイナンスされるこ

図1－2　貿易赤字とドルの実質実効為替レート

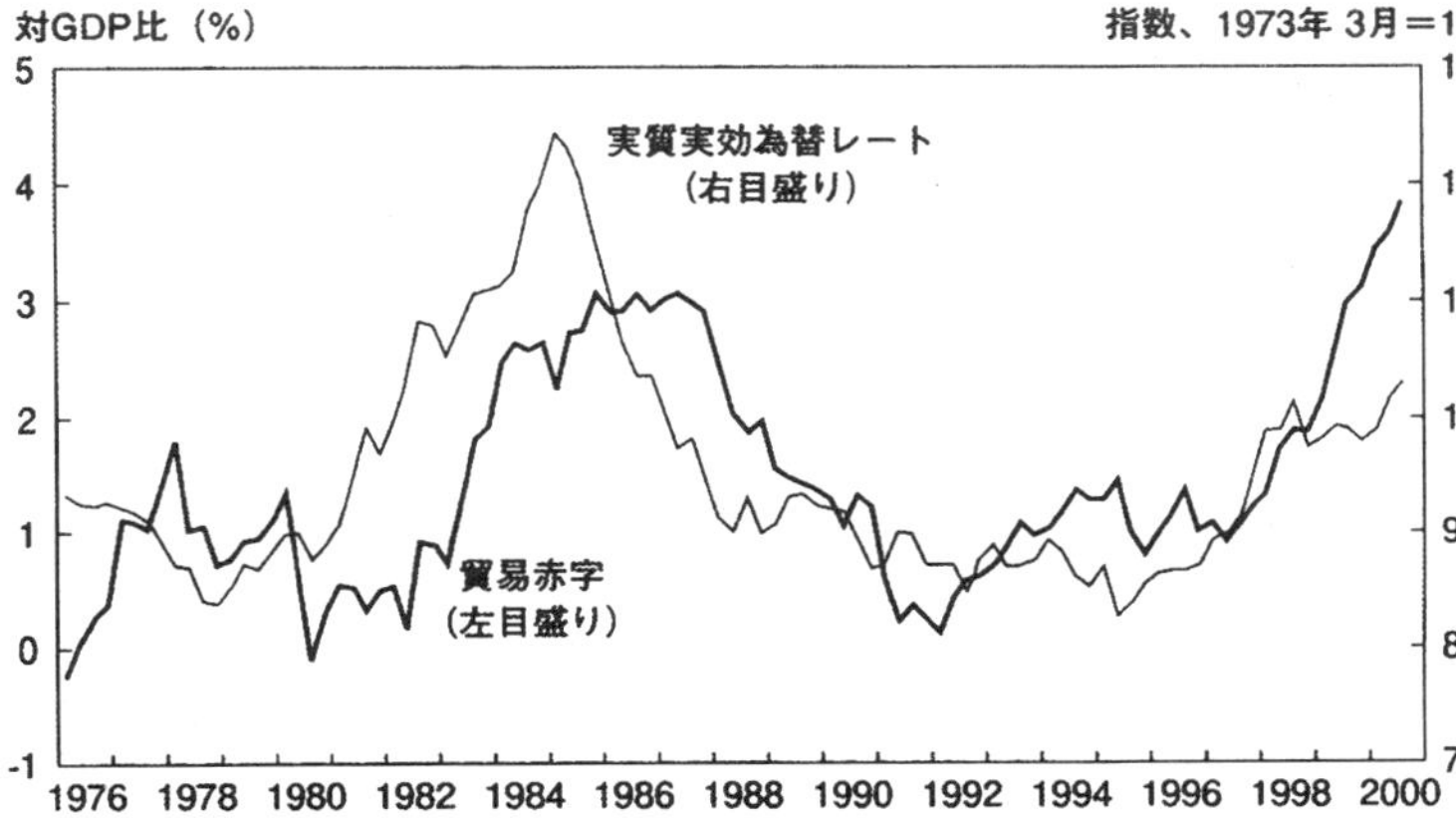

注）実質実効為替レートは、ドルの外国為替価値についての連邦準備の広義物価調整済み指数である。この指数の上昇は、実質的なドル高を示す。
出所）Ibid, 連邦準備制度理事会

とを余儀なくした。とくに、貯蓄不足と金融引締め政策はアメリカの利子率を増加させ、それが今度はドルの実質実効為替レートを引上げた。ドル高によって輸入品がアメリカ国内で安くなり、アメリカの輸出品は外国では高くなった。その結果、アメリカの貿易収支は深刻な赤字を記録した。これは貿易収支赤字が海外での借入によってファイナンスされたこと、およびこれと関連を有する財政赤字と併せ「双子の赤字(twin deficits)」と言われる問題である。九二年以降、財政赤字は徐々に減少し、国民貯蓄は増加したものの、貿易収支赤字は再び増加している。これは九二年以降の実質実効為替レートの上昇がアメリカへの投資機会を求める外国からの資本流入を反映するとともに、アメリカ製品に比べて外国製の財価格を低下させることによって貿易収支赤字の拡大をもたらしたことも示している。

ここで再度、貿易収支赤字と実質実効為替レート（図1－2）の関係に触れると、八〇年代の貿易収支赤字の拡大がドルの上昇にあったということは言えないが、前述したように、貯蓄と投資のギャップの拡大にあったとする説明が妥当であろう。九二年以降、アメリカ経済は日本やドイツといった主要貿易相手国を含むほとんどのOECD諸国よりも急速な成長をみせ、アメリカの経済成長は九五年に多少下落するが、それでもOECDの平均値を上回っていた。[9] 経済成長率の相違とともに為替レート変動による相対価格の変化は、二国間貿易収支と全体の経常収支勘定の両方に短期的影響を与える。一九九五年二月以降、米ドルは主要貿易相手国の通貨に対して減価し、とくに日本の円に対して急激に下落した。このようなドルの減価は、経済ファンダメンタルズの視点から行きすぎだとみなされ、G7各国の蔵相と中央銀行総裁は四月に為替レート是正を要求する声明を発表した。[10] ドルの回復を狙い、日本とドイツは金利を引上げ、七月と八月に外国為替市場において協調介入がおこなわれた。四月から八月の間にドルは円に対して一六パーセント引上げられ、ドイツマルクに対して六パーセント引上げられた。[11] こうした二国間の為替レートの動きは、二国間貿易に大きな影響を与えた。しかし、アメリカの貿易相手国通貨の加重平均値に対するドルの動きは、比較的緩やかであり、とくに広範囲の貿易相手国を含む指標についてその傾向は強い。また、一九九五年以降のドル高はアメリカ経済に有益な効果をもたらした。とりわけ石油その他の商品について輸入価格は下落し、インフレの低下と交易条件の改善に貢献している。[12]

本節最後に、政策目標としての対外均衡について、日本や新興諸国が経常収支の黒字基調を維持し、外貨準備を増加させる形で対米債券投資を続けているのは、対外均衡を経常収支ではなく総合収支（経常収支＋資本収支）でとらえ、それが国際的に容認されていることによる。[13] 経常収支が黒字でも、資本収支が赤字となって資本を還流させればそれでも良いという考え方である。経常収支の均衡は国内的には総生産と内需の均衡、貯蓄と投資の均衡を意味する概念であり、国際的合意としてこれを政策目標にすると、財政・金融政策もこの目標に割り当てられるようになる。アメリカの経常収支不均衡は資本収支黒字に基づくものであり、その場合、その資本収支黒字を削減させる方法のみを考えればよい。[14] しかし、経常収支の不均衡是正を図るために資本収支の黒字を削減しようとするのは論理的に逆だとされることが多い。これは現在のグローバルに活発化した自由な資本取引が経常収支を左右するという状況であり、そこで為替調整メカニズムを利用する為替レート安定化のための市場介入による対応が是認されることになる。

為替レートの不安定化は将来の不確実性の要因となり、為替レートの不安定化は貿易とその従事企業の外国への販売収入と利潤の面でより大きな不確実性に直面させることになろう。しかし、このような主張は経験的に支持されることはなく、むしろアメリカの貿易量はドルがフロートした七三年から九三年の期間よりドルが固定されていた五〇年から七一年の期間の方が幾分増加した。GDP比でも貿易量は後の期間がより速く増加している。[15] さらに、為替レートの不安定化がどの程度貿易量のフローを阻害するか、等に関しては関連性はあまり見出せない。貿易量に対する為替相場不安定性のマイナス効果はこれまでの経験的事実から見つけることは困難である。これは現行の為替レート調整メカニズムが機能するなかで経常収支黒字・赤字不均衡を長期にわたり継続する国々がそのことを相互に確認し、その上で、各国が経常収支の均衡に向けて国際協調介入システムに参加する仕組みが考慮される。

二　八〇年代、九〇年代貿易政策

レーガン・ブッシュ政権の貿易政策の継承と変化

レーガン・ブッシュ政権の貿易政策は、民主党のクリントン政権においても引き継がれた。クリントン政権は一九九四年経済諮問委員会年次報告の貿易政策構想のなかで貿易と環境、競争政策、地域主義に関連する問題に言及して、各国の商慣行と法律の相違が貿易の結果にとって重要な決定要因になっていることを踏まえ、企業の競争方法に関する、ありうる制限的な慣行を是正するための多国間取決めがないことを指摘していた。そして、反ダンピング的行動を含む非関税障壁がレーガン政権期におよそ五分の一のアメリカ製造業輸入の低下につながったことから競争政策が効率的に実施されることを訴え、北米自由貿易協定（North American Free Trade Agreement: NAFTA）が正しい方向への第一歩となっているとした。さらに、貿易と投資が非加盟国から加盟国へ差別的にシフトし、損害を被ることを避けるために自由貿易地域への参加国が関税同盟設立以前の域内最小関税と等しくなるよう対外関税を共通化する関税同盟へ移行すること、GATTの規則が地域自由化合意によって損害を与えられた非加盟国に補償を認めるよう改正することを提案した。(16)

クリントン政権はソ連が崩壊し東西対立・冷戦が終了し国際経済体制が新たな展開をみせた一九九三年一月に発足した。そのため、クリントン政権の経済政策は国際政治・安全保障の重視から経済にシフトする。クリントン政権の貿易政策はレーガン・ブッシュ政権とは明らかに異なり、一層アメリカの経済的利益を重視した現実的で対決的なものになっている。すなわち、自国の経済的覇権のためには、競争の強化、経済成長と雇用の確保、そしてそのために必要な輸出の拡大策をとるなど経済を安全保障の中心におく経済安全保障を掲げた。さらに、対外経済政策の調整と立案をおこなう国家経済会議（National Economic Council: NEC）を設けた。自国の経済的利益を最優先させる米国優先主義を掲げ、アメリカ経済自身の強化を目指した。とくに、日本に対する要求は、一九九四年三月に期限二年ではあるが、スーパー三〇一条を復活させるなど、より強硬な数値目標を掲げ、結果を重視する管理貿易に傾斜し、保護主義の強化を予想させた。クリントン政権の貿易政策はウルグアイ・ラウンドを推進する多国間主義、NAFTA策定等の地域主義、そして対日・対EU貿易交渉等の二国間主義から成っている。また、アメリカ産業の競争力強化策のためにサービス貿易や知的所有権の強化等ウルグアイ・ラウンド交渉を主導し、九五年にはWTOを成立させた。対日貿易交渉はアメリカ経済の好況にともない、九五年の日米自動車・同部品交渉、九六年の日米半導体交渉の決着後、これまでの厳しい態度からいく分緩やかなものとなり、その貿易政策はＷＴＯやＡＰＥＣ（アジア太平洋経済協力会議）へ積極的に係わるなど自由化の推進というように変わってきた。ＮＡＦＴＡの成立や翌年のＷＴＯの成立は、アメリカ主導のグローバル化を予見させるもので、ＮＡＦＴＡは九二年のマーストリヒト条約に基づくＥＵに対抗する地域連携を意図するものであった。さらに、南北アメリカ大陸に自由貿易を実現しようとする米州自由貿易地域（Free Trade Area of the America: ＦＴＡＡ）も展望するものである。

レーガン政権の貿易政策は社会主義国ソ連に対抗し強く自由貿易を主張したが、実態は保護貿易主義的傾向を強めた。すなわち、レーガン政権は自由・公正貿易の実現を目標として貿易相手国の不公正な貿易慣行への対抗に主眼を置いたものであった。具体的には、「一九七四年通商改革法」三〇一条（不公正な貿易慣行に対する報復措置の適用）を積極的に活用し、さらにそれを強化したスーパー三〇一条を持ち出して公正貿易を主張、利益確保のために保護主義的手段をとった。しかし、その後、米国通商代表（United State Trade Representative: ＵＳＴＲ）のブロック（William Brock）や上院議員ベントセン（Lloyed Bentsen）の努力によって自由貿易を支援する総括的な貿易法案として一九八四年一〇月に通商関税法が成立して当初に予想されたほどの保護貿易主義に偏らずにすんだ。ただ、このような状況下でも、貿易収支赤字が八四年に一、〇〇〇億ドルを大きく超え、日米間では貿易摩擦が激化した。

ウルグアイ・ラウンドと多国間主義

一九九〇年代のアメリカの貿易政策は、先述したように、次の三点に要約して説明することができる。①多国間主義に立ったウルグアイ・ラウンドの推進。②二国間ベースでは処理され得ない、ＮＡＦＴＡ等における地域別貿易交渉への取組みにかかわる地域主義。③対日・対EU貿易交渉等の二国間主義、とくに対日包括経済協議にみられる二国間の貿易不均衡是正政策、等である。GATTのウルグアイ・ラウンドは一九八六年九月に南米ウルグアイのプンタ・デル・エステにおいて開始宣言が採択され、一九九三年一二月一五日に妥結した。このGATTの多角的貿易交渉（第八回）は、一二五カ国が参加、史上最も大規模で複雑といわれる交渉が続き、妥結までに七年三カ月を要した。[17]途中、一九七一年一二月に協定案として「ダンケル・テキスト（The Dunkel Text）」[18]なる「最終合意文書案」が出されたが、それでも交渉は決着せず、米国議会のファスト・トラック（迅速一括審議）にかけるぎりぎりの期限に、ダンケル・テキストを若干修正・拡充のうえ、ウルグアイ・ラウンド最終合意案が決着した。[19]結局、一九九四年四月アメリカの意図にかなり近いところでまとまり、モロッコのマラケシュ参加一一七カ国閣僚会議で協定の調印がおこなわれた。

GATTは一九四七年の設立以来、世界の関税引き下げで目覚ましい成果をあげてきた。何度かにわたる交渉を通して、世界の関税は一九四七年の平均四〇パーセントから四パーセント（九二年一二月）にまで低下した。ウルグアイ・ラウンドでも工業製品の平均関税率を三四パーセント低下させた。しかし、アメリカの主なねらいは、多角的交渉による工業製品の関税引下げにとどまらず、これまでほぼ例外扱いとなっていた農産物、ガットの枠外であったサービス、知的所有権保護等を拡大し、これらの新しい国際ルールを厳しく守らせる体制を作ることであった。アメリカの求める規律の拡大は、アメリカの利益を強く反映するもので、相互主義的自由貿易の枠組みに組み込もうとするものであった。この点でアメリカは自国の利益を普遍的ルールと結びつけて提示したことになる。とくに、知的所有権保護の論理はGATTの貿易障壁の概念を各国の差異にまで拡大するという論理で、アメリカの国内体制を途上国を含む世界に拡大するという意図を強く持っていた。サービス市場開放でも攻撃的相互主義の圧力や地域主義による特定国の囲い込み、アメリカの交渉目的に反対する勢力を分断する上でかなりの効果があった。

ウルグアイ・ラウンド協定では、繊維と衣服の輸入割当の除去、輸出自主規制の禁止など、旧来の分野でGATT規制が大幅に強化され、さらに、サービス分野や貿易関連投資に対する措置へのルールが拡大された。経済諮問委員会年次報告では、ウルグアイ・ラウンド交渉の主要分野の成果をハイライトとして次のように列挙している。①工業製品の関税率の大幅な引上げを実現した関税、②国内の補助金の削減と最小限の市場アクセスへの介入を要求する農業、③繊維と衣服、④関連諸国の特定市場の開放を約束するサービス、貿易、⑤知的所有権保護の強化、⑥貿易関連ルールの強化と貿易関連投資に対する措置、⑦世界貿易機構（WTO）の発足とWTO関連事件にかかわる紛争処理、等々である。[20]

①主要工業諸国の課していた関税は、撤廃されることとなり、また途上国による関税は建設設備、農業設備、医療設備、鉄鋼、ビール・蒸留酒、薬品、紙、玩具、家具等の分野で撤廃されるか大幅に引き下げられた。工業製品の平均関税が全体的には三四パーセント、工業諸国において平均四〇パーセント近く引き下げられる。医薬、鉄鋼、建設機器、紙等の分野での関税は「相互関税撤廃」（zero-for-zero）協定によって完全に撤廃された。そして、ラウンド事務局は全般的にむこう一〇年間（一九九五年時点）に世界の関税を七、四四〇億ドル削減させると推定している。[21] さらに、多くの加盟国の関税に上限が設けられ、途上諸国間の関税措置の拡大は顕著なものであり、全輸入の六〇パーセントに相当し、工業製品に対する関税の七三パーセントに上限が設けられた。重要エレクトロニクス品目である半導体、コンピュータ部品、半導体生産設備の分野でも五〇〜一〇〇パーセントの大幅関税削減に合意した。化学薬品に対する加盟国の関税では非常に低い比率（製品に応じてゼロ、五・五〜六・五パーセント）で調整されている。これら関税引き上げ合意は、世界貿易の約八五パーセントに相当する市場へのアクセスを増大させた。

②世界貿易の一三パーセントを占める農産物を貿易ルールの下に置くのはウルグアイ・ラウンドが初めてである。日本においても大きな注目を引いた農業交渉は、国境における関税措置だけでなく、国内の農業保護政策にもGATTのルールを課す点で農産物貿易の枠組みの大変革となった。とくに、日本の農産物価格に対する政府の支出計画の割合は約八〇パーセントでECの四〇パーセント、アメリカの三〇パーセントを上回っていた。[22] 先進工業諸国の農業の所得支持措置はさまざまな貿易制限措置、過剰生産、そして輸出補助金制度をもたらしている。農業協定ではすべての加盟国の農産物輸入制限措置を同程度の保護効果をもつ国に転換する関税化と、また、その結果として農産物関税を、各関税品目では最低一五パーセント、全般的には平均三六パーセント引下げることを要求した。これによって、日本と韓国の米の輸入はわずかな例外が当面認められたものの、終結し、すべての加盟国は小麦、トウモロコシ、米等の輸入を三五〇万トン増加させた。[23] また、国内農業補助金においては、一部の補助金を除き加盟国に一定の削減を義務づけたが、これはGATTが国内政策に一定の数量規制を設けたものとして注目された。

③繊維と衣服の国際貿易は、一九六一年以来、事実上GATTルールの枠外で農産物と同様、一連の協定によりおこなわれてきた。[24] すなわち、国際繊維協定（Muti-Fiber Agreement: MFA）のもとで合意が形成され、繊維及びアパレル製品の途上国から先進国への輸出が制限されてきた。ウルグアイ・ラウンドの合意では、MFAにもとづく繊維とアパレル製品の輸入割当比率を現在以上（一九九二年時点）には引上げないこと、移行期間の最終年までにMFAの対象となっている繊維とアパレル製品の量の五一パーセントについては割当てを廃止するとした。途上国も貿易障壁を削減し、一〇年後には通常のGATTルールが繊維にも適用される。

④サービス貿易は、ウルグアイ・ラウンド交渉において交渉範囲が大きく拡大された分野である。GATT協定と並立するサービス貿易一般協定（General Agreement on Trade in Services: GATS）はサービス貿易問題を包括す

る最初の多国間協定である。ＧＡＴＳ協定およびその対象分野は、政府調達等を除くほとんどの分野に及ぶ。これは通常のサービス貿易だけでなく、金融など進出外国企業による現地サービスまで、サービスの形態すべてを含む。サービスは次の一一の分野に分類されている。ビジネス、通信、建設、流通、教育、環境、金融、保健、観光、娯楽、輸送、その他等々である。[25] ＧＡＴＴ協定の基本原則は、最恵国待遇（ＭＦＮ）、内国民待遇のほかに市場アクセスという新概念が導入された。基本原則のなかで最恵国待遇は最も重要なものであるが、特定部門に関係しない各国の一般的義務となるべきところがアメリカの反対で部門により当面の適用除外が可能となった。これは重要部門で条件付きとなり、大国の攻撃的相互主義の余地を残すことにもなった。また同協定はサービス貿易が行われる独特な方法を認めており、クロスボーダー貿易、人員の異動、投資問題などを包括している。さらに、調印国に対して最恵国待遇を提供するための一般的義務事項を設け、サービスの規制において透明性を要求し、サービス貿易紛争をＷＴＯの一般的紛争処理機構の下に置いている。[26] サービス貿易自由化の国際的秩序は、ＧＡＴＳ協定のもとで具体化されるが、各国はＧＡＴＳの義務条項を適用する分野の維持と義務事項を例外措置として明記した。しかし、ＧＡＴＳ協定は現実には問題点が指摘されるが、これは同協定が貿易自由化あるいは規制自由化の視点に偏りすぎていてサービス産業の各国での構造や機能についての考慮が不十分だというものであった。そのため金融サービス、基本的なテレコム、そして海上運輸サービスにおける特定の公約にかかわる交渉は決着していなかった。これは外国が十分な市場開放を約束しない限り、妥結もせず、無条件最恵国待遇の約束もしないというアメリカの姿勢も影響した。その後の交渉では、通信交渉が九七年一二月に決着し、金融交渉では九七年一二月に変則的な暫定協定が結ばれた。海運交渉はアメリカが自由化約束を提出しなかったため、九九年予定の次期サービス包括交渉まで再び交渉延期となり、海運はＷＴＯ規律の枠外に置かれた。

⑤知的所有権の保護は農業、サービス貿易と並んでウルグアイ・ラウンドが新たに着手した領域である。知的所有権の貿易関連の側面（Trade-Related Aspects of Intellectual Property Rights Agreements: ＴＲＩＰｓ）は、知的所有権に関する既存の協約を採択してそれを強化する。これは内国民待遇と最恵国待遇を原則とするが、既存の著作権、特許、商標などとともに、集積回路およびコンピュータ・ソフトウェア、企業秘密の保護、保護の国際基準、効果的な執行のための要件等について広範な合意が成立した。一九九六年以降、アメリカは厳格でない知的所有権法をもつ国に対して一四の知的所有権の申し立てをＷＴＯに提出している。[27] クリントン政権では、知的所有権に関する国際条約義務の実行を促す一方で、開発途上国に特有の重大な保健問題に対処することでそれら国々を支援する措置をとっている。知的所有権交渉は、しかしながら、貿易自由化のような相互的経済利益を生じるというより、とくに途上国には保護の面でもかなりの譲歩を強いていて、その点でＴＲＩＰｓは途上国から先進国へ所得の移転を生じさせる。効率性の点でも、産業目的の特許権や著作権等は企業が成長を図るために重要な権利であるが、世界市場においては小規模でしかない途上国では特許権等を先進国並みに保護しても技術進歩の促す力が小さくその活用は抑制される。その上、過大な保護は先進国の製造業保護等の独占の弊害を生じる可能性が大きい。

⑥ＧＡＴＴ協定（三八条から成るいわゆる「一般協定」）はルールについて原則的な規定が定められているだけで各国の具体的な運用においては他国からみると恣意的とも思われる貿易制限措置の発効の例がみられた。そのため、ＧＡＴＴは恒常的な各種委員会あるいは東京ラウンド交渉において、これらルールについて詳細な規定を定めた決定あるいは個別に協定（コードとも呼ばれる）を策定してきた。また、これら協定類の法的性格はＧＡＴＴ協定自体とは別個に策定された国際条件であり、それぞれの協定も相互に独立したもので、各国はこれら多数の協定のうち、自国にとって有利なもののみを受諾することが認められていた。ウルグアイ・ラウンド交渉における貿易関連ルールおよ

び貿易関連投資に対する措置は、関税以外の輸入課徴金の賦課に関するルール、国際貿易に関するルール、国際収支困難に陥った場合にとる措置に関するルール、セーフガードおよび貿易関連投資措置等、財貿易関連に関して改善のための多岐にわたる規定から成っている。これらのルールに含められる反ダンピング、補助金・相殺関税およびセーフガードはその積極的な利用を求める欧米と規律強化を求めるアジア諸国や日本との間で厳しい対立を生んだ。反ダンピング協定はその手続きが限定された持続期間や改善された透明性と手続の公共性との基準に従うものとされ、各国の反ダンピング法の乱用防止の方向で規律が強化された。しかし、その拘束力には疑問もあり一部では緩められて、のちに各国の反ダンピング法運用に関して問題を残している。補助金・相殺関税については、補助金が明確に禁止され補助金付きの輸出に対しては相殺関税によって対抗することができる。ウルグアイ・ラウンドでは二つの措置の区分に明示され、それぞれ分類された。これによって補助金の使用、とくに輸出補助金が一層厳しく抑制されることになった。一方、補助金に対抗する相殺関税を貿易上の嫌がらせに使うことはこれまで以上に困難になった。また、セーフガード措置は輸入急増の際にとられる緊急対策としての関税の引上げまたは数量制限措置のことである。ここではいわゆる輸出自主規制は禁止され、特定の国におけるセーフガードは限定された状況においてのみ許される。これによって効率のよい生産者にとっては市場へのよりよいアクセスが保証されるもので、効率の悪い生産者は競争力を高める努力が要求されることになる。

WTOの発足と紛争処理機構

⑦世界貿易機関（World Trade Organization：WTO）の設置にかかるウルグアイ・ラウンド交渉は、一九九三年一二月一五日に終了し、翌九四年四月一五日にモロッコのマラケシュにおいて署名され、九五年一月一日に発足した。

ダンケル・テキスト（Dunkel Text）においてＷＴＯは多角的貿易機構（Multilateral Trade Organization: ＭＴＯ）と呼ばれていたが、一九九三年一二月一五日、交渉最終日にアメリカの要求によりその名称をＷＴＯにすることが決定される。国際的貿易機関の設立に関するアメリカの懸念は議会において、このような国際機関の設立によって貿易政策に対するアメリカの主権が脅かされるのではないかという疑問があった。こうしたＷＴＯの活動に関する懸念を和らげるため、クリントン政権は五人の連邦控訴審判事によって構成されるＷＴＯ紛争処理検討委員会（WTO Dispute Settlement Review Commission）の設立を支持し紛争処理委員会（パネル）がその権限を越えて、あるいは協定の範囲を逸脱しなかったかどうかを判定しようとした。そして、パネルの活動に関して委員会が報告内容を超えていると判定した場合、議会議員はＷＴＯへのアメリカの参加を不承認とする共同決議を導入できる。もしその決議が議会によって立法化され、それに大統領が署名すると、アメリカはＷＴＯから撤退することになるとしていた。[28]国際的貿易機関の設立に関してはこうした経緯があるものの旧来のＧＡＴＴの国際機関としての法的地位の曖昧さは是正され、設立には至らなかった国際貿易機関（ＩＴＯ）以上の包括的な機関が誕生した。ＷＴＯはウルグアイ・ラウンド協定の実施や多角的交渉を管理し、各国の通商政策の監視やＩＭＦ、世界銀行との協力を行い、紛争処理機構が強化された。

従来のＧＡＴＴのパネルの紛争処理機構は、恒常的に長々と延期され、訴えられた被告側がＧＡＴＴのパネルの決定を阻止できる余地があり、またその不適切な執行に悩まされてきた紛争処理協定（the dispute settlement agreement）のねらいはこのような問題個々の解決に向けられてきた。[29]紛争処理協定はＷＴＯの中心的な部分を占めるが、つぎの四つの重要な特徴を有している。[30]第一に、ＷＴＯ協定は紛争処理協定のもとで実行され、個々の貿易紛争が単一の手続きの下で一元的統一的に処理されるようになった。第二に、七人のメンバーで構成される上訴機関

(Appellate Body) が設立され、一件の事案ごとに三人のメンバーが担当する。そのなかで紛争解決過程のそれぞれの段階ごとに時間制約が設定されている。これは訴えられた国が様々な理由を持ち出して紛争解決の引き延ばしを図ることを防止するという考慮に基づいている。第三は、紛争処理協定のパネルあるいはWTOの上訴機関の決定方式が従来の紛争処理機関のコンセンサス方式からネガティブ・コンセンサス方式となったことである。この制度の下で、パネルの設置、パネル報告書の採択および対抗措置の承認について全会一致の反対がない限り提案が採択されるという逆コンセンサス方式 (reverse-consensus) が採用されている。第四は、この紛争処理手続きによらない三〇一条等の一方的措置が禁止された。もっともこれまでアメリカはGATTの紛争処理機構を最も頻繁に活用した国であり、自国の取引を妨げる「不当な」あるいは「不合理な」外国の行為に対しては報復することができるとしている。(31) 三〇一条は対抗措置としての「たすきがけ報復」(cross retaliation) と似ている。例えばこれは、サービス貿易や知的所有権等の分野での違反措置に対して、財貿易の分野での対抗措置を講ずることができることである。この規定のためにアメリカが一方的措置を放棄することは考えられないが、アメリカへの一定の歯止めにはなっている。

ＮＡＦＴＡと地域主義

北米自由貿易協定 (North American Free Trade Agreement: ＮＡＦＴＡ) はアメリカ、カナダ、メキシコの三カ国間で一九九二年一二月に調印され、九三年一一月に議会で批准し、九四年一月一日に発効した自由貿易協定である。この貿易協定が適用される水準と範囲は第三国が採用するもののうちではこれまで最も広範囲で有効性が期待されるものであった。ＮＡＦＴＡは消費者が三億七、〇〇〇万人と六兆五、〇〇〇億ドルを超える年間産出高をもつ自由貿易圏を創出し、アメリカにとって第一および第三位の貿易相手国であるカナダとメキシコをアメリカに結びつけた。(32) また、NAFTAはこれまでの米加自由貿易協定（the United States-Canada Free Trade Agreement）の上に立って、生産効率化に寄与すること、北米生産者の地球規模での競争力を促進し、三国すべての生産水準を引上げることが期待された。そして、NAFTAによって、産業・農業製品の関税とほとんどの非関税障壁、知的所有権、投資規制、サービス貿易の自由化および紛争解決メカニズムにおける保護が段階的に撤廃されることになった。NAFTAの成立によって、人口、GNPともにEC市場に匹敵する一大自由貿易圏ができたが、NAFTAの抱える課題は、経済格差が著しく大きいメキシコが途上国から先進工業国へ飛躍することができるのか、他方アメリカ経済にとってこれらがどのような影響をもつのか、ということになり、のちにみるようにNAFTAをめぐって激しい論争が行われる。

NAFTAの締結はレーガン政権の八〇年代、戦後アメリカの基本原則であった無差別主義から地域主義への転換を意味した。これが九〇年代のクリントン政権下のNAFTAにおいてアメリカの地域主義が明確な形で見られた。クリントン政権の地域主義は、オープン・リージョナル（open regionalism）と呼ばれ、非排除的で新たな加入を促すような協定のことでプルリラテラルな貿易協定（plurilateral trade agreement）の拡大と基盤の確立を意味する。[33]この貿易協定のねらいは、第三国に対する障壁の増大と整合性を保つということと、互恵的な原則に基づいて加盟国、非加盟国にかかわらず自由化の追求を制限しないこと、そしてプルリラテラルな合意が非加盟国の加盟を促すもので、いわば互恵的なドミノ効果（domino effect）を促進することにあった。ただ、このNAFTAの特徴はEUの関税同盟方式ではなく、自由貿易地域方式をとり、地域内では自由化するが、加盟国の域外への貿易政策に対してはいかなる規制も課すことはないとしている。[34]自由貿易地域方式はアメリカにとって対域外障壁の共通化の必要がないだけ弾力性が大きく、先に述べた先進工業国と途上国などの経済条件の異なる国々を包摂しやすく、アメリカの地域主義のねらいもここにある。アメリカの地域主義のねらいはNAFTAの内容に関連して後述するが、ここではクリントン政権の輸出戦略としてのNAFTAの位置付けについて説明する。

クリントン政権の貿易政策は、国内経済の重視とともに輸出振興を課題とした。一九九三年九月に新しい「国家輸出戦略」(National Export Strategy) を明らかにし、輸出促進プログラムの分裂を少なくするために政府機関間の「通商促進調整委員会」(Trade Promotion Coordination Committee) を設置した。[35] この委員会の目的は一九の政府機関間で統一的な輸出促進を策定しようとするもので、これまでアメリカ民間企業の要請を満たすことがなかったということから、そのアメリカ企業と労働者の競争力強化とそれが国内政策を補完すべきというところにあった。このようなクリントン政権のもとで、NAFTAは積極的に「国家輸出戦略」を構成するものとなり、国家輸出戦略はNAFTAの締結とともに「政府機関間にまたがる諸機能と統合、資源の戦略的な配分、民間セクターと州・地方政府を巻き込むこと、アメリカの対外輸出業者の利害の擁護と主張、パフォーマンスの計測、輸出統制（国家安全保障、核拡散防止、外交政策目標に見合った輸出の制限）」等の六つの基本命題を反映するものであった。[36]

ここで、NAFTAの主要内容と特徴をみてみる。NAFTAには、工業財の貿易、サービス、投資、知的所有権、農業、通商ルールの強化に関する合意が含められる。補助協定として、労働調整規定、環境保護、輸出促進に関する規定がある。工業貿易は五年から一〇年以内（一定の品目に関しては一五年）にほとんどの関税や主要輸入制限等を段階的に廃止して、域内自由貿易を実現するということできわめて野心的なものであった。現在（九四年一月一日）免税となっている工業製品にはコンピュータ、医療設備、農業設備、内燃機関、電話交換機等があり、メキシコでは一〇パーセント以上の関税がかけられていた。NAFTAにより対メキシコ向けアメリカの工業、農業輸出の六五パーセントは五年に免税適格とされた。その上、サービス、企業設備、政府調達がかなりな程度自由化や相互開放が予定されていた。これらの域内自由化では、当初メキシコの関税や政府規制が相対的に厳しいために、アメリカ、カナダに比べてメキシコの自由化がはるかに大きなものとなる。

サービス貿易では、アメリカの企業はNAFTAによって無差別ベースでアメリカから直接サービスを供給でき、投資家に関しても無差別扱いを保証する。すなわち、例外を除き域内での内国民待遇と企業設立権を相互に供与し、金融、陸上輸送、通信サービス等の域内市場の大幅な自由化を実現した。知的所有権はウルグアイ・ラウンド協定を上回る保護が強化された。その他コンピュータ・プログラムとデータベースに関する著作権、サービス商標と通商機密の保護の規定である。農業貿易では、貿易障壁が事実上、除去され、アメリカ、メキシコ間の農業貿易の約五〇パーセントの農産物への制限すべてが協定発効と同時に撤廃されるという大幅な域内自由化の実現である。二国間フローにかんしても九八年までに全農業製品に対する関税が撤廃され、NAFTAのもとでの分離協定でメキシコとカナダは二国間貿易に対する関税を撤廃し、三加盟国は農業輸出補助金の撤廃でも合意した。NAFTAの自由貿易地域方式は全体の効率を高める貿易創造効果が生じ、他方、貿易転換効果といい自由化や制度の調和は基本的に域内国に限定されるため域外の障壁を実際に引上げなくとも域外に対しては差別が生じる。労働や環境に関する補助協定は前政権を引き継ぎクリントン政権が再交渉したものであった。メキシコ政府はメキシコの最低賃金上昇を生産性上昇にリンクさせることを公約し、さらにアメリカはNAFTAでカバーされない労働問題に関しては一九七四年通商法三〇一条のような自国の通商法を利用する権利を留保するとした。環境協力では、NAFTAで現行のアメリカの保健衛生、安全、環境基準が維持されている。NAFTAは貿易関連その他の制度規定の包括性で注目される。NAFTAのダンピングや補助金規定、知的所有権規定、労働、環境に関する補助協定は、メキシコの制度を主にアメリカの制度に同化ないし接近させる性格のものである。このような域内の制度の調和で途上国の制度をアメリカに同化させることは、アメリカの市場と資本へのアクセスでメキシコを優遇するという攻撃的相互主義のねらいと同様のものである。[37]

ＮＡＦＴＡの締結はアメリカ国内のさまざまな利益集団の間で激しい利害対立が表明され、かつてない論争が生じた。ＮＡＦＴＡ推進派には多国籍企業等のビッグビジネス、全米製造業者協会、全米投資貿易連合、アメリカ商業会議所等がＮＡＦＴＡの経済効果を主張し、他方、ＮＡＦＴＡ反対派には農業団体、中小企業団体、環境保護団体等があり、そして労働組合の最大の組織であるＡＦＬ－ＣＩＯ（アメリカ労働総同盟産業別会議）は強力な反対キャンペーンを展開した。ＮＡＦＴＡをめぐっては、こうした利害対立の構図があった。ここではまず経済諮問委員会による「大統領経済報告」におけるＮＡＦＴＡの経済効果とＮＡＦＴＡ推進派の主張から見てみよう。

アメリカ国内におけるＮＡＦＴＡのもたらす利益は次の三点が指摘されている。第一に、メキシコにはＮＡＦＴＡ以前にアメリカの平均二・五倍高い貿易障壁があり、その大幅な削減はアメリカに有利である。第二は、貿易障壁が削減されているという事実からメキシコにおける投資の必要は減退する。すなわち、アメリカの海外直接投資は市場アクセスの獲得を意図しているのであって、低賃金労働者や緩い規制を利用しようというものではない。第三に、最も重要なのは貿易自由化が両国にとって利益となるような特化を促進するという簡潔な事実である。[38] ＮＡＦＴＡ推進派は主にアメリカ多国籍企業によって形成されたが、その見解は上述の経済効果に集約される。ＮＡＦＴＡにおける投資の自由化達成はメキシコからの域外貿易の効率性を一層高め、アメリカ企業のメキシコへの直接投資はアメリカにとって輸出拡大効果をもたらし、その輸出拡大はアメリカにとって雇用拡大効果が見込める。メキシコの低賃金労働力の活用については明示的に示されていないが、アメリカ企業の競争力強化につながるということにある。そして、クリントン政権におけるＮＡＦＴＡの締結は、メキシコのＧＤＰがアメリカのわずか四パーセント程度であり、ＮＡＦＴＡが調印される以前にアメリカはカナダとの間に自由貿易協定をすでに締結していたという事実があった。さらに、ＮＡＦＴＡは基本的にメキシコの成長と安定に向けられたものであり、他方でアメリカは隣国メキシコの繁栄と安定における経済利益と同様にきわめて重要な安全保障上の利益を享受する。[39]

ＮＡＦＴＡ反対派主張の根拠は①メキシコとの自由貿易協定によるアメリカの労働者の失業と労働条件の悪化、②アメリカの貿易収支効果、③メキシコの労働者にはアメリカの労働者に保障されているような社会保障がない点、④移民問題、⑤環境悪化等々が挙げられている。[40] その理由はメキシコの実質所得が経済成長にともない上昇し、このことが必然的に域外調達拠点としてのメキシコの優位性を低下させ直接投資の流入を妨げるとするものであった。[41]

日米包括経済協議と二国間主義

一九九〇年代、クリントン政権における貿易政策は、一方的措置と並行して、対日・対ＥＵ貿易交渉等二国間貿易交渉にも取り組んできた。とくに、対日貿易交渉での日本に対する要求はより強硬なもので、数値目標が掲げられるなど管理貿易に傾斜し、一九九五年八月の最終合意までに多大な時間を費やしてきた。日米包括経済協議（Japan-U.S. framework trade talks）は、市場分野別協議（Market Oriented Sector Selective: ＭＯＳＳ）と日米構造協議（ＳＩＩ）を引き継ぎ、①政府調達、②規制改革及び競争力、③自動車・同部品、④経済調和、⑤現在する協定と基準の実施等々の五分野に関して一九九三年七月に包括協議が開始され、この交渉がようやく決着したことになる。ここでは日米の包括協議・交渉の過程を検討し、アメリカの貿易政策論理についてもみる。

一九九四年二月に発表された大統領経済諮問委員会年次報告では相当なスペースを割いて日米包括経済協議について報告している。クリントン政権は二国間、地域的及び多国間の貿易協定を通して外国市場の開放に努めるという通商イニシアティブの基本を確認した後、「日本は、米国に次ぐ世界第二の経済大国であり、米国にとってカナダに次

表II－1　アメリカと特定諸国の商品貿易（1987－92）

（10億ドル）

年	ヨーロッパ共同体	日本	「大中国」計	中華人民共和国	香港	台湾	その他
1987	-20.6	-56.3	-25.9	-2.8	-5.9	-17.2	-49.3
1988	-9.2	-51.8	-20.6	-3.5	-4.6	-12.6	-36.9
1989	1.2	-49.1	-22.6	-6.2	-3.4	-13.0	-38.9
1990	6.3	-41.1	-24.4	-10.4	-2.8	-11.2	-42.5
1991	17.0	-43.4	-23.7	-12.7	-1.1	-9.8	-16.6
1992	9.0	-49.6	-28.4	-18.3	-0.7	-9.3	-15.5

注）—輸出は船側渡し、および輸入は関税評価。
中国、香港および台湾は分析の都合により「大中国」に分類されていた。
細部は概数のために合計に加えていない。
出所）　商務省、経済分析局

ぐ第二の貿易相手国である。また、米国が二国間で最大の貿易不均衡を保っているのは、対日においてである。すなわち、赤字は九二年で四九六億ドルであった（表II－1）。日本の多額の対米黒字は、その全世界での多額の経常収支黒字―九二年で一、一八〇億ドルに達する―の重要な一部をなしている」[42]と指摘している。この指摘に続いて同年次報告は、日本の構造問題について、国内消費における製品輸入のシェア、産業内貿易のシェア、外国からの直接投資ストック、国内販売額の外国人所有企業分のシェア、企業内貿易のシェアの高さ等々のすべてで異常に（unusually）という表現を多用し、シェアの低さ、高さが指摘されている。クリントン政権のこうした内政干渉的な通商イニシアティブは、後の日本側の譲歩を引き出すのに、アメリカ経済再生の戦略の一環として組み入れ実施してきたことがうかがえる。九四年三月の大統領行政命令によって復活したスーパー三〇一条もその戦略の一環をなすものであろう。すなわち、日本はアメリカ、ドイツ、イギリス、フランス、イタリア諸国に比較すると、製品輸入の比率が低く、資本も外国に開かれておらず、国内企業の独占的関係がきわめて強く、外国資本にとって特異な構造を有するという「日本異質論」がここで確認されている。また、同年次報告によれば、日本のもつ明らかな異質性は、通商産業政策の介入と日本経済の構造的特徴を強調するものであった。さらに、次のような具体的な指摘がされている。「日本における国内産業支援政策には、生産者及び研究開発コンソーシアに対する補助金、優遇課税、信用の優先的配分、優先的政府調達、生産者カルテルの確立、甘い反トラスト政策が含められる。対外政策には、貿易障壁、外国からの直接投資に対する制限措置、ハイテク貿易に対する統制が含まれる。これらの政策は、幼稚産業から成熟産業にも適用されてきた」[43]。「輸入を阻止する疑いのある構造障壁には、少し挙げただけでも製品の安全性を保証する官僚統制への依存、国内カルテル、ケイレツによる差別的慣行、競争政策実施の弱さ、不十分な知的所有権保護、国内供給者に有利な政府調達手続き、外国資本参入を妨げる不完全な資本市場、輸入製品の配給チャンネルに対する障害が含められる」[44]。

また、日米包括協議はマクロ経済上の目標を設定し、部門別構造協議の必要な分野を定めている。クリントン政権はその包括協議のもとで、自動車および同部品、金融サービス、投資に関する新しい協定に調印した。クリントン政権が九五年の一年間で日本と結んだ貿易協定の数は二〇にも及ぶ。そのなかで部門別協議は成果を生み出しつつあり、九五年一月から一一月までの期間のアメリカの対日輸出成長は、全体で前年同期より二〇パーセントも高く、クリントン就任時より四七パーセントも増加している。アメリカの対日輸出の増加は、とくに日本との貿易協定が網羅している分野で著しかった[45]。

九四年八月の包括協議の合意は、かつての日米構造問題協議と比較すると、アメリカの姿勢はより高圧的なものとなった。まず、交渉の進展を評価する客観的基準が設定され、市場の開放の度合いを量的質的に適切な手段で設定するということと、次いでその交渉手続きである。前者は市場開放の結果を重視するもので、後者がその交渉の政治的輪郭を明確にさせたものであった。これらは日米包括経済協議において最大の論点になったもので、日本の市場開放を要求する具体的な手順が数値目標の設定をめぐる日米間の対立にあった。

しかし、アメリカの数値目標設定の要求は管理貿易との批判を受けることが必死な状況で、そのためにアメリカの要求には前述の日本異質論を前提にする必要があった。[46] ただ、数値目標設定の要求には、また、クリントン政権で大統領経済諮問委員会委員長となったローラ・タイソンの影響もあった。分析を行ったバロッサ（Bela Balassa）、ローレンス（Robertz Lawrence）と「貿易政策・交渉諮問委員会」(Advisory Committee for Trade Policy and Negotiations: PCTPN）の報告書の影響が大きく、フレッド・バーグステンはローラ・タイソンの著作"Trade Conflict in High-Technology Industries"（邦訳「誰が誰を叩いているのか」）の序文で次のように述べている。「当初の書名は『管理貿易あるいは誤った管理貿易』だったが、執筆中に、貿易政策と他のハイテク産業支援政策とのトレードオフの関係を提起するにふさわしい[47]」。タイソン自身も第四章で「管理貿易の明確な定義はどこにもないが、貿易フローの量的目標を設定する貿易協定に共通の原理として理解される。…この定義に従えば、半導体貿易協定と新協定のどちらの市場アクセス（解放）規定も、外国業者の日本市場における最低シェアの数値目標を定めているから、管理貿易の実例と言える[48]」。このようなアメリカの貿易政策の論理は半導体協定に限らず、日本にとって到底受け入れ難い日本異質論にもとづくものであった。

三　管理貿易および競争力政策

一九八八年包括通商・競争力法

レーガン政権の経済政策によってアメリカの貿易収支赤字は、急激に増加をはじめ、一九八三年には一・五九五億ドルと歴史的な赤字を計上した。輸出の停滞と輸入の増大により貿易収支が悪化したのである。これには高金利によってインフレ率が低下したことも影響したが、実効為替相場は一九八〇年七月から八五年二月までに八七パーセントの上昇となった。[49] 八〇年から八五年の五年間の輸出数量の年増加率はわずか〇・三六パーセントにすぎない。アメリカの輸入増加は、第二次石油危機後の不況に苦しんでいた国際経済を立ち直らせる契機となったが、アメリカ産業の国際競争力の低下も示している。一方、八二年から八七年の経常収支赤字は、この高金利とインフレ率の低下のほか、国内貯蓄率の低下とそれ以上の投資過剰も影響した。ただ、貯蓄率が回復するにしたがい、ピークの八七年以降、経常収支赤字は三〇パーセント以上も削減されている。

そのような状況のもとで、八〇年代のアメリカの貿易政策は議会を中心に保護貿易主義的傾向を強め、レーガン政権の「新通商政策」は「自由・公正貿易」の実現を目標として貿易相手国の不公正な貿易慣行への対抗に主眼を置いたものとなった。具体的には、「一九七四年通商改革法」三〇一条（不公正な貿易慣行に対する報復措置の適用）の積極的な活用である。議会とレーガン政権は、非常に強い保護貿易主義の圧力にもかかわらず、一般的には自由貿易を支援する総括的な貿易法案を提案するが、これが一九八四年通商関税法（The Trade and Tariff Act of 1984）である。一九八四年通商関税法が予想されたほどに保護貿易主義に偏らずすんだのは、ブロック（William Brock）の努力に負うところが大きい。ブロックは米国通商代表（USTR）として通商関係の立法をめぐって政府と議会の折衝を全般にわたって受けもった。ブロックはイスラエルとの双務貿易協定をもつ一般特恵制度（GSP）やいくつかの過半数に達しない貿易法案を更新する法案を提案するよう上院財政委員会を説得した。[50] その後、この法案に関して懐疑的であった聴聞会にテキサス州選出の上院議員ベントセン（Lloyd Benstsen）とブロックが支援に加わった。二人はイスラエル自由貿易協定に関する繊維産業の懸念を緩和するために尽力をする。[51] さらに、二つの要因が法案通過に有利に働いた。ひとつには、レーガン政権は鉄鋼輸出諸国に対してアメリカ市場の約一八・五パーセントの輸入削減を目標とする制限規定の交渉を提案することを表明していた。第二に、組織労働は全体として、不効率であることを示していたし、どんな対応策がとられるかもほとんど認識が示されていなかった。労働部門は提案されている不都合な修正、あるいは法案の最終的な変更について国内項目の条項を要求していた[52]。

こうした経緯をとって一九八四年通商関税法は一九八四年一〇月九日に可決され、一〇月三〇日レーガン大統領によって署名承認された。しかし、議会が一九八四年通商関税法を成立させる状況下でも、貿易収支赤字は一九八四年には一、〇〇〇億ドルを大きく超え、そのため一九八八年包括通商・競争力法の成立前の一九八六年、ダンフォース(John C.Danforth)を中心に別の包括通商法案を通そうとする強い動きが両院にでてきた。議会では、下院民主党有力議員による貿易問題を最優先議題のひとつにするためのキャンペーンの展開もあって、いくつもの保護主義法案が提出された。I・M・デスラーによれば、一九八五年だけで両院に提出された法案は六三四件にのぼったが、そのうち九九件が直接かつ本質的に保護主義的で、他の法案も潜在的に保護主義的といえるものであった[53]。

一九八八年包括通商・競争力法(Omnibus Trade and Competitiveness Act of 1988、以下八八年法と略称)は一九八八年八月二三日レーガン大統領の署名発効以前に下院の「一九八七年通商・国際経済政策改革法案」と上院の「一九八七年包括通商・競争力法案」が提出されて圧倒的多数で可決されている。そして、それぞれの法案は一九八七年、両院協議会で調整、一本化され、上下両院で可決された。しかし、同法はレーガン大統領の反対する「工場閉鎖条項」と「アラスカ石油輸出規制条項」を含んでいたため拒否権が発動される。

一九八八年包括通商・競争力法はその目的として自由貿易(free trade)から公正貿易(fair trade)への転換を意味した。すなわち、貿易赤字が拡大するにともない、それが政治的および経済問題となり、保護貿易主義者による同法の議会ロビー活動が活発化するに至り政府と国民の関心は自由貿易に対する支持を外国政府の主張（agents）とみなすようになった。[54] アメリカ政府は外国政府が基本的に互恵的な貿易政策を執らないかぎり他諸国の財・サービスに対してアメリカ国内市場を開放することはないとした。むしろ、不公正な貿易慣行とみなされる取引に反対するにあたっては将来に直ちに報復する意志を示した。[55] そして、八八年包括通商・競争力法の成立はGATT体制における多国間協議による干渉を避けるために、二国間あるいは一方的な通商交渉に重点を移していった。この強権的かつ市場開放的な貿易政策は、アメリカ企業の収益性低下と失業者増大を背景にますます必要性が強調されるに至り、戦後通商体制の決定的な転換を意味した。

一九八八年包括通商・競争力法は、(1)通商規制の強化による米国内産業の保護、(2)不公正慣行を行っている外国に対する報復権限の強化、(3)技術教育などの強化による米国内産業の競争力の向上、等を目的としている。そして、一〇編からなる構成は以下の通りである。

(1) 貿易、税関および関税に関する法律（大統領への通商協定権限の付与、一九七四年通商法第三〇一条の改正、スーパー三〇一条の創設、アンチダンピング法および相殺関税法の改正、一九三〇年関税法第三三七条の改正、一九七四年通商法第二〇一条の改正、一九六二年通商拡大法第二三二条の改正などの規定）

(2) 輸出促進（東芝制裁条項などの輸出管理および輸出促進に関する規定）

(3) 国際金融政策（累積債務の管理、輸出商社法の改正、外国証券業のプライマリー・ディーラー指名における内国民待遇などの国際金融政策に関する規定）

(4) 農産物貿易（農産物貿易戦略、価格支持などの農産物貿易プログラムなどの農産物貿易に関する規定）

(5) 対外不正慣行法（Foreign Corrupt Practices Act）の改正、投資および技術（大統領による外国企業からの米国

企業の買収などの国家安全保障の観点から阻止する権限の付与の規定）

(6) 米国の競争力強化のための教育・訓練（各種教育機関における多方面の教育・訓練のプログラム、技術訓練強化のための機関の設置などの技術訓練に関する規定）

(7) 一九八八年バイ・アメリカン法（米国製品を排除する外国政府の調達に対する措置およびバイ・アメリカン法の修正に関する規定）

(8) 中小企業（中小企業強化のための機関の設置などの中小企業な関する規定）

(9) 特許（プロセス特許の保護のための特許法改正に関する規定）

(10) 海運および航空運送（米国船などの使用を拒むような外国の不公正慣行に対する措置に関する規定[56]）

この法律の全体的な特徴として、従来の通商法の本来の領域に属するもの以外の中小企業（第八編）、特許（第九編）などといった派生的な関連分野だけでなく、第六編のような米国の競争力強化のための教育・訓練の分野にまでわたっていることがあげられる。[57]一般的に、同法によって貿易の保護主義的、制限傾向が強まったが、これは国際経済におけるアメリカ国内産業の相対的な地盤低下に対応してその国際競争力を強化してアメリカの経済力の回復を狙ったものであった。とくに、八〇年代から九〇年代にかけて輸出促進のためクリントン政権は、戦略的貿易政策を採用する。本節では輸出促進戦略に焦点を合わせ、これに関連する競争力強化政策にも触れる。

先述したように、アメリカの貿易政策理念は一九八五年のレーガン政権の新通商政策によって自由貿易主義から公正貿易主義への転機を迎えた。アメリカは公正貿易を「同じ土俵での競争[58]」とみなしており、これはアメリカと諸外国との間の貿易をめぐる競争条件を同等のものとすることを意図したものであった。アメリカの公正貿易の要求は新しい相互主義といわれる。同時に制裁の脅しを伴う相互主義であるが、異なる競争条件のもとでの競争が先端技術部門、農業、サービス産業等アメリカの競争力の強い部門の輸出を抑制し、それが経済全体の収支不均衡の原因になっているという見方である。そこでの貿易政策理念上の特徴は、一方的貿易主義からの乖離を意味する点である。[59] すなわち、諸外国はアメリカ市場への自由なアクセスが確保されている一方で、自らの市場は不公正な障壁で保護しアメリカ製品のアクセスを妨げているとし、貿易相手国の一方的市場開放や輸入の自主拡大を要求するという相互主義的貿易政策に転換したのである。

一九八八年包括通商・競争力法は単に貿易に関する施策だけでなく、技術教育などの国内施策も含んだ総合的なものである。同法の第一編貿易・税関および関税に関する法律には、大統領への通商協定交渉権限の付与やスーパー三〇一条の創出と、これまでの通商法によって解決出来なかったアメリカ産業の国際競争力の低下に対応する規定を新たに設け、アメリカ産業の回復を企図した。輸出側面に着目し貿易相手国の市場開放、すなわち輸出促進を目的としている点では輸入側面に着目して貿易抑制的な措置をとる反ダンピング法や相殺関税法とは異なる。ここでは国際貿易および投資法三〇一条にしぼり、同法を輸出促進の観点からみてみる。

一九七四年通商法三〇一条は市場開放の施策として不十分なものであるという認識と批判が一九八〇年代議会で高まってきた。これに対応して八八年法で修正が加えられたが、その改正のひとつが大統領から米通商代表部（ＵＳＴＲ）への報復権限の委譲である。具体的には、諸外国の輸出入慣行が不公正かどうかの調査決定や対抗措置の内容、実施の決定権は大統領の指示がないかぎりＵＳＴＲに委譲された。[60] ここで重要な規定は通商協定違反や他の「不当な」慣行に対しては報復することが義務づけられたことである。これによって報復権発動の裁量権の幅がせばめられ、その結果、ＵＳＴＲが対抗措置をとるかどうかを裁量できるのは、諸外国の慣行が「不合理」または「差別的」かについての判断だけとなった。[61]

そして、第三〇一条に規定する「不当」「不合理」「差別的」の三つの行為類型のうち、不合理な行為（不合理かつ不公正な行為）の範囲の拡大が図られた。⑴輸出ターゲティング（特定の企業や産業の輸出競争力強化のための外国政府の行う一連の政策）、⑵国際的に認知されている労働者の基本的権利の否定、⑶外国の民間企業・業界が組織的かつ反競争的慣行によりアメリカ製品の購入を抑え、その国の政府もこれを否認している場合が含められている。⑶については、日本の大規模店舗の出店規制や酒類販売免許等が調査対象となり、外国政府の容認しているカルテルや制限的な流通システムも含むと指摘されていた[62]。

不公正慣行に関する調査期間と対抗措置の実施期間も改正された。従来の通商協定にかかわる事項の調査期間は紛争解決手続き終了時点から三〇日後とだけ規定されていたが、この改正により紛争解決手続き終了時点から三〇日後あるいはＵＳＴＲが調査を開始した時点から一八カ月後のうち、早い方とされ、明確な期限の設定がなされた。この措置は、とくに大統領の具体的な指示がないかぎり、決定がなされてから三〇日以内に実施しなければならないということである。この決定については、「以前は、貿易協定の違反がある場合に大統領は（ＧＡＴＴなどの）多国間紛争手続きで結論が出てから三〇日以内に行動しなければならなかった。しかし紛争は何の解決もみないままにだらだらと長引くように思えた。それで議会は解決されない場合には一八カ月以内に行動しなければならないことを定めた。議会が（この修正で）意図したことは明確である。すなわち、ガットが合理的な期間内で解決できなければ、米国は多国間の決定が下されるまでの間、一方的な行動に訴えるということである[63]」。

さらに、一九八八年包括通商・競争力法は、いわゆるスーパー三〇一条を新設した。これによるとＵＳＴＲは毎年「外国の貿易障壁に関する国家貿易評価報告書」（通称National Trade Estimate）を議会に提出することを義務づけられる。これは当初二年間の時限立法で、一九八九年と九〇年にかぎり、ＵＳＴＲはこの年次報告書を議会に提出した後三〇日以内に、⑴優先的に取り上げるべき歪曲的貿易障壁および慣行、⑵貿易交渉の相手国として優先的に取り上げるべき国、⑶上記の優先国の歪曲的貿易障壁が存在しなかった場合に増加したと予想されるアメリカ製品、サービスの輸出額を特定しなければならない。そこで、優先国の特定にあたっては、USTRは貿易障壁の数、まん延の度合、そしてアメリカ製品、サービスの輸出競争力から判断し合理的に期待し得る輸出レベルを考慮することとされている。また、歪曲的貿易障壁の特定にあたってUSTRはアメリカ製品・サービスの国際競争力と輸出潜在力やアメリカ企業に対する中・長期の政府調達実行が図られているか否かなどを考慮することが求められている。また、USTRは優先国の特定を行った後二一日以内に、その優先国の歪曲的貿易障壁に関し調査を開始し、同時に三年以内にこれら障壁の除去あるいはそれによってアメリカが受けた損害の補償について交渉しなければならない。交渉が不調に終わるか、あるいは解決協定が結ばれてもそれが尊守されていないとUSTRが判断した場合には、第三〇一条に基づく調査は継続され、不公正か否かの判断をおこない、適切な報復措置を決めなければならない。

クリントン政権の国家輸出戦略

このスーパー三〇一条は、通常の三〇一条より強力であるため、スーパー三〇一条といわれる。すなわち、スーパー三〇一条は歪曲的貿易障壁等の存在と貿易交渉相手国として取り上げる優先国を特定し、優先交渉事項の特定化が求められている点であり、これは通常の三〇一条が不公正貿易の調査権限を規定していることと異なる。また、貿易交渉の優先国に対しては、交渉が不調に終わった場合、対抗措置として三年以内にこれら障壁を除去ないし報復措置を含めアメリカの受けた損害の補償につき交渉しなければならず、通常の三〇一条が単に諸外国の不公正貿易慣行の除去を目的としているのとも異なる。したがって、スーパー三〇一条はアメリカからみた不公正貿易慣行の排除を目的としただけでなく、相互主義に基づいて報復手段を発動し、多国間交渉よりも二国間交渉を重視する。この意味で、戦後の国際貿易を支えてきたGATTの「多角・無差別」原則を侵しかねない危険性をはらんでいた。また、アメリカ企業の国際競争力強化という目的のもとに対抗措置発動を強力な武器にして早急に問題解決を図る手法は、一歩間違えれば相手国による報復という泥沼化に陥る危険性を含んでいる。このスーパー三〇一条は当初二年間の時限立法であり、一九九〇年末に失効した後、更新されなかったが、九四年三月に再びクリントン政権によって復活された。さらに、その後、大統領行政令により九七年まで延長された。そして、九九年一月にもクリントン大統領の行政令により再び二年間の時限で復活している。

　競争力政策は、先に説明した一九八八年包括通商・競争力法の成立によって経済政策遂行上の基本戦略として位置づけられた。ただ、これは議会主導で提唱されたが、八〇年代のレーガン政権期においては議会の保護主義的動きに対しては大統領の拒否権が行使されるなど競争力政策の遂行にはそれほど積極的なものではなかった。これが貿易政策の基本戦略として位置付けられたのはクリントン政権下である。八八年法に規定される競争力政策は、まず通商規制の強化によってアメリカ国内の産業を保護し、不公正慣行に対しては報復措置を強化することで国内経済の復活を図ることであった。その上で技術教育および人的資本への投資を拡大させることで長期的な生産性上昇と国際競争力強化を達成しようというものであった[64]。これは先述したように、一九八〇年代後半以降に提唱される競争力政策が生産能力強化に際して国際競争を重視していることの表れであろう。ここでは、八〇年代後半以降の競争力に関する政策およびクリントン政権下の競争力強化政策に説明をしぼることにする。

　競争力強化政策がとられる背景要因には、「政府および民間経済主体の短期的な視野や競争力を促進しない政府の誤ったインセンティブ、さらには米国国内に広く存在する国際的な視野の欠如など、米国の経済運営と経済体質[65]」そのものにあった。すなわち、これまでの誤れる政府の諸政策のためにアメリカ企業は、新しい世界経済の状況に対応することができず深刻な競争力問題を抱えるに至ったのである。本来、アメリカ企業は航空・宇宙、情報通信、エレクトロニクスの三者のハイテク製品輸出において他国の追随を許さない圧倒的な競争力をもっている。[66] このセクターは他産業セクターのハイテク製品群とともに、アメリカ産業全体と比べると明らかに輸出集約的である。これが海外からの競争の激化と生産のグローバル化によって多くのハイテク産業が相対的に輸入集約的になった。

クリントン政権の通商政策のなかに位置付けられる競争政策は、アメリカ企業とその労働者の世界的な競争力を強化し、その上、国内外企業にとってアメリカを生産の拠点にする国内政策を補完すべきであるとした。[67] 一九九四年二月一四日に発表された大統領経済諮問委員会年次報告による通商政策は、国内では輸出に対する国内の障壁を削減し、輸出促進プログラムの効率性を改善することでアメリカの輸出を促進するという行動主義的な方針で始まっている。新たな「国家輸出戦略」(National Export Strategy) は輸出促進プログラムをスムーズにおこなうために作られた政府機関間の「貿易促進調整委員会」(Trade Promotion Coordination Committee: TPCC) の中で明らかにされている。クリントン政権の競争政策は、国際貿易における各国の商慣行と法律の相違が主要な決定要因になっているとして、制限的な商慣行を是正するための各国間取決めがないことを指摘することから始められる。[68] 多くの国の国内市場での国内企業による非競争的商慣行を避けるための反トラスト法あるいは反ダンピング法は、こうした状況を是正する効果をもつが、とりわけ反ダンピング法は外国との競争から国内産業を保護する効果をもっている。こうした制限的な商慣行に対する第一の防御線は、より多くの国の競争政策が効率的に実施され、そのような法律が海外の違反者に対して強制力を容易に実行できるというものである。[69]

輸出管理・拡大法およびEximbankの位置付け（むすびにかえて）

先述したように、政策当局は国内市場のアメリカ企業の対外市場参入を通商交渉によって相互に市場参入障壁削減を間接的に支援してきたが、国家輸出戦略においては外国の国内企業の非競争的商慣行を避けるために貿易政策による参入障壁だけでなく輸出補助金、貿易金融あるいは投資保険等の金融的支援といった直接的な支援等も同時に展開している。また、国家輸出戦略における直接的輸出支援が合衆国輸出入銀行（Eximbank）を通しておこなわれている。これらの輸出支援策は政府関連大規模プロジェクトへの参入支援や貿易金融あるいは貿易投資保険をアメリカ企業に提供することでアメリカ企業の海外市場アクセス、とりわけ新興市場への輸出を促進するものである。さらに、海外民間投資会社（Overseas Private Investment Corporation：ＯＰＩＣ）を含めると金融・貿易保険面でのアメリカ企業への支援はかなりな規模にのぼる。Eximbankの権限に関しては、貿易促進調整委員会（ＴＰＣＣ）および国家輸出戦略にもとづき上院において一九九七年輸出入銀行再権限法（Export-Import Bank Reauthorization Act of 1997）が成立し輸出支援策が多様に展開される。これは一九九二年輸出拡大法（The Export Enhancement Act of 1992）によるEximbank条項が修正され、五年間の延長が議決された[70]。

Eximbankの金融・保険面での輸出支援は前述、ＯＰＩＣはじめ民間輸出基金公社（The Private Export Funding Corporation：ＰＥＦＣＯ）、海外信用保険協会（The Foreign Credit Insurance Association：ＦＣＩＡ）を通しておこなわれるが、輸出信用保険は対外取引の供給および需要の両面で活動することによって輸出を刺激する[71]。ＦＣＩＡとEximbankは輸出支援においては緊密な相互補完的な関係にある。また、政策当局は国家輸出戦略の一環として新興市場参入促進のためにこれらの金融的手段をEximbankおよびＯＰＩＣ等の政府系金融機関を通して供与・支援する。ＯＰＩＣは海外投資プロジェクトに対するアメリカ民間部門の銀行融資のための保証支援もおこなう。ＰＥＦＣＯは

Eximbankの保証を伴う商業銀行を通して可能にする固定金利でもって多額あるいは長期間貸付金のための民間資本を集約する。こうした貿易金融促進策の最も重要な側面は新興市場に参入しているアメリカ以外の先進国企業との競争条件の変更を意図していることである。新興市場における競争条件の変更は、具体的にはEximbankのタイド援助資本プロジェクト基金の創出やＯＰＩＣによる投資案件上限額の引き上げ等によっておこなわれている。

Eximbankは新興市場に参入するアメリカ企業に大きな影響を与えた。Eximbankのタイド信用支援基金（Tied aid credit fund）による貿易金融支援策は一九九二年以降、多国間枠組みのなかでＯＥＣＤ交渉を通して制限的におこなわれたが、Eximbankは一九九二年輸出において約七、五〇〇万ドルのうち約三五〇万ドルを支出している。その後、タイド信用支援基金は有効期限一九九七年九月から二〇〇一年九月まで延長された[72]。政府によって創出されたEximbankのタイド信用支援基金は一九九七年六月について、輸出促進策に従って三億四、三〇〇万ドルの信用額を供与している。新興市場への他の先進諸国によるタイド援助が市場における先進諸国の企業間競争を歪めているということからアメリカにはアメリカ企業が不公正な競争に直面しているとの認識があった。一九九四年から一九九六年の間、Eximbankはタイド信用支援基金において実際的かつ潜在的な一〇件の対抗的な海外タイド援助信用二七〇万ドルを抑止装置として使用した[73]。

貿易促進調整委員会（ＴＰＣＣ）および国家輸出戦略にもとづきEximbankの権限が上院において一九九七年輸出入銀行再権限法（Export-Import Bank Reauthorization Act of 1997, S.1026）が成立し輸出支援策が展開される。これは一九九二年輸出拡大法（The Export Enhancement Act of 1992）によるEximbank条項の修正強化の上、五年間の延長が認可された[74]。さらに、政府の輸出管理規制権限は一九四九年輸出管理法（The Export Control Act of 1949）に起源をもつが、一九九四年輸出管理・拡大法（Export Administration and Enhancement Act of 1994）によって大幅に修正強化されている。その後、一九四九年輸出管理法は一九五一年、五三年、五六年、六二年および六五年に修正されたが、同法は実質的な効果を挙げることが出来ず、さらに一九九四年輸出管理拡大法によって再修正されるに至る。近年の最も重要な輸出管理法の修正は先述、一九八八年包括通商・競争力法の貿易法案に含められている。これは輸出管理の効果を削減することなくアメリカ企業の負担を軽減する管理規制の意図があった。この管理法案は管理規制に関する大統領権限を大幅に拡大する。[75] しかし、こうした一連の輸出管理政策の強化拡大は何度も見直しがおこなわれたにもかかわらず、経済的側面で阻害要因として機能した。ここで政策当局は輸出管理政策を経済的側面とバランスをとるという観点から貿易促進調整委員会（ＴＰＣＣ）を通して重要視し、再編を提唱し始めるに至るのである。

註

（1）Economic Report of the Council of economic Advisers, February 1994, p.207
（2）Ibid.,
（3）J.David Richardson, "U.S. Trade Policy in 1980's; Turns -and Roads Not Taken", Martin Feldstein, (ed), American economic Policy in the 1980's, University of Chicago Press, 1994, p.628
（4）Ibid., p.631
（5）Economic Report of the Council of Economic Advisers, February 1999, p.253
（6）Ibid.,
（7）Economic Report of the Council of Economic Advisers, January 2001, p.160
（8）Economic Report of the Council of Economic Advisers, February 1999, pp.255-256
（9）Economic Report of the Council of Economic Advisers, February 1996, pp.254-255

(10) Ibid., p.255

(11) Ibid.,

(12) Economic Report of the Council of Economic Advisers, February 1999, p263

(13) 田中素香、岩田健治編、現代国際金融、有斐閣、二〇〇五年二月一五日、六五頁

(14) 前書、六七頁

(15) Economic Report of the Council of Economic Advisers, February 1994, p.244

(16) Ibid., pp.238-240

(17) このウルグアイ・ラウンド合意は経済諮問委員会年次報告において、先行するGATT協定の中で、最も広範囲で包括的なものであったことが報告されている。「第一に、それは過去のいかなる協定よりも直接的かつ広範囲に貿易に対する非関税障壁を扱っている。第二に、それは最初にいくつかの主要な製品セクターを、貿易ルールの下に置いている」("The Annual Report of the Council of Economic Advisers", February 1995, p.205、邦訳　米国経済白書、毎日新聞社、一九三頁)

(18) Anna Lanoszka, "The World Organization", Lynne Rienner Publishers, 2009, p.37

(19) Ibid., pp.91-92

(20) The Annual Report of the Council of Economic Advisers, op.cit., p.206

(21) Ibid., p.205

(22) Economic Report of the Council of Economic Advisers, January 1993, p.318

(23) Ibid., p.208

(24) Anne O.Krueger, "The Political Economy of Trade Protection", University of Chicago Press, 1996, p.46、一九六一年多国間協定では綿製品を対象として綿製品短期取決め(Short Term Arrengement on Cotton Textiles)を成立させ、続く翌六二年には一九の主要貿易国の間で綿製品長期取決め(Long Term Arrengement on Cotton

Textiles）が採択された。この協定は七三年まで延長され、七四年に綿・毛・化合繊を含むＭＦＡに拡大された。
(25) Anna Lanoszaka, "The World Trade Organization", op.cit., p.113
(26) Ibid., pp.208-209
(27) Economic Report of the Council of Economic Advisers, January 2001, p.179
(28) Economic Report of the Council of Economic Advisers, February 1995, p.213
(29) Ibid., p.211
(30) Anna Lanoazka, op.cit., pp.53-54
(31) Ibid.,
(32) Economic Report of the Council of Economic Advisers, February 1994, p.225
(33) Economic Report of the Council of Economic Advisers, February 1995, p.220
(34) Ibid., p.218
(35) Economic Report of the Council of Economic Advisers, February 1994, p.214
(36) Ibid., pp.214-215
(37) 佐々木隆雄、アメリカの通商政策、岩波書店、一九九七年一〇月二〇日、一九九頁
(38) Economic Report of the Council of Economic Advisers, February 1995, pp.220-221
(39) Robert A.Blecker, "The Political Economy of the North American Free Trade Agreement", Robert A.Blecker ed, U.S. Trade Policy and Global Growth, M.E.Sharpe, Inc. 1996, p.138
(40) 中本悟、現代アメリカの通商政策、有斐閣、一九九九年一〇月二五日、一六〇～一六一頁
(41) Robert A.Blecker, op.cit., p.140
(42) Economic Report of the Council of Economic Advisers, February 1994, pp.215-216（邦訳「米国経済白書」毎日新聞社、一八八～一八九頁）

(43) Ibid., pp.217-218（邦訳　前書、一九〇頁）
(44) Ibid., p.218（邦訳　前書、一九〇頁）
(45) Economic of the Council of Economic Advisers, 1996, p.245
(46) 畠山襄「通商交渉―国益を巡るドラマ」日本経済新聞社、一九九六年一月二二日、五二〜五四頁
(47) Laura D'Andrea Tyson, "Trade Conflict in High-Technology Industries", Institute for International Economics, 1992, p.xiii（邦訳　安部司訳「誰が誰を叩いているのか」ダイヤモンド社、一九九三年五月二〇日、xv-vi）
(48) Ibid., p.133（邦訳、前書、一八七〜一八八頁）
(49) Economic Report of the Council of Economic Advisers, February 1990, p.91
(50) I.M.Destler, "American Trade Polits: System Under Stress", Institute for International Economics, 1986, p.224
(51) Ibid., p.226
(52) Edward S.Kaplan, "American Trade Policy: 1923-1995", Greenwood Press, 1996, p.114
(53) I.M.Destler, op.cit., p.84
(54) Edward S.Kaplan, op.cit., p.116
(55) Ibid.,
(56) 通商摩擦問題研究会編著、福島栄一監修、「米国の八八年包括通商・競争力法」日本貿易振興会、一九八九年四月七日、一一〜一二頁
(57) 前書、一二頁
(58) 佐々木隆雄、前書、一三一頁
(59) I.M.Destler, op.cit., p.6
(60) 通商摩擦問題研究会編、前書、四三〜四七頁

(61) 宮里政玄「米国通商代表部」、ジャパンタイムズ、一九八九年一〇月五日、一一三頁
(62) 通商摩擦問題研究会編、前書、四四～四五頁
(63) 宮里政玄、前書、一一四頁（Joan E.Spero, "The Mid-Life Crisis of American Trade Policy", World Today, January 1989, p.13)
(64) 通商摩擦問題研究会編著、前書、一三頁、立石剛「米国経済再生と通商政策」同文館、平成一二年七月一〇日、三五頁
(65) 立石剛、前書、三五頁
(66) Economic Report of the Council of Economic Advisers, February 1994, p.210（邦訳　一八五頁）
(67) Ibid., p.214
(68) Ibid., p.239
(69) Ibid.,
(70) U.S. Congress, Senate, Committee on Banking, Housing, and Urban Affairs, Report, "Export-Import Bank Reauthorization Act of 1997", pp.1-2
(71) ＦＣＩＡは一九六一年設置法公布による保証・保険計画の拡大にともない、輸出貸付金に向けられる民間資本を政府資本に置き換えることを意図して設置された。また、ＦＣＩＡは一九六一年五〇社余という民間保険部門をEximbank支援の共同会社に組織したものであった。(J.J.Hillman, "The Export-Import Bank At Work", Quorum Books, 1982, pp.49)
(72) Export-Import Bank Reauthorization Act of 1997, op.cit., pp.4-6
(73) Ibid., p.6
(74) U.S. Congress, Senate, "Export Administration and Enhancement Act of 1994", Report, pp.1-2
(75) Ibid.,

第七章　ブッシュ政権の貿易政策

本章は、ブッシュ政権の貿易政策をあきらかにすることを叙述目的とする。第一節では、貿易促進権限（ＴＰＡ）と二〇〇二年通商法に焦点を当てた。ＴＰＡは貿易政策決定プロセスにおける議会の批准に際して大統領に付与される権限で、諸外国と貿易自由化を効率的に交渉し妥結させるために必要なものであった。ＴＰＡ法案はクリントン政権ではその党派的対立で頓挫していた。ブッシュ政権におけるＴＰＡ法案の成立で貿易交渉に対する国内の合意とりつけという対内的側面での障碍がひとつ取り除かれることとなった。ＴＰＡはＷＴＯ新ラウンドの開始と米州自由貿易圏（ＦＴＡＡ）や二国間貿易協定（ＦＴＡ）の締結を目指す上で大きな成果を挙げた。

第二節は、ブッシュ政権の貿易政策の検討である。その貿易政策はクリントン政権の貿易政策を大枠で継承し、伝統的な自由貿易主義に立つことを明確にする。しかし、諸外国の労働者の権利や環境保護を推進する手段ではクリントン政権とは異なり厳しい国際環境や国際経済環境の観点からＦＴＡを主体にするのではなく、低開発国の所得水準の引き上げを主要な政策のひとつとして重視し開発途上国ＯＤＡや経済開発等の手段を活用する。さらに、競争的自由の理念のもとで、多国籍企業の生産拠点の海外展開についてもグローバル化が進展する過程では避けられないものとして許容するが、これは「競争的自由主義」戦略に基づきグローバル経済に対する安定的な国内マクロ経済環境の創出が不可欠とされ、対外的側面でも世界規模の自由化の足がかりになるものとみなしている。

第三節では、経常収支赤字拡大が貿易政策に与える影響をみた。経常収支赤字拡大の原因として、近年、アメリカにとって最大の貿易相手国となった中国を取り挙げる。中国の台頭に対してアメリカの対中国通商交渉の基本方針は、対話と圧力という硬軟両面作戦でのぞんだ。米中戦略・経済対話（S&ED）や米中合同商業通商委員会（JCCT）などで対話をしながら、一方で中国の保護的措置に対してはWTO提訴、アンチダンピング（AD）税や相殺関税（CVD）の賦課といった通商救済ルールの活用など積極的な手法をとる。さらに、貿易収支赤字拡大の原因が貯蓄・投資のギャップの拡大にあることと、それがアメリカ国内の消費の過剰や投資資金の調達のための借入決定の結果であることをみる。経常収支赤字は事後的にはそれに見合った資本流入によってファイナンスされ、これは資本移動の持続可能性の問題である。そうして、これに要する大規模な資本流入の結果、対応する対外債務にかかる利払い負担が増加する。そして、経常収支赤字の継続は金利や為替レートに対する国際的なポートフォリオの組み替えが資産価格や他のマクロ経済的な要因に問題が生ずる。

一　対外経済政策の方向性と継続性

クリントン政権の貿易政策の継承

二〇〇一年に成立したジョージ・W・ブッシュ（George W.Bush）政権の貿易政策は、クリントン政権の貿易政策のある程度の成果を受け、また、軍事的にも強く、経済的にも繁栄するアメリカを継承したものであった。但し、ブッシュ政権の貿易政策における通商法の規定は、共和党政権でも対外経済政策の継続性とともに一定の方向性が与えられている。例えば、米州自由貿易圏（Free Trade Area of the America：ＦＴＡＡ）に向けた地域的交渉、さまざまな国との二国間自由貿易交渉や世界貿易機関（ＷＴＯ）のもとで組織された多国間交渉等がある。ブッシュ政権は、こうした国際経済政策イニシアティブに取り組むとしているが、これらのイニシアティブは、すべて財・サービスの貿易障壁を低下させ、貿易にかかわる国際紛争の解決のために有効な手続を確立することによって経済成長を高めるという経済成長促進行動計画を策定する。[1]

また、こうした継続性は議会が通商法のなかで将来の対外経済政策の目標や方向性を規定して、進捗状況の報告を行政府に求めることに起因するが、ＦＴＡＡや二国間自由貿易協定は自由貿易協定（ＦＴＡ）の原型であり、代表的なのが一九九四年に成立した北米自由貿易協定（ＮＡＦＴＡ）である。ＮＡＦＴＡは八九年一月に発効した米加自由貿易協定の部門別貿易協定をメキシコにも延長したものと考えられている。また、カリブ海援助構想（Caribbean Basin Initiative：ＣＢＩ）等地域別援助構想ではその規定自体にＦＴＡを追求すべきことが規定され、低開発国の経済成長促進政策は、開発援助を拡大させるミレニアム・チャレンジ・アカウント（Millennium Challenge Account：ＭＣＡ）プログラムに表れている。[2] このように通商法の規定によって政権が代わっても貿易政策は一定の継続性が与えられている。ただ、その一方で大統領に通商権限を授権する立法が時限立法であるため、失効時には行政府と議会との間に緊張関係をもたらすことになる。

クリントン政権の貿易政策は、アメリカの経済的利益を重視した現実的かつ対決的なものであった。自国の経済的覇権のための競争力強化、経済成長と雇用の確保、そして、そのために必要な輸出の拡大策をとるなど経済の安全保障を中心におく経済安全保障を掲げた。さらに、対外経済政策の調整と立案をおこなう国家経済会議（National Economic Council：ＮＥＣ）を設けた。自国の経済的利益を最優先させる米国優先主義を掲げ、アメリカ経済自身の強化を目指した。とくに、スーパー三〇一条の復活はより強硬な数値目標を掲げ、結果を重視する管理貿易に傾斜し、それまで各省庁ごとに分散していた輸出促進策を統合して「国家輸出戦略」を初めて策定した。さらに、クリントン政権の貿易政策はウルグアイ・ラウンドを推進する多国間主義、NAFTA策定等の地域主義、そして対日、対EU貿易交渉等の二国間主義から成っていた。また、アメリカ産業の競争力強化等のためにサービス貿易や知的所有権の強化等ウルグアイ・ラウンド交渉を主導し九五年にはWTOを成立させた。NAFTAの成立や翌年のWTOの成立は、アメリカ主導のグローバル化を予見させるもので、NAFTAは九二年のマーストリヒト条約に基づくEUに対抗する地域連携を意図するものであった。さらに、南北アメリカ大陸に自由貿易を実現しようとする米州自由貿易地域（FTAA）も展望するものであった。

クリントン政権が一貫して重視してきたのは、第一に大規模な研究開発支出を要する企業活動を支えること、そして、進展するグローバル経済はそのために拡大された市場を利用する。第二に、グローバライゼーションは競争を強化することでイノベーションだけでなく新しいテクノロジーの採用をうながすというものであった[3]。すなわち、経済統合の有効化がすべてにおいて意味があるということが強調され、その目標に向けてグローバライゼーションを促進する政策が採用される。また、その影響に関する懸念にも対処しようとした。その対処には働く人々の所得、健全な環境、社会・労働の基準、そして豊かな国と貧しい国の所得の乖離等への影響を含んでいる[4]。

クリントン政権期の対外経済政策の背景として挙げられるのは、日本の経済的・技術的な台頭がアメリカ経済に与えた影響が大きな意味をもつということである。九〇年代のアメリカの貿易収支赤字は九三年以降、九六一億ドル、九三年一、三二六億ドルに対して二〇〇〇年四、五四六億ドルに拡大する。対日赤字は九九年の経済諮問委員会報告書による説明でアメリカの堅調な経済成長と九七年のアジア危機による純輸出の顕著な減少にその要因が求められている。[5]「日本および他の東アジアの大部分における紛れもない輸出の収縮であり、それは米国輸出を削減した」[6]九八年以降、ドルは円に対して値下がりしてきたが、他のG10通貨に対するドルの下落は貿易加算ベースではかなり控えめなものであった。したがって、クリントン政権における貿易政策は、一方的措置と並行して対日、対EU貿易交渉等二国間貿易交渉が重視された。とくに、対日貿易交渉での日本に対する要求は、強硬をきわめ、九三年に開始された日米包括経済協議（Japan-U.S. frame work trade talks）は市場分野別協議（Market Oriented Sector Selective: MOSS）と日米構造協議（SII）を引き継ぎ、最終合意までに多大な時間と労力を費やして九五年八月に決着した。九四年の経済諮問委員会報告は日米包括経済協議について相当なスペースを割いて報告している。そのなかでクリントン政権は二国間、地域的および多国間の貿易協定を通して外国市場の開放に努めるという通商イニシアティブの基本を確認した後、「日本は、米国に次ぐ世界第三の大国であり、米国にとってカナダに次ぐ第二の貿易相手国である。また、米国が二国間で最大の貿易不均衡を保っているのは対日においてである。すなわち、赤字は九二年で四九六億ドルであり、日本の多額の対米黒字は、その全世界での多額の経常収支黒字―九二年で一、一八〇億ドルに達する―の重要な一部をなしている」[7]と指摘している。

同年次報告はこの指摘に続いて、日本の構造問題について触れ、国内消費における製品輸入のシェア、産業内貿易のシェア、外国からの直接投資ストック、国内販売額の外国人所有企業分のシェア、企業内貿易のシェアの高さ等々のすべてで異常に（unusually）という表現を多用し、シェアの低さ、高さが指摘されている。クリントン政権のこうした内政干渉的な通商イニシアティブは、後の日本側の譲歩をひきだすのに、アメリカ経済再生戦略の一環として組み入れ、実施してきたことがうかがえる。

このようにクリントン政権の貿易政策を大枠で継承したブッシュ政権は、他方で八〇年代を通して経常収支の赤字幅と対GDP比とも拡大しつつあった経済を背景に、クリントン政権では実現できなかった大統領の貿易促進権限を回復させ、そのもとでWTO新ラウンドの開始とFTAA や二国間自由貿易協定（FTA）の締結を目指した。まずブッシュ政権は、「グローバリゼーションは財・サービス、資本そして国境を越えて人々の動きを増加させ、アメリカおよびグローバリゼーションに関心を有する多くの国々に多様な利益をもたらす[8]」という立場を明確にする。すなわち、ブッシュ政権における貿易政策の特徴は、前述自由貿易主義に立脚することを明確にしながら、諸外国の労働者の権利、環境保護を推進する手段ではFTAを主体にするのではなく、開発途上国ODAや経済開発等の手段をも重視する。さらに、多国籍企業の生産拠点の海外展開についてもグローバル化が進展する過程では避けられないものであると捉えている[9]。その意味では伝統的な自由貿易主義に立った政策理念に近い考えであるということがいえる。

ブッシュ政権の政策理念

ブッシュ政権の貿易政策の理念は、アメリカ通商代表部（USTR）のゼーリック（Robert B.Zoellick）によって定式化された競争的自由化戦略（Competitive Liberalization）に盛り込まれている[10]。競争的自由化とは、一九九〇年代前半のアメリカの貿易政策の成功から引出された戦略で、それまでの主要国による地域主義的な貿易政策は世界貿易秩序を複数の地域的経済圏に分割するためGATTの進める多角的自由化の妨げになるものと考えられてきた。しかし、その後アメリカはこの状況の打開に努めるとともにNAFTAやAPEC等の地域主義イニシアティブを積極的に進め、ウルグアイ・ラウンドではある程度の成功をおさめる。こうして、アメリカは世界各国と地域に対する貿易交渉を巧みに組み合わせることでそれぞれ相手を競い合わせて自らの望む方向に導くことがアメリカの貿易交渉能力の特質を示すものと見なされた。二〇〇三年経済諮問委員会報告書では競争的自由主義を「地域的および二国間貿易自由化への集中はより幅広い多国間貿易自由化の過程と制度としてのWTOを阻害するものである、と論じるものが多い。しかしながら、ブッシュ政権はこうした二国間協定および地域協定を『競争的自由主義(Competitive Liberalization)』戦略の一部として、つまり世界規模の自由化の障害というよりもむしろ足がかり(steppingstones)であるとみなしている(11)」と説明している。すなわち、ブッシュ政権の貿易交渉戦略では多国間主義、地域主義そして二国間主義という三つのアプローチを最大限活用するとともに貿易相手国において可能なかぎり貿易自由化を達成することを目指している。個々における貿易は、またグローバル経済成長促進要因の基底をなす三大原則のなかで①経済的自由の確保、②公正な統治、③国民の投資、のなかの第一の原則に最も関連する。これら三つの原則すべてが相互に経済の成長促進要因をなし、その行動計画の諸局面を強化する。経済的自由は競争と起業家精神(entrepreneurship)を鼓舞することで成長を促進する。この自由を確保するには、低インフレと適切な政府規制で起業家のイニシアティブを奨励し、グローバル経済に対する安定的な国内マクロ経済環境の創出が不可欠とされる。公正な統治は、法の支配の確立とともに政治的自由の保障を意味する。国民への投資は、とくに教育および健康の改善を通して国民の生産能力と福利厚生を高めることに優先的な資源配分を意味する。これら三つの成長促進原則は、世界経済局面でブッシュ政権が取り組むこれら三つの国際経済イニシアティブとも整合的なものである。

貿易促進権限(TPA)

貿易政策には貿易自由化に対する国内における合意のとりつけという対内的側面と諸外国との貿易交渉を通して自国の利益をいかに獲得するかという対外的側面とが密接不可分に存在している。具体的には大統領が諸外国と貿易自由化協定について効率的に交渉し、それを妥結させるため議会に要求したのが貿易促進権限(Trade Promotion

Authority: TPA）である。このTPAは従来、ファスト・トラック（fast-track）権限と呼ばれていたが、一九七四年通商改革法では関税率だけでなく非関税障壁にも対応するために、国内法の修正を伴うような非関税障壁削減のための交渉権も大統領に一括授権する制度を導入した。これによって一九八〇年代以降、アメリカの貿易交渉に対処する上での国内法上の根拠が確立される。ファスト・トラック権限はもともとクリントン政権におけるNAFTAの批准をめぐる議会の党派的対立によってその成立がかなわなかった。議会における党派的対立は労働・環境問題の扱いをめぐってのものであった。第二期のクリントン政権においてもファスト・トラック法案を立法化する動きが何度か生じたが、民主・共和党間の党派的対立を解決できず、これらの動きは全て頓挫している。TPA法案はその成立までに紆余曲折を経て二〇〇一年下院本会議での採決がおこなわれ下院を通過した。

TPAとはアメリカの貿易政策決定システムに特有な批准手続である。例えば、行政府がFTAを締結しても貿易障壁を撤廃するためには国内法の改正が必要で議会の批准を得なければならない。しかし、議会による批准には時間がかかったり、政府が相手国との間で合意した協定が修正されたりするとアメリカの国際的信頼が損なわれてしまう。TPAはこうした事態を避けるための批准手続であり、一定の期間に限り議会からその権限が大統領に付与された。この二〇〇二年通商法（Trade Act of 2002）は両院協議会の採択を経て二〇〇二年八月上院を通過している。

二〇〇二年通商法

また、二〇〇二年通商法はTPA法を包含し、貿易調整支援（Trade Adjustment Assistance: TAA）の拡充、アンデス特恵貿易法（Andean Trade Preference Act）の更新、一般特恵関税法（Generalized System of Preference: GSP）あるいは開発途上国支援を目的とする法案等をパッケージ化したものである。一九八八年包括通商・競争力法以来、一四年ぶりに成立した包括的な二〇〇二年通商法である。一九八八年包括通商・競争力法が日本やヨーロッパの先進国産業・企業への対応を主な関心事としていたのに対して、二〇〇二年通商法では急速に経済成長を遂げつつある開発途上国が主な貿易交渉相手国として意図されているといえる。

再度、TPAの意義に触れると、貿易協定について大統領の交渉力を高め、連邦議会が貿易協定を無修正で議決にかけることをアメリカの交渉相手の外国政府に確約する。これによって新たな輸出機会を創出し、輸入される財・サービスの価格を引き下げることでアメリカに利益をもたらす。加えて、TPAを含め二〇〇二年通商法の意義は、ブッシュ政権の貿易政策に特有なもので、アメリカ自身の利益を図るとともに途上国開発援助の性格を有するミレニアム・チャレンジ・アカウント（MCA）プログラムを始める。これは世界の最貧国に成長促進政策がとられるならば、そうした国に追加的な開発援助を拡大させるというもので、競争を広げ、こうした国の成長を助長するというものであった。つまり、グローバル市場への途上国の統合を進めることで諸国に巨大な利益をもたらすことを目論んでいるのである。最近の研究の示すところによると、一九九四年に妥結した多国間貿易交渉のウルグアイ・ラウンドの下で貿易自由化を完全に実行すると、途上国の所得は〇・八％増加するが、先進国にもたらされる増加率の二倍にすぎない。インドのGDPは、同一の自由化コミットメントの結果として、さらに大きく一・一％増加すると推計されている。[12]

TPAの交渉する貿易協定の多くは開発途上国とのものである。こうした交渉には、FTAAに向けた西半球諸国との議論や南アフリカ関税同盟（South African Customs Union）諸国との協議が含められる。TPAのもとでこうした協議を妥結させるというアメリカの公約は、とくに開発途上国において成長を促進するために貿易自由化を進めるというブッシュ政権の方針を反映する、という特徴を有している。

二　ブッシュ政権の貿易政策

クリントン政権の貿易政策との関係

ブッシュ政権の貿易政策は自由貿易主義に立脚しながら米州自由貿易地域（FTAA）や二国間自由貿易協定（FTA）とともに諸外国の労働者の権利や環境保護の推進も視野に入れたMCA、開発途上国ODA、経済開発手段等も重視した。多国間交渉を推進するWTOの新ラウンドの交渉開始については、クリントン政権の姿勢が影響した。これは一九九九年一一月三〇日から一二月三日までアメリカのシアトルで開かれたWTOの第三回閣僚会議が失敗したことに表れている。WTOシアトル会議が失敗に帰したことは、WTOの意志決定方法にもその原因のひとつがあったとされているが[13]、NAFTA成立のために環境・労働問題を貿易協定で扱うことを掲げたクリントン政権の貿易政策に対する大きな不信と懸念を招いたことが原因となった。これには民主党の従来の支持基盤である労働組合とともに政治的影響力を強めてきた環境保護団体の連携形成があった。労働組合は途上国における労働基準の問題及び労働者保護法制が充分でなく、賃金が低く抑えられたり児童労働の慣行等によって輸出商品が不当に安くなっているとみて、シアトル会議でも労働基準に関する作業部会を設置することを求めていたのである。

また、先述の貿易調整支援（TAA）は貿易自由化によって被害を受けた失業者に対して職業訓練や失業保険を追加的に支給する制度であるが、これを拡充することは社会保障制度の充実を重視する制度であり、国内政策でも共和党の考えとは相反するものであった。しかし、雇用拡大を経済政策の柱に据えるブッシュ政権でもこれを全面的に否定することもできず、民主党が多数を占める議会でもTAAの拡充がなければ、貿易促進権限（TPA）法案の通過にも抵抗すると見られていたので、共和党のTPAの議会通過のための妥結としてTAA拡充がTPAに盛り込まれたものであった。

ブッシュ政権の国家安全保障戦略

ブッシュ政権の貿易政策は、先述の「競争的自由主義」の政策理念にもとづき、大枠として自由貿易主義に立つが、その姿勢はWTOよりも地域主義によるFTA締結に重点を移し消極的姿勢に終始しているようにみえる。ブッシュ政権は二〇〇二年九月「国家安全保障戦略」を発表し、国際社会の政治・経済的事情、平和的国家関係および人間の尊厳の実現を掲げ、そのなかで「自由市場・自由貿易による世界経済成長の実現」を目指した。(14) ブッシュ政権期はクリントン政権の時期とは異なり、中東地域での紛争とテロが頻発し、安全保障問題が政治的課題として重視される。冷戦期のアメリカ議会はソ連の脅威を封じ込めるために先進諸国の経済発展や結束の強化を図ることが必要だとする「冷戦コンセンサス」が存在し、その延長にあって短期的な経済的利害よりも自由世界の防衛という国際政治における外交戦略上の関心が優先されたということがいえる。

WTO（世界貿易機関）は、クリントン政権におけるGATTのウルグアイ・ラウンド交渉によって一九九五年一月に発足した。WTOは発足当初、二一世紀の世界貿易体制を担う画期的な面を持つものとして期待された。しかし、設立に関しては、このような国際機関の設立によって貿易政策に対するアメリカの主権が脅かされるのではないかという懸念があった。そのようなWTOの活動に関する懸念を和らげるためにWTO紛争処理検討委員会（WTO Dispute Settlement Review Commission）の設置を支持した。その紛争処理委員会（パネル）の活動がその権限を越えて、あるいは協定の範囲を逸脱しなかったかどうかを判定しようとした。そして、パネル活動に関して委員会が報告内容を越えていると判定される場合、議会議員はＷＴＯへのアメリカの参加を不承認とする共同決議を導入でき、その決議が議会によって立法化され、それに大統領が署名すると、アメリカはＷＴＯから撤退することができるとした[15]。ＷＴＯの設立に関してはこうした経緯があるものの、旧来のＧＡＴＴの国際機関としての法的地位の曖昧さは是正され、設立には至らなかった国際貿易機関（ＩＴＯ）以上の包括的な機関が誕生した。ＷＴＯはウルグアイ・ラウンド協定の実施や多角的交渉を管理し、各国の通商政策の監視やＩＭＦ、世界銀行などとの協力を行う紛争処理機構が強化された。ＷＴＯの画期的な面は、前述紛争処理委員会の設置に加え、サービス、知的所有権、貿易関連投資などの新しい分野でルールの設定があったことである。従来、特別扱いしていた農産物の自由化も関税化の原則が採用された。さらに、アンチダンピング、補助金、セーフガード等灰色措置が透明性を高めるルールが明確化された。ＷＴＯの残された課題としては貿易に関する環境問題、競争政策、投資、労働問題等が挙げられている。

保護主義の抑止としてのＷＴＯ

ＧＡＴＴの多国間主義を受け継ぐＷＴＯは近年の経済危機に直面し、立脚する自由貿易にさまざまな障壁が生じる。これは二〇〇八年九月のリーマンショックを契機にサブプライム問題に端を発した金融危機が実体経済の悪化を引き起こし、世界経済が大恐慌以来の深刻な経済危機に陥ったことの影響である。これによって各国は自国優先主義に陥り、国内産業保護と雇用確保のために保護主義的措置をとるようになる。その結果、アメリカのバイ・アメリカン条項（後述）や新興国での関税引上げの動きなど保護主義的措置の導入は他国の報復を招き、国際貿易の縮小と世界経済の悪化という負の循環を引き起こすことになった。こうした状況のなかでＷＴＯは、ＷＴＯ協定違反に対しては紛争解決手続きにもとづく是正勧告を出し、勧告に従わない場合には制裁を課すこともいとわなかった。そこで保護主義を抑え自由貿易を推進するというWTOの役割が改めて確認されよう。WTOは多角的自由化交渉（ラウンド）の推進、貿易ルールの適用（保護主義的措置の監視）、貿易紛争の処理等の機能を果たしている。WTOの形骸化によって、これらの機能が損なわれることになれば、保護主義の動きに対する歯止めも利かなくなってしまうということになる。そのことから言うと、保護主義の抑止はWTOの新交渉ラウンドにおける各国の合意にもとづいて妥結することがその要件である。現在、WTO新交渉ラウンド（ドーハ・ラウンド）の失速を懸念して各国はFTAなど地域貿易協定に重点を移して締結交渉をおこなっている。ところが経済が縮小するなかでは有効に機能しない。逆に域内国がブロック経済化へ進む危険性すらある。WTOの新交渉ラウンドの早期妥結が保護主義を抑止する上では有効である。[16]

ドーハ・ラウンドの挫折

WTOの貿易交渉（ドーハ・ラウンド）は二〇〇一年一一月、カタールのドーハで新たな開始が宣言され、アメリカはドーハ開発アジェンダ（Doha Development Agenda: DDA）を前進させるための枠組みについての国際的な合意取り付けを目指した。しかし、二〇〇二年通商法によってTPAが成立した後も先進国と発展途上国との対立は解消されず、WTO新交渉は難航した。ドーハ宣言の目的はとくに農業交渉推進のための実施にかかわる合意の新たな形成にあった。その内容は第一にすべての農業関連食料品生産に対する市場アクセスの大幅な改善、第二に妥当な短期間の輸出補助金の除去、第三にはすべての生産様式及び歪曲的な貿易支援の大幅削除等々である。[17] ドーハ閣僚会議宣言の第一三章は「開発途上国に対する特別及び無差別な取り扱いは交渉の不可欠な部分」であり、「食料保障と開発を含め途上国の開発要求の効果的な説明を行うため」に途上国に手段を与えることであるとしている。[18] ところが実施及び特別・無差別な取り扱いの政治的・外交的交渉の手順（モビリティ）は二〇〇三年三月の期限までに署名されなかった。ドーハ・ラウンド主要交渉事項の決定を目的とした二〇〇三年のカンクン閣僚会議では農業、投資、政府調達、貿易促進、競争政策、綿花、工業関税、そして開発等ほとんどすべての分野で先進国と途上国の対立が生じた。発展途上国はその際、ブラジル、中国、インドなどを軸にG20を形成することで先進国の提案を拒否した。ドーハ・ラウンドは二〇〇四年七月ようやく枠組み合意がなされ交渉が開始されたが農業問題を中心とした先進国と発展途上国間の非妥協的かつ対立的な姿勢は解消されず、二〇〇七年には再び交渉が頓挫してしまう。解決されぬまま残された主要な問題は、第六回WTO閣僚会議の準備会合において取り上げるというものであった。しかし、香港閣僚会議も全く進展せず、同年夏にはラウンド交渉の凍結が決定されるに至った。

WTOラウンド交渉が難航した理由は、ラウンド交渉自体の意志決定方法等に起因する非効率性のほか様々な要因が考えられる。これは直接的には先に述べたシアトル閣僚会議の決裂の要因にあるが、その失敗には複数の要因が絡み合って決して単純なものではない。まず挙げられるのは、WTO加盟国数の増加がその理由として考えられる。一九八六年ウルグアイ・ラウンド開始時の加盟数が九三ヵ国であったのに対し、現在（二〇〇七年一月時点）WTO加盟国は一五〇ヵ国を超えるに至っている。こうした加盟国の増加は貿易交渉への関心の多様化を意味し、ラウンド交渉事項（アジェンダ）を巡って議論が錯綜することは避けられずラウンド交渉における妥結が困難なものになることは想像にかたくない。そして、当然のことながら新加盟国には発展途上国が中心であり、従来のような先進国間での合意が途上国に追認される状況は交渉の過程で容易なものではなくなっていた。(19) WTO加盟国の増加とともに相対的に多数を占める発展途上国は、発言力を増し非妥協的な貿易交渉にならざるを得ない。つまり、世界的に広がりつつある所得分配の不平度性が底流にあり、その所得格差が交渉における各国の要求を先鋭化させ交渉余地の狭隘化を招き交渉自体を困難なものにしているといえる。

シアトル閣僚会議時の非政府組織（NGO）による激しい反対運動もまた交渉の障害となっている。こうしたデモに訴える反グローバルズム運動はWTOにNGOに対する対応が交渉を左右しかねないものであることを認識させた。

個別問題では、各国の利害対立は農業問題において最も激しいものであった。とくに農業補助金をめぐる課題と農業の有する多面的機能に関する対立である。農業交渉においてはアメリカと日欧、先進国と途上国の対立という複雑な図式が存在し、交渉そのものを難航させる。市場アクセスでは、アメリカなどが日本のコメ等高関税品目を対象に上限関税の設定を含む大幅な関税削減を求めているのに対して、日本、スイスなど農産品輸出国のG10の反発が強い。国内の輸出助成と輸出競争政策ではブラジルやインドなど途上国G10がアメリカとEU等に対して補助の大幅削減または撤廃を要求しており交渉の妥結にはいたっていない。

アメリカの二国間FTA

先述のように、ブッシュ政権は中東などテロリストの温床となる地域、あるいは途上国に共通するのは貧困にあるという認識のもとに、貧国問題の解消に重点をおき、その手段としてFTAを活用した。したがって、開発途上国ODAや経済開発手段などとともに貿易の自由化や規律化をもたらす包括的な内容をもつとされるFTAも重視する。そして、自由な貿易や投資の流れから経済発展が可能になれば諸国の所得が上昇し貧困は解消されるものと考えられた。アメリカがこれまで締結したFTAはおよそNAFTAが原型であり、多角的・無差別なWTOラウンド交渉からNAFTAあるいは二国間FTAに重点を移していく。これはアメリカの貿易政策の史上で転換点となった。NAFTAはクリントン政権下の一九九四年一月にカナダ、メキシコとの間で発効した世界で最も大きな経済規模を誇る自由貿易地域である。FTAとは本来、交渉相手国との間の貿易自由化、とくに関税の撤廃を取決めた協定である。

アメリカのＦＴＡは対象となる交渉範囲の広範さと相手国の国内環境要件や制度の変更を含めた「深い統合」[20]を志向する点がまずその特徴として挙げられる。具体的には、アメリカのＦＴＡは物品貿易における関税の撤廃だけではなく、サービス貿易、投資、政府調達、知的財産権、競争、労働・環境保護など幅広い分野で高度なルールが規定されている。そして、アメリカは自国のＦＴＡをGold-standard ＦＴＡ[21]と称してそれらの高度なルールをグローバル・スタンダードとして全世界に普及させていく意思を明確にしている。ＷＴＯでは、サービス分野は「サービスの貿易に関する一般協定（ＧＡＴＳ）」、投資分野は「貿易に関連する投資措置に関する協定（ＴＲＩＭ）」、政府調達分野は「政府調達に関する協定（ＧＰＡ）」知的所有権分野は、「知的所有権の貿易関連の側面に関する協定（ＴＲＩＰｓ）」などの協定によって規定されている。

ブッシュ政権下でのＦＴＡ

ブッシュ政権下におけるＦＴＡは、貿易促進権限（ＴＰＡ）がまず北米・中米・南米の三四ヵ国が参加する米州自由貿易地域（ＦＴＡＡ）の交渉にはずみを与えた。ＦＴＡＡ交渉で西半球諸国における議論に参加した国は、オーストラリア、モロッコ、中米諸国（コスタリカ、エルサルバドル、グァテマラ、ホンジュラス、ニカラグア）、南アフリカ関税同盟（South African Customs Union）諸国（ボツワナ、レソト、ナンビア、南アフリカ、スワジランド）等々である。このＦＴＡＡが行われると、アメリカはＧＤＰを〇・六％増加させることができ、ラテンアメリカの参加国（メキシコとチリを除く）は合計ＧＤＰを一・一％増加させることができる。また、メキシコとチリのＧＤＰは、ＦＴＡＡの結果、それぞれ〇・八％、二・五％増加するとしている。ただ、中南米諸国にとってＦＴＡに基づく貿易の自由化や規律化は、激しい内容となる場合が少なくない。一九九〇年代にかけて自由貿易政策への転換と推進を図ってきたとはいえ、ＮＡＦＴＡを原型とするＦＴＡは自国市場を侵される形での自由化を意味し、アメリカの要求すべてをうけいれるのは容易ではない。事実、ブラジルはＦＴＡＡ交渉に際して、このアメリカの姿勢に対して強く反対し、ＦＴＡ交渉は停滞する。

アメリカは難航するＦＴＡ交渉と並行して、現実的な対処としてＦＴＡＡ参加国との間で二国間、あるいは限定的な地域との間で個別にＦＴＡ交渉を進めている。二〇〇四年にオーストラリア、モロッコ、バーレーン、またコスタリカ、エルサルバドル、グァテマラ、ホンジュラス、ニカラグア、ドミニカ共和国を含む中米自由貿易協定（Central American Free Trade Agreement: ＣＡＦＴＡ）を締結国との間で妥結した。さらに、南部アフリカ関税同盟（Southern African Customs Union）の五ヵ国（ボツワナ、レソト、南アフリカ、スワジランド）との交渉を継続し、他方でタイ、パナマ、コロンビア、エクアドル、ペルーといったアンデス諸国と新たな交渉を開始した[23]。その後、ペルー、コロンビア、パナマと二国間ＦＴＡを締結、ペルーとは二〇〇九年九月に発効している。

ブッシュ政権のＦＴＡ戦略は前節でみたように、ＴＰＡ獲得で民主党が多数を占める議会の支持を得るために妥協を重ね、また共和党の支持を固めるために取られた保護的措置、とくに巨額の農業補助金は諸外国との妥協の余地を小さなものにしていった。こうした厳しい背景のもとでＷＴＯラウンドやＦＴＡＡ交渉を進めることができず、ＦＴＡ交渉でも機会主義的に小規模途上国との間でまとめられたにすぎなかった。ブッシュ政権の掲げた競争的自由化についても限定的な効果をおさめただけであった。その理由は第一に、アメリカの交渉スタンス、すなわち自国の農業補助金の撤廃要求には応じない一方で、ハイレベルなＦＴＡの受け入れを一律に迫ったことである。第二に、交渉相手国の選択基準がある。これには交渉相手国が小国に集中している点に議会やアメリカ商業会議所などから批判的な見解が出された。第三には、一九九〇年代以降における地域主義の発展がある。これはシアトル閣僚会議決裂の原因ともなったWTO加盟数の増加とともに低所得途上国が増加し多くのの国々がFTA締結を加速させ、地域主義相互の連携が活発化した。(24)

オバマ政権の貿易政策

本節最後に、二〇〇九年一月に発足したオバマ政権の貿易政策を取り上げる。ブッシュ政権期のアメリカは、イラク戦争や中東のテロといった負の遺産の対応に追われ、単独の行動主義に走り、国際社会における孤立を招いた。また、二〇〇八年九月のリーマンブラザースの経営破綻に端を発した世界金融危機への対応でも金融部門への不介入姿勢を貫き、その後の世界経済不況を招くなど一つの原因をつくった。さらに、京都議定書への批准拒否など環境問題に距離を置いた結果、世界の二酸化炭素排出量削減に向けた動きも進展を見せず、ここでも国際社会での孤立を招いている。

オバマ政権ではサブプライム問題の勃発以降の経済危機のなかで、国内経済の再生が最優先の課題となり、国内産業を守るために貿易政策で保護主義を強めるのではないかという見方が少なくない。オバマ政権は貿易政策で「公正な貿易」を目指すとの政策スタンスを示しており、従来の自由貿易に距離を置いた政策の修正を示唆している。これまで公正貿易は保護貿易とほぼ同義語のように扱われがちであったがオバマ政権では保護貿易と異なる概念として定義している。公正貿易を競争条件の平準化を図るものと位置付けている。また、議会で多数を占める民主党はもともと貿易政策で保護主義の色彩が強く、景気低迷が続けば、保護主義がさらに強まる可能性がある。事実、二〇一〇年の経済諮問委員会年次報告でも保護貿易主義を歓迎すべき政策として挙げている。「危機時にもとめられなかった極めて歓迎すべき政策として保護貿易主義があった。保護貿易主義は大恐慌を引き起こした促進剤としばしば見なされているが、この危機において、それはほとんど見られなかったといえる」[25]。但し、「現在の危機は、減少しつつある輸出に関税引上げで対応するのではなく、諸国は市場を開放し続け、世界貿易が立ち直る可能性に配慮した」[26]。また、保護主義的な措置として懸念されるのは、二〇〇九年一月に下院が可決した景気対策法案（追加雇用対策）のなかで公共事業においてアメリカ製鉄鋼製品の調達を義務づけた「バイ・アメリカン条項」（アメリカ製品の優先購入）を盛り込んだことに表れている。さらに、上院の法案では、バイ・アメリカン条項の適用対象を鉄鋼以外の製造業品目にまで拡大し、保護主義的な色彩の一層強いものとなった。これに対してグローバルに事業を展開する企業側は懸念を強め、全米商工会議所は反対の声明を議会に送付している。商工会議所が下院に送った声明では、それによって海外諸国の対抗措置を招きアメリカの輸出を阻害し、それによって国内の雇用は一七万人以上減少すると述べている[27]。

オバマ政権のFTA締結交渉は、前述の政策スタンスからも消極的な姿勢に傾いている。オバマ政権はブッシュ政権下で議論の進んだ二国間FTAの不完全性や法的な執行の不徹底から生じる雇用の喪失や環境問題など、そのネガティブな側面を批判してきた。ブッシュ政権が締結したコロンビア、パナマ、韓国とのFTAの批准に向けた議論が進む可能性は低い。オバマ政権のFTAに関する意志表明は、二〇〇九年一月のAPEC首脳会議開催の直前に地域協定である環太平洋経済連携協定（TPP）への関与を示したことが初めてであった。しかもTPP参加国の経済規模は決して大きなものではなく、アメリカ経済への貢献もそれほど見込めるものではなかった。

オバマ政権の貿易政策において大きな課題となってきたのは、とりわけ中国の台頭に伴う人民元の問題である。ブッシュ政権の中国に対する関心は、アメリカ国内の雇用増大という観点から中国市場におけるアメリカ製品、サービスのビジネス機会の拡大に焦点が当てられていた。したがって、そのためのWTOルールの尊守、とくに知的財産権の保護、中国市場の各種障壁の除去等々にあった。人民元レートをめぐる対中国批判は民主党の支持母体である労働組合や中国からの輸入増加で被害を受けている業界からのものであった。その批判は人民元レートが実勢よりも人為的に低く抑えられ、中国製品のドルベース価格を安くして対米輸出を増やしているというものである。もちろん、中国はこれに強く反発する。人民元の切上げは中国国内の社会不安を招き、工場閉鎖で労働者が村に帰る事態となる。そうして中国の社会と経済が混乱すれば世界は悲惨なことになる、と主張する。そうした事態は避けるべきだという見解がアメリカ国内でも見られ、米中対立の不安定な状況が世界経済の新たな課題となってきている。

三　経常収支赤字拡大の貿易政策への含意

経常収支赤字の拡大はブッシュ政権期のアメリカの対外経済取引において解決すべき最も大きな問題であった。経常収支赤字拡大の継続はアメリカ経済が回復軌道にのり世界経済が好調時に生じていることであり、そうしたなかでドルの減価と為替市場の不安定化を招き為替政策においても課題を抱える形となった。経常収支は事後的にはそれに見合った資本輸入によってファイナンスされる。財・サービスの動きと国際資本移動は全く異なるものと考えられているが、貿易の流れと資本の流れはコインの表裏の関係のように密接に絡み合っている。この点では経常収支赤字と対外金融とは表裏一体の関係にあるといえる。ここではブッシュ政権期の貿易収支の推移と貿易収支赤字の原因を見た上で、赤字のファイナンス─貿易の流れと資本の流れの結びつき─の状況とその持続可能性について考える。

経常収支の概観

八〇年代アメリカの経常収支赤字は八三年から急激に増加し始め八七年にピークの一、六〇六億ドルを記録した。

そのなかで八七年の貿易収支は、一、五九五億ドルと大幅な赤字を計上した。これは輸出の停滞と輸入の増大によって貿易収支が急速に変化したためである。さらに高金利によりインフレ率が低下したことも作用した。九〇年代に入り貿易収支は九三年からゆるやかに赤字が拡大をはじめ、九三年の貿易収支赤字は九二年の九六一億ドルに対して三七・九%増の一、三二六億ドルである。これが九八年と九九年に急増し、収支幅は二〇〇〇年の四、四六二億ドルに拡大した。二〇〇〇年の財・サービス収支はおよそ三、七八七億ドルの赤字でGDPの約三・六%に相当する。その間に経常収支は対GDP比約四・三%の赤字を記録した。九九年の経済諮問委員会報告書による貿易収支赤字拡大要因の説明は、アメリカの堅調な経済成長と九七年のアジア危機に帰せられている。

ブッシュ政権期の経常収支赤字は、二〇〇一年三、九七一億ドルが二〇〇六年八、〇二六億ドルの巨額に達し、その後ゆるやかに減少、二〇〇九年三、七八四億ドル、二〇〇一年比で約四三・一%の減少である。二〇〇〇年代初の経常収支赤字拡大は財の貿易収支赤字は二〇〇六年に八、三九四億ドルのピークを付け、これが二〇〇九年五、〇六九億ドルと二〇〇六年比で大幅に減少している。これに対してサービス収支は第二次大戦後を通して黒字を継続しているが、二〇〇〇年代においても増加し続け二〇〇九年一、三〇四億ドルと黒字幅を広げている。財の輸出は一九九〇年の対GDP比六・七%から二〇〇〇年七・九%まで増加したが、財の輸入はさらに多く、同じ期間に対GDP比八・六%から一二・五%に増加した。二〇〇〇年以降の経常収支赤字拡大は輸入の増加というよりむしろ、主として財の輸出減少から生じている。経常収支赤字の対GDP比は二〇〇一年三・八%から二〇〇五年六・四%に増加したが、それは財の輸出の増加を反映している。近年の貿易収支の動きは、二〇〇九年財の輸出が大きく増加した。これは二〇〇九年半ばのアメリカ以外の全体的なGDPの回復と一致する。アメリカの貿易相手国の経済力を反映するとともに、アメリカの輸出は諸国の相対価格の動きも反映している。

表Ⅲ－１　米国の国際収支（1980～2010年）
[100万ドル、四半期データは季調済み、貸方(＋)、借方(－)]

年/四半期	財[1]			サービス			財・サービス収支	所得受取・支払			経常移転収支[2]	経常収支
	輸出	輸入	貿易収支	軍事取引収支[2]	旅行・輸送収支	その他サービス収支		受取	支払	所得収支		
1980	224,250	-249,750	-25,500	-1,822	-997	8,912	-19,407	72,606	-42,532	30,073	-8,349	2,317
1981	237,044	-265,067	-28,023	-844	144	12,552	-16,172	86,529	-53,626	32,903	-11,702	5,030
1982	211,157	-247,642	-36,485	112	-992	13,209	-24,156	91,747	-56,583	35,164	-16,544	-5,536
1983	201,799	-268,901	-67,102	-563	-4,227	14,124	-57,767	90,000	-53,614	36,386	-17,310	-38,691
1984	219,926	-332,418	-112,492	-2,547	-8,438	14,404	-109,073	108,819	-73,756	35,063	-20,335	-94,344
1985	215,915	-338,088	-122,173	-4,390	-9,798	14,483	-121,880	98,542	-72,819	25,723	-21,998	-118,155
1986	223,344	-368,425	-145,081	-5,181	-8,779	20,502	-138,538	97,064	-81,571	15,494	-24,132	-147,177
1987	250,208	-409,765	-159,557	-3,844	-8,010	19,728	-151,684	108,184	-93,891	14,293	-23,265	-160,655
1988	320,230	-447,189	-126,959	-6,320	-3,013	21,725	-114,566	136,713	-118,026	18,687	-25,274	-121,153
1989	359,916	-477,665	-117,749	-6,749	3,551	27,805	-93,142	161,287	-141,463	19,824	-26,169	-99,486
1990	387,401	-498,438	-111,037	-7,599	7,501	30,270	-80,864	171,742	-143,192	28,550	-26,654	-78,968
1991	414,083	-491,020	-76,937	-5,274	16,561	34,516	-31,135	149,214	-125,084	24,130	9,904	2,898
1992	439,631	-536,528	-96,897	-1,448	19,969	39,164	-39,212	133,766	-109,531	24,234	-36,636	-51,613
1993	456,943	-589,394	-132,451	1,385	19,714	41,041	-70,310	136,057	-110,741	25,316	-39,812	-84,806
1994	502,859	-668,690	-165,831	2,570	16,305	48,463	-98,493	166,521	-149,375	17,146	-40,265	-121,612
1995	575,204	-749,374	-174,170	4,600	21,772	51,414	-96,384	210,244	-189,353	20,891	-38,074	-113,567
1996	612,113	-803,113	-191,000	5,385	25,015	56,535	-104,065	226,129	-203,811	22,318	-43,017	-124,764
1997	678,366	-876,794	-198,428	4,968	22,152	63,035	-108,273	256,804	-244,195	12,609	-45,062	-140,726
1998	670,416	-918,637	-248,221	5,220	10,210	66,651	-166,140	261,819	-257,554	4,265	-53,187	-215,062
1999	698,034	-1,034,345	-336,310	-7,245	6,836	72,481	-264,239	293,925	-280,037	13,888	-50,428	-300,779
2000	784,181	-1,230,413	-446,233	-6,610	2,714	71,349	-378,780	350,918	-329,864	21,054	-58,645	-416,371
2001	730,277	-1,152,257	-421,980	-8,398	-3,217	69,201	-364,393	290,797	-259,075	31,722	-64,487	-397,158
2002	696,268	-1,171,613	-475,345	-12,761	-4,334	71,916	-420,524	280,942	-253,544	27,398	-64,948	-458,074
2003	728,258	-1,269,802	-541,544	-17,062	-12,249	76,671	-494,183	320,456	-275,147	45,309	-71,794	-520,668
2004	819,870	-1,485,501	-665,631	-17,232	-15,328	88,846	-609,345	413,739	-346,519	67,219	-88,362	-630,488
2005	909,016	-1,692,817	-783,801	-15,512	-13,121	98,258	-714,176	535,263	-462,905	72,358	-105,772	-747,590
2006	1,035,868	-1,875,324	-839,456	-11,652	-9,743	101,611	-759,240	682,221	-634,136	48,085	-91,481	-802,636
2007	1,160,366	-1,983,558	-823,192	-10,701	4,576	127,217	-702,099	829,602	-730,049	99,553	-115,548	-718,094
2008	1,304,896	-2,139,548	-834,652	-13,375	19,103	130,122	-698,802	796,528	-644,554	151,974	-122,026	-668,854
2009	1,068,499	-1,575,443	-506,944	-13,378	14,951	130,463	-374,908	588,203	-466,783	121,419	-124,943	-378,432
2009 Ⅰ	255,044	-376,241	-121,197	-4,014	2,537	32,235	-90,439	143,356	-118,747	24,609	-29,747	-95,577
Ⅱ	254,021	-367,528	-113,507	-3,101	4,064	32,104	-80,441	142,281	-115,995	26,286	-30,292	-84,447
Ⅲ	268,858	-400,977	-132,119	-2,283	3,849	31,231	-99,322	146,584	-111,127	35,457	-33,638	-97,503
Ⅳ	290,576	-430,698	-140,121	-3,980	4,501	34,893	-104,707	155,982	-120,914	35,068	-31,268	-100,907
2010 Ⅰ	305,640	-456,961	-151,321	-3,479	5,288	35,062	-114,451	161,268	-121,108	40,160	-34,867	-109,158
Ⅱ	316,163	-485,734	-169,571	-3,126	5,475	34,143	-133,078	163,871	-120,857	43,014	-33,151	-123,214
Ⅲ p	323,061	-494,218	-171,157	-2,765	4,978	34,549	-134,396	165,528	-124,473	41,055	-33,886	-127,227

1　センサス・データをベースに、国際・国民経済計算体系と概念上および定義上の整合性を図るため所定の調整を行ったもの。センサス対象外のデータの補足、国際経済計算上別勘定で記録されている重複データの削除、標準的定義に基づく取引の評価のほか、古い時期のデータについては、期間帰属の適切性を図るための調整が行われている。

2　米国の無償軍事協力プログラムのもとでの財・サービスの移転を含む。

3　金、IMF特別引き出し権(SDR)、外国通貨、米国のIMFリザーブ・ポジションからなる。

(出所) Economic Report of the President. Transmitted to the Congress. February 2011. p308（「米国経済白書、2011」）エコノミスト、2011.5.23、291頁）

アメリカの対中国貿易収支赤字

中国はアメリカにとって貿易収支赤字をもたらす最大の貿易相手国である。中国は二〇〇〇年のWTOに加盟する直前、貿易赤字額がこれまでの日本に代わって最大となり、以後年々拡大を続けている。アメリカの地域別貿易（表Ⅲ－2）からみると、対中国の貿易赤字額は二〇〇八年二、六七八億ドルと対日貿易赤字額七五四億ドルの三・五倍、全体の貿易赤字額八、三四六億ドルの三二・〇％を占める。二〇〇〇年以降の中国の台頭は東アジア経済の大きな特徴となっている。人口規模の巨大な国が年平均一〇％の高度経済成長を続けていることはアメリカのみならず世界経済に影響を及ぼさないわけにはいかない。いまや、アメリカ国内で行われる貿易政策論議の中心はもっぱら中国であり、対中論議の活発さはかつての対日論議が中国に置き換わって年々攻撃の度合を強めている感がある。対中国の輸出と輸入をみると、二〇〇四年の中国からの輸入品の上位には玩具、スポーツ用品、衣服、靴などの幅広い消費財が含まれる。他方、アメリカの対中国輸出品には中間部品および機械類、航空機等の資本財に加え、大豆、綿が含まれていた。中国はアメリカの財・サービスにとって巨大かつ一層成長の期待される市場になっている。中国のWTO加盟以降、アメリカの対中国輸出は他諸国よりも急速に増加している。[28]

このような中国の台頭に対しアメリカの対中国通商交渉の基本方針は、「デュアル・トラック・アプローチ」と呼ばれ、対話と圧力といった硬軟両面作戦でのぞむというものであった。米中戦略・経済対話（S&ED）や米中合同商業通商委員会（JCCT）[29]などの対話によって問題解決を図り、同時に中国での保護主義的措置に対するWTO提訴やアメリカ国内法に基づくアンチダンピング（AD）税と相殺関税（CVD）の賦課といった通商救済ルールの活用も積極的に行う手法である。この手法はブッシュ政権にも引き継がれている。

しかし、アメリカの貿易赤字は中国に対してのみ拡大したのではなく、二〇〇二年以降、カナダ、メキシコ等のN

表Ⅲ－２　米国の貿易：地域別（2002〜2010年）

［100万ドル］

地域/国	2002	2003	2004	2005	2006	2007	2008	2009	2010年第1〜3四半期、年率[1]
輸出									
合計：すべての国々	696,268	728,258	819,870	909,016	1,035,868	1,160,366	1,304,896	1,068,499	1,259,819
ヨーロッパ	164,691	174,413	193,481	212,395	246,229	287,410	330,526	263,065	281,817
ユーロ圏[2]	106,141	113,829	126,800	137,556	155,182	179,630	202,524	164,214	173,125
フランス	19,147	17,178	21,047	22,470	23,832	27,020	29,497	26,856	26,289
ドイツ	26,546	28,909	31,646	34,702	41,666	49,831	55,058	43,781	47,504
イタリア	10,017	10,534	10,859	11,568	12,678	14,294	15,683	12,384	14,155
英国	33,219	33,863	36,007	38,680	45,404	50,840	54,665	46,713	49,212
カナダ	160,887	169,992	190,042	212,340	231,346	249,818	262,282	205,455	249,480
ラテンアメリカと他の西半球圏	148,797	149,557	172,436	193,426	222,948	243,799	290,422	240,262	295,645
ブラジル	12,381	11,210	13,849	15,316	18,972	24,266	32,415	26,092	34,871
メキシコ	97,415	97,395	110,739	120,317	133,833	136,173	151,995	129,682	159,188
ベネズエラ	4,038	2,840	4,782	6,429	9,001	10,207	12,642	9,352	10,195
アジア・太平洋	190,779	203,106	225,505	242,917	278,814	310,121	337,398	290,066	357,660
中国	22,277	28,577	34,723	41,728	54,591	64,038	71,013	70,323	85,491
インド	4,129	5,036	6,165	8,007	9,764	15,042	17,859	16,509	19,095
日本	51,068	51,610	53,215	54,525	58,913	62,398	66,753	52,622	60,897
韓国	22,891	24,787	26,750	28,534	33,376	35,719	36,589	29,586	39,587
シンガポール	16,284	16,456	19,432	20,541	23,888	25,598	28,216	22,366	29,260
台湾	19,081	17,766	22,139	22,652	23,638	26,640	25,952	19,238	25,747
中東	19,775	19,894	24,322	32,097	37,679	45,391	55,747	44,990	48,328
アフリカ	11,339	11,296	14,083	15,841	18,852	23,824	28,522	24,662	26,884
参考：OPEC加盟国[3]	18,695	17,447	22,538	31,729	39,192	48,643	65,357	50,464	53,716
輸入									
合計：すべての国々	1,171,613	1,269,802	1,485,501	1,692,817	1,875,324	1,983,558	2,139,548	1,575,443	1,915,884
ヨーロッパ	262,725	287,207	324,201	359,499	387,921	416,059	448,850	334,041	382,097
ユーロ圏[2]	173,611	189,236	211,502	231,786	248,980	271,528	282,448	214,395	241,896
フランス	28,476	29,409	31,871	34,267	37,496	42,000	44,743	34,468	38,636
ドイツ	62,619	68,360	77,647	85,443	89,759	95,057	98,648	71,876	81,404
イタリア	24,239	25,485	28,226	31,210	32,846	35,271	36,593	26,670	28,392
英国	40,967	43,067	46,818	52,048	54,725	57,929	60,334	48,116	51,449
カナダ	211,742	224,630	259,726	294,465	306,436	320,260	342,664	227,902	281,813
ラテンアメリカと他の西半球圏	206,062	219,099	257,787	297,428	337,113	351,256	382,607	288,512	362,483
ブラジル	15,824	17,986	21,249	24,598	26,578	25,874	30,794	20,221	23,892
メキシコ	136,133	139,750	158,330	173,486	201,997	214,848	220,336	179,211	230,272
ベネズエラ	15,109	17,154	24,951	34,020	37,222	40,019	51,568	28,163	33,249
アジア・太平洋	434,150	464,469	545,359	612,851	689,572	724,108	736,697	601,714	725,988
中国	125,399	152,811	197,204	244,293	288,718	322,329	338,843	297,112	357,401
インド	11,830	13,082	15,612	18,878	21,944	24,201	25,850	21,302	29,972
日本	122,362	119,211	131,428	140,242	150,670	148,070	142,192	97,600	119,500
韓国	35,861	37,611	46,670	44,043	46,266	48,504	49,150	39,771	48,541
シンガポール	14,953	15,345	15,623	15,447	18,230	18,742	16,703	16,130	17,585
台湾	32,663	32,201	35,076	35,207	38,516	38,607	36,640	28,539	35,347
中東	34,810	42,333	52,745	63,261	73,701	79,671	114,970	60,691	76,853
アフリカ	22,125	32,065	45,682	65,313	80,581	92,203	113,759	62,583	86,649
参考：OPEC加盟国[3]	53,673	69,010	95,244	125,595	146,619	176,331	245,536	113,323	153,720
収支（輸出超過＋）									
合計：すべての国々	-475,345	-541,544	-665,631	-783,801	-839,456	-823,192	-834,652	-506,944	-656,065
ヨーロッパ	-98,034	-112,794	-130,720	-147,104	-141,692	-128,649	-118,324	-70,976	-100,279
ユーロ圏[2]	-67,470	-75,408	-84,702	-94,229	-93,798	-91,898	-79,924	-50,181	-68,768
フランス	-9,329	-12,231	-10,825	-11,796	-13,664	-14,980	-15,246	-7,612	-12,347
ドイツ	-36,073	-39,451	-46,001	-50,741	-48,093	-45,226	-43,591	-28,096	-33,900
イタリア	-14,222	-14,952	-17,367	-19,642	-20,168	-20,977	-20,910	-14,286	-14,239
英国	-7,749	-9,205	-10,811	-13,369	-9,321	-7,089	-5,669	-1,403	-2,237
カナダ	-50,855	-54,638	-69,684	-82,125	-75,089	-70,442	-80,383	-22,447	-32,331
ラテンアメリカと他の西半球圏	-57,265	-69,542	-85,350	-104,002	-114,165	-107,457	-92,185	-48,250	-66,837
ブラジル	-3,442	-6,776	-7,400	-9,281	-7,607	-1,608	1,621	5,871	10,979
メキシコ	-38,718	-42,355	-47,591	-53,169	-68,164	-78,675	-68,341	-49,528	-71,085
ベネズエラ	-11,071	-14,315	-20,169	-27,591	-28,220	-29,812	-38,926	-18,811	-23,055
アジア・太平洋	-243,371	-261,363	-319,855	-369,934	-410,758	-413,986	-399,299	-311,648	-368,328
中国	-103,121	-124,234	-162,481	-202,565	-234,126	-258,291	-267,831	-226,788	-271,911
インド	-7,701	-8,045	-9,447	-10,871	-12,179	-9,159	-7,992	-4,793	-10,877
日本	-71,293	-67,601	-78,213	-85,717	-91,757	-85,672	-75,439	-44,978	-58,604
韓国	-12,970	-12,824	-19,920	-15,509	-12,889	-12,784	-12,561	-10,185	-8,955
シンガポール	1,331	1,112	3,809	5,095	5,659	6,855	11,513	6,235	11,675
台湾	-13,583	-14,435	-12,937	-12,555	-14,878	-11,967	-10,689	-9,301	-9,600
中東	-15,034	-22,439	-28,423	-31,164	-36,023	-34,281	-59,224	-15,701	-28,525
アフリカ	-10,786	-20,769	-31,599	-49,471	-61,730	-68,379	-85,238	-37,922	-59,765
参考：OPEC加盟国[3]	-34,978	-51,563	-72,706	-93,865	-107,427	-127,688	-180,179	-62,858	-100,005

1　速報値、季調済み。
2　ユーロ圏は、オーストリア、ベルギー、キプロス（2008年から）、フィンランド、フランス、ドイツ、ギリシャ（2001年から）、アイルランド、イタリア、ルクセンブルク、マルタ（2008年から）、オランダ、ポルトガル、スロバキア（2009年から）、スロベニア（2007年から）、スペイン。
3　OPEC（石油輸出国機構）は、アルジェリア、アンゴラ（2007年から）、エクアドル（2007年から）、インドネシア（2008年まで）、イラン、イラク、クウェート、リビア、ナイジェリア、カタール、サウジアラビア、アラブ首長国連邦、ベネズエラ。

（注）データは国際収支ベース。詳細および国別のデータは、Survey of Current Business（2010年1月）参照。

（出所）Economic Report of the President, Transmitted to the Congress, February 2011, p311（「米国経済白書、2011」）エコノミスト、2011.5.23、294頁）

AFTAでおよそ九五〇億ドル、EUに対しても約九〇〇億ドル悪化しているのである。貿易赤字の拡大はかっての日米摩擦に照らしてもアメリカ国内における保護主義圧力の上昇を示す指標であるが、アメリカ産業、労働者への打撃という点からアメリカ国内の懸念を増幅させているのが企業のグローバル化や国際調達（アウトソーシング）の進展である。とくに、アメリカ製造業は輸入の拡大による打撃や政府規制、税、社会保障負担、医療制度などによりアメリカ産業の競争力低下に対する危機感を強めている。これに対して政府は、アメリカ製造業の直面する問題を探るとともに、産業界の要望を政策に反映させるための窓口として「大統領製造業評議会」（President's Manufacturing Council）を設置して技術革新、教育、政府規制のコスト軽減、ヘルスケア制度改革等々の国内問題に関して提言を行っている。対外政策の貿易関連ではアメリカ企業が内外の市場で公正な競争機会獲得のための外国の障壁除去や市場開放と貿易協定尊守の確保を強く求めた。一方でアメリカ国内の産業を保護したり補助金を供与するのは自由貿易主義の政策理念に反するものとの姿勢を貫いている。

また、アメリカの貿易赤字の拡大は、中国をはじめとした新興諸国の工業化の進展のもとに、アメリカ多国籍企業が海外諸国で展開する海外生産ネットワークの活用とこれら諸国への積極的なアウトソーシング（outsourcing）等が要因となっていた。これはまた、二〇〇〇年代の貿易赤字の構造的な変化を意味している。アメリカ企業は生産体制を国内の自社の基幹分野に特化、集中して効率化を進める戦略に基づいて非基幹産業や事務を社外に委託（アウトソーシング）してきたが、近年では通信コスト低下や技術革新等によりITサービスをはじめとする各種ビジネス・サービスを技術者の労働コストの安い海外に委託する流れが加速している。その代表例がインドへのITサービス・アウトソーシングで、同国のITサービス輸出は二〇〇四年で約一二二億ドルに達する。アメリカの貿易構造にみる輸出の大幅な低下は九〇年代後半の「ニュー・エコノミー」期以後の顕著な特徴であり、国際貿易におけるアメリカの位置付けが大きく変化したことを意味する。これに代わって輸出を大きく伸ばしているのが、前述のＢＲＩＣｓ（ブラジル、ロシア、インド、中国）と呼ばれる新興諸国である。

貿易収支赤字拡大、あるいは輸出の減少をもたらした要因は、一九九九年経済諮問委員会年次報告によると、第一に、アメリカの堅調な経済成長と九七年のアジア危機、第二に、日本および他の東アジア諸国における輸出の収縮、第三は、名目ターム、実質ターム双方でヨーロッパ通貨およびアジア通貨、とりわけ円に対する値上がり、等が挙げられている。これらのなかでアメリカの貿易収支赤字の大部分は、アジア向け輸出の減少に関係している。名目価格での貿易収支赤字拡大に対する輸入増加の影響はそれまできわめて小さいものであった。とくに、東アジア六ヵ国（インドネシア、日本、韓国、マレーシア、フィリピン、タイ）向け輸出の減少は、年率で計ったもので九八年に二五〇億ドルから三〇〇億ドルで推移していた。韓国だけでその減少の約五分の二を占めた。これらの国からの輸入もまた増加し、数年間増加傾向が続いた[30]。財の貿易収支は一九九〇年の対ＧＤＰ比一・九％の赤字から二〇〇〇年の対ＧＤＰ比四・六％の赤字へと推移した。財の輸出は、一九九〇年の対ＧＤＰ比六・七％から二〇〇〇年の七・九％まで増加したが、財の輸入はさらに多く、同じ期間に対ＧＤＰ比八・六％から一二・五％に増加した。二〇〇〇年以降の経常収支赤字拡大は、輸入の増加というよりむしろ、主として財の輸出減少から生じている。

加えて、貿易収支赤字拡大の原因は貯蓄と投資のギャップの拡大にあった。貿易収支はアメリカ国内の総生産と総支出において、アメリカ人が国内で購入したアメリカ国内産の財・サービスが控除され、その差が輸出マイナス輸入、すなわち貿易収支となる。したがって、貿易収支赤字はアメリカの支出がその生産を上回ったときに生じる。貿易は海外所得と海外支払の最大の源泉であるが、ほかにも利子とその他投資収益、援助補助金、移転等の収入源がある。こうした経常フローを貿易収支に加算したものが経常収支勘定であり、これがアメリカが世界の他の国々から受け取った純所得になる。所得状況を表す経常収支勘定はこれがプラスであれば、アメリカは総所得と外国に集まる資産価値より支出の方が少ないことになる。これがマイナスであれば、支出が所得を超えているのであり、外国から借入をしているということになる。国内投資が国内貯蓄を超えている時期には、経常収支は貿易政策がどのようなものであれ、必ず赤字になる。したがって、アメリカ国内の消費の過剰や投資資金の調達のために借入をする場合、その結果生じた経常収支赤字は、こうした総借入決定の不可避的な帰結を表しているにすぎない。経常収支赤字ファイナンスについては後述する。

また、貿易収支赤字と実質実効為替レートの変動は密接に連動して動くが、その場合、経常収支赤字の傾向は外国為替の受取（海外での財・サービスの販売と資本の流入からなる）が外国為替の需要（外国の財・サービスあるいは資産借入と海外投資）より小さいことを示す。言い換えると、貿易量を加味した実質実効為替レートは、アメリカの財と資産を購入しようとする米ドル需要と外国の財と資産購入のためのドル供給を反映する。ドルの変動は不可避的に一定のラグを伴ってアメリカの貿易収支に影響を及ぼすことが知られているが、近年のドルの減価は二〇〇二年以降続いており、アメリカの貿易収支は改善に向かい始めている状況ではある。しかし、実際にはアメリカの貿易収支赤字は二〇〇六年に過去最大の八、三九四億ドルに達し、ドル減価の効果は表れていないように思える。

ここまで見てきたように、経常収支赤字がかつてない規模とスピードで進行したが、これは本来であればアメリカ国内の経済的な資産を海外に流出させ成長の制約要因となるものである。これはさらに、経常収支赤字是正のためのドル安が破棄され、経常収支赤字を抱えたままの成長構造が是認されているように見える。この認識の変化は、一九九九年の経済諮問委員会年次報告に示されている。九〇年代後半の経常収支赤字がアメリカ経済の弱さの徴候ではなく、むしろ投資等の堅調な増加を反映したものであるという。「貿易赤字が与えたマイナスの結果についての議論は大部分が間違っている。すなわち、アメリカの貿易赤字の拡大は堅調な投資、雇用、及び産出の増加を反映するものであり、経済の弱さの徴候でない[31]」貿易収支赤字に対するアメリカ政府の認識と為替政策がここで変化したことを示している。

資本移動の持続可能性

前記のような経常収支赤字拡大にもかかわらず、ドル高はその赤字額をはるかに超える巨額の投資をアメリカに引きつけた。これには一九九五年のルービン財務長官による強いドル政策があり、アメリカへの投資は一九九六年以後、大きく拡大した。とくに、株式、社債投資および直接投資はアメリカ経済の成長性と収益性が前提にあったとはいえ、ドル高による為替リスクの低減が資本移動をひきつけ、巨額な経常収支赤字をファイナンスする上で重要な要素となったのである。

経常収支赤字は事後的にはそれに見合った資本輸入によってファイナンスされる。経常収支赤字はアメリカが財・サービスを輸出したよりも多く輸入したことを示す。アメリカの経常収支赤字と対をなすのは資本収支黒字である。経済学の定義によると、一国の経常収支と資本収支は互いに相殺される。したがって、アメリカの経常収支赤字は資本収支黒字によって埋め合わせられることになる。近年の国際的な経済政策論議の最も大きなものはアメリカの巨額な経常収支赤字に関する、いわゆる持続可能性である。持続可能性の問題は、一九八〇年代にアメリカの経常収支赤字がふくらんで膨大なものになった時に初めて焦点が当たった。八〇年代後半から九〇年代前半の経常収支赤字の減少は一時この問題から関心が離れたが、この動きは九〇年代に赤字が膨らんだときにはアメリカ経済の好調にともなう投資支出ブームを反映した自然な減少であるとしてほぼ無視されていた。ところが二〇〇〇年代に入り不況から回復し、家計部門の貯蓄不足と膨大な財政赤字によって経常収支赤字が新たに記録的な水準に達するなど、この問題に再び焦点があたるようになったのである。

経常収支赤字の持続可能性とは、単純に言うと、「経常収支赤字が高水準を続け、対応する対外債務にかかわる利払い負担が増加するため、アメリカとしては経常収支赤字のファイナンスに要する大規模な純資本流入を確保することが、ますます困難になるだろうという懸念である。[32]」また、国際金融の観点からアメリカの持続する経常収支赤字は、金利や為替レートに対する国際的なポートフォリオの組み替えが資産価格やポートフォリオ選択に影響を与える他のマクロ経済学的な要因が弱い場合のことである。[33] アメリカの資本流入はいつまで継続できるかについては、種々なシナリオと議論があるが、対GDP比六%以上というアメリカの純資本流入は歴史的水準よりも異常に高い。この資本流入の大部分はアメリカへ投資した方がより高いリスク調整済み収益を得られると考えられ、外国民間セクター投資を反映している。[34]

註

（1）The Annual Report of the Council of Economic Advisers, Economic Report of the President, Washington, D.C, 2003, pp.213-215
（2）Ibid.,
（3）Ibid., 2001, pp.145-146
（4）Ibid.,
（5）Ibid., 1999, p.253
（6）Ibid.,

（7）Ibid., 1994, pp.215-216（邦訳「米国経済白書」毎日新聞社、一八八〜一八九頁）
（8）Ibid., 2002, p.27
（9）Ibid., pp.271-275
（10）河音琢郎・藤木剛康編著「G・W・ブッシュ政権の経済政策」ミネルヴァ書房、二〇〇八年一〇月二〇日、二〇七頁
（11）Economic Report of the President, 2003, pp.245-246
（12）Ibid., p.242
（13）新堀聡「WTOシアトル閣僚会議の決裂と新ラウンド交渉の行方」『国際金融』第一、〇四三号、平成一二年四月一日
（14）真銅竜日郎・桜内政大編著「米国経済の基礎知識」ジェトロ、二〇一一年一月二〇日、一四六頁
（15）Economic Report of the President, 1995, p.213
（16）青木健・馬田啓一編著「グローバル金融危機と世界経済の新秩序」日本評論社、二〇一〇年一一月二〇日、一四二〜一四五頁
（17）Anna Lanoszka, "The World Trade Organization", Lynne Rienner Publishers, 2009, pp.205-206
（18）Ibid.,
（19）Bernard M.Hoekman & Michel Mkostecki, "The political Economy of the World Trading System", Oxford University Press, 2009, p.140
（20）河音琢郎・藤木剛康編著、前書、二一〇頁
（21）同書、二〇八頁
（22）Economic Report of the President, 2003, op.cit., p.243
（23）Ibid., 2005, p.186

(24) Bernard M.Hoekman & Michel Mkostecki, op.cit.,

(25) Economic Report of the President, 2005, p.100

(26) Ibid.,

(27) 『日本経済新聞』二〇〇九年一二月一九日

(28) Economic Report of the President, 2006, pp.166-167 (Box 7-4)

(29) 真銅竜日郎・桜内政大編著、前書、一九二頁。「SED (Strategic Economic Dialogue) はブッシュ政権のもと二〇〇六年ヘンリー・ホールソン財務長官の主導で始まった米中間の閣僚級経済対話。S&ED (Strategic and Economic Dialogue) はオバマ政権のもと、経済に加え、安全保障分野も対象に加えた米中対話」JCCTは「両国の通商問題の特定、解決と通商機会の拡大の場として利用する。一九八三年に設置、二〇〇四年から閣僚級に格上げされた。SED、S&EDでは、両国のマクロ経済や金融制度、貿易・投資などの総論的な事項をJCCT (Joint Commission on Commerce and Trade) では貿易・投資に関する各論的・実務的な事項を協議する。」また、JCCTの会合は、ハイテク製品、農業および知的財産権保護に関して、WTO紛争となり得る七件の問題を解決した。

(30) Economic Report of the President, 1999, pp.255-256

(31) Ibid.,

(32) Brendan Brown, "What Drives Global Capital Flows ?", Palgrave Macmillan, 2006,, p.120 (邦訳　田村勝省訳「ドルはどこへ行くのか」二〇〇七年七月一〇日、春秋社、一五二頁)

(33) 伊藤隆敏+財務省財務総合研究所編著「検証・アメリカ経済」日本評論社、二〇〇四年二月二〇日、一五九頁 (第八、九章)

(34) Economic Report of the President, 2006, p.146

あとがき

本書はもともと私の主要関心事であった政策金融あるいは公的金融の視点から政府機関としての合衆国輸出入銀行（Eximbank）について焦点を当て論述を試みたものである。一九三〇年代のEximbank設立時からの活動と役割をアメリカ経済の推移のなかで詳細に位置付けることが課題であった。ところが、論述を進めるにしたがってアメリカ経済の推移と貿易政策の変遷についても大きな課題となっていった。

ここでの時代区分の根拠についてはEximbank設立時からの活動の変化にもとづくもので恣意性と不明確な感は否めない。時代区分については、まず、Eximbank設立時の一九三〇年代は当然のことながら、世界大恐慌のなかにあって大不況による経済状況の悪化と外国貿易の低落に対応せざるを得ないものであった。次いで、戦争勃発の一九三九年から大戦終結の四五年までのアメリカの戦時経済が叙述対象期である。第二次世界大戦後復興期アメリカ経済は一九四五～六一年、世界経済の復興期と軌を一にした。一九六〇年代から八〇年代は、六〇年～七五年、七五年～八九年の二章に別けている。第六章の九〇年代はアメリカ自身の経済的利益を重視したクリントン政権の貿易政策、第七章の二〇〇〇年代以降はブッシュ政権の貿易政策が論述課題である。当然、一九三〇年代から現在に至る時代の推移のなかではアメリカ経済の状況にしろEximbankの機関経営の運営状況でもいくつもの転換点を経由している。時代区分とともに、アメリカ経済とEximbankの役割の相互関係という論述課題でも整合性がとれているかどうか、についても不明瞭である。

また、貿易政策と通商政策は用語として、とくに区別せず、ほぼ同じものとして取り扱っている。但し、国際収支勘定では商品の輸出入と同じく経常取引に属する運輸・保険・旅行などのサービス取引に対する政策は慣行として貿易政策には含めない。ただ、その理論的根拠は薄弱である。たしかに、サービス取引は商品の輸出入と違って関税が課されないが、補助金や量的制限の対象にはなる。この点では商品の輸出入と変わらず、その効果も本質的には異なるところはない。他に、金融や財政を通じる総需要管理政策や輸出入にも一律に作用する為替政策は貿易政策とは別な扱いを受ける。もちろん、資本取引に対する政策は国際金融政策あるいは対外投資政策といって貿易政策とは区別される。

本書には、さらに気付かない誤りや不十分な点も多いと思われますが、ここは読者のご寛恕を乞うしかない。

本書を著すに当たって多くの方々にお世話になった。とくに、日本大学法学部研究委員会および研究者選考委員会による出版助成をいただいた。厚く感謝を申し上げたい。また、出版事情の厳しいなか、本書の刊行を快く引き受け編集の労をとられた時潮社社長相良景行氏に心よりのお礼を申し上げます。

なお、本書はすでに発表した下記の論文に加筆修正を行ったものである。

第一章　「ワシントン輸出入銀行の生成と一九三〇年代アメリカの貿易政策」日本大学法学部「政経研究」第四五巻第二号、平成二〇年九月

第二章　「第二次世界大戦期アメリカの戦時経済におけるワシントン輸出入銀行（Eximbank）の役割について」日本大学法学部創設一二〇周年記念論文集（第二巻）、平成二一年一〇月

第三章　「第二次世界大戦後アメリカ経済とワシントン輸出入銀行（Eximbank）の役割変化」日本大学法学部『政経研究』第七六巻第二号、平成二一年一一月

第四章　「一九六〇年および七〇年代初頭アメリカの貿易政策と合衆国輸出入銀行（Eximbank）の信用供与について」日本大学法学部『政経研究』第七六巻第二号、平成二一年九月
第五章　「一九七〇年代後半から八〇年代アメリカの貿易収支赤字の拡大とEximbankの活動」日本大学法学部『政経研究』第四七巻第四号、平成二三年三月
第六章　「一九九〇年代アメリカの貿易政策と合衆国輸出入銀行（Eximbank）の役割」日本大学法学部『政経研究』第四八巻、第二号、平成二三年一〇月

1996
Thunberg, Penelope Hartland, Morris H. Crawford, "Government Support for Export," Lexington Books, 1982
Letiche, M., "United States Foreign Trade Policy," The American Review, December 1958
Martin Feldstein, ed, "American Economic Policy in the 1980's," University of Chicago Press, 1994
Lanoszka, Anna, "The World Organization," Lynne Rienner Publishers, 2009
Krueger, Anne O, Anne O, "The Political Economy of Trade Protection," University of Chicago Press, 1996
Tyson, Laura D'Andrea, "Trade Conflict in High-Technology Industries," Institute for International Economics, November 1992
Spero, Joan E., "The Mid-Life Crisis of American Trade Policy," World Today, January 1989
U.S. Congress, Senate, Committee on Banking Housing and Urban Affairs, Report, Export-Import Bank Reauthorization Act of 1997,"
U.S., Congress, Senate, "Export Administration and Enhancement Act of 1994," Report
Hoekman, Bernard M., & Michel Mkostecki, "The Political Economy of the World Trading System," Oxford University Press, 2009
Bhagwati, Jagdish. "Protectionism," MIT Press, 1988
Bhagwati, Jagdish. "The World Trading System at Risk," Princeton University Press, 1991
Bhagwati, Jagdish and Arvind Panagariya eds, "The Economics of Preferential Trade Agreement," AEI Press, 1996
Bhagwati, Jagdish and Hugh T. Patrich eds, "Aggressive Unilatetism: America's 301 Trade Policy and the World Trading System, University of Michigan Press, 1990

Hansen, Alvin H., "The American Economy," McGraw Hill Book Company Inc., 1957

Federal Reserve Bulletin, "The 1957~58 Recession in World Trade," September 1958, Volume 44, Number 32

Federal Reserve Bulletin, "Establishment of Bretton Woods Institutions," April 1946, Volume 10, Number 4

Letiche, J.M., "United States Foreign Trade Policy," The American Economic Review, December 1958,Volume XLIII, Number 5

Export-Import Bank of Washington, First Semiannual Report to Congress, For the Period July-December, 1945

Harris, Seymour E. "Economics of the Kennedy Years and a Look Ahead," Harper & Row, 1964

Berglund, Abraham, "Reciprocal Trade Agreement of 1934," The American Review, September 1935, Vol. xxx, No.3

Baron, David P., "The Export-Import Bank: An Economic Analysis," Academic Press, 1983

Comptroller General of the United States, "Weakended Financial Condition of the Export-Import Bank of the United States," Report to the Congress, 1975

Solomon, R. "The Transformation of the World Economy, 1980~93," St Martin's Press, 1994

Jeffrey, A. Frankel, "Exchange Rate Policy," Martin Feldstein, (ed) "American Economic Policy in the 1980's," The University of Chicago Press, 1994

Destler, J.M., C.Randall Henning, "Dollar Politics: Exchange Rate Policymaking in the United States," Institute for International Economics, 1989

Smirlook, Michael, Howard Kaufold, "Foreign Lending, Disclosure and the Mexican Debt Crisis," Bank Structure and Competition, Federal Reserve Bank of Chicago press, 1994

Richardson, J. David, "U.S. Trade in the 1980s: Turns and Roads Not Taken," Martin Feldsten, ed, Americn Economic Policy in the 1980s, University of Chicago Press,1994

Kaplan, Edward S., "American Trade Policy 1923~1995," Greenwood Press, 1996

Rodriguez, Rita M., "The Export-Import Bank at Fifty," Lexington Books,

Mark, Jerry M, "Financial History of the United States," M.E. Sharpe, Inc. volume Ⅱ, 2002

Federal Reserve Bulletin, "War Program and Living Standard," October 1842, Vol.28, No.10

Charles A. Beard, Mary R. Beard, William Beard, "The Beard's New Basic History of the United States," Bouleday and Company Inc, 1960, New York,

Soule G and V.P. Carosso, "American Economic History," 1957 "Economic Effects of Changing War Program," Federal Reserve Bulletin, Volume 31, Number 7, July 1945

Myers, Margaret G, "Financial History of the United States," Columbia University Press, 1970

Federal Reserve Bulletin, "Foreign Trade, Capital Movements and International Reserve," Number 1988, No.11, Vol. 30

Federal Reserve Bulletin, June 1940, Vol. 26, No.6

Federal Reserve Bulletin, May 1941, Vol. 27, No.5

Federal Reserve Bulletin, November 1944, Vol.30, No.11

Federal Reserve Bulletin, June 1945, Vol.31, No.6

Federal Reserve Bulletin, January 1947, Volume 33, Number 1

Federal Reserve Bulletin, June 1945, Vol. No.7, "General Policy Statement of the Export-Import Bank of Washington,"

Gardner, Richard N., "Sterling-Dollar Diplomacy," McGraw Hill Book Company, 1969

Hillman, Jordan Jay, "The Export-Import Bank At Work," Quorum Books, 1982

Export-Import Bank of Washington, First Semiannual Report to Congress, 1945

Feinberg, Richard E., "Subsidizing Success, The Export-Import Bank in the U.S. Economy," Cambridge University Press, 1982,

Gordon, Robert Aaron, "Business Fluctuations," Harper & Brothers, 1961

Federal Reserve Bulletin, "Expenditures and Incomes in the Postwar Period," November 1948, Volume 34, Number 11

Moore, Geoffrrey H., "Measuring Recessions," Occasional Paper 61, National Bureau of Economic Research INC.

American Foreign Policy," University of Missouri Press, 1976,
Letiche, J.M, "Reciprocal Trade Agreement in the World Economy," New York: King's Crown Press, 1948
Nathan, Otto, "The N.I.R.A. and Stabilization," The American Economic Review, Vol. xxv, March, 1935, No.1,
Falkas, M.E, "United States Economic Policy and the "Dollar Gap" of the 1920's"
The Economic History Review, Vol.29, No.4, November 1976,
Feinberg, Richard, E. "Subsidizing Success; The Export-Import Bank in the U.S. Economy," Cambridge University Press, 1982,
Whittlesey, Charles R., "Five Years of Export-Import Bank," The American Economic Review, Vol. 29, September 1939,
Rodriguez, Rita M "Export-Import Bank at Fifty," Lexington Books, 1987
Schott, Jeffrey J, "Free Trade Agreement-U.S. Strategies and Priorities," Institute for International Economics, 2006
Destler, I.M. and J.S. Odell, "Anti-Protection: System under Stress," Institute for International Economics, 1986
Hufbauer, G. C. and J.J. Schott, "North American Free Trade: Issues and Recommendation," Institute for International Economics, 1992
Krugman, P. ed., "Strategic Trade Policy and the New International Economics," MIT Press, 1988
Destler, I.M., "American Trade Politics: System Under Stress," Institute for International Economics, 1986
Bagwell, K. and R.W. Straiger, "An Economic Theory of GATT," American Economic Review, 1999, Vol.89
Baron, David P. "The Export-Import Bank," Academic Press, 1983
Mann, C.L., "Perspective on the U.S. Current Account Deficit and Sustainability, Journal of Economic Perspective, Vol.16, No.3
Destler, I.M., "Foreign Economic Policy Making Under Bill Clinton," James M. Scott ed., Making U.S. Foreign Policy in the Post-Cold War World, Duke University Press, 1998
Bhagwati, Jadish & Robert E. Hudec eds, "Fair Trade and Harmonization, Prerequisites for Free Trade?" MIT Press, 1996
Bovard, James, "The Fair Trade Fraud," St. Martins Press, 1991

MBB編集部編「オバマのアメリカ経済入門」毎日新聞社、2009年1月
スピグニュー　グレジンスキー著、峯村利哉訳「ブッシュが壊したアメリカ」徳間書店、2007年9月
新堀聰「21世紀の貿易政策」同文館、平成9年8月
新堀聰「ウルグアイ・ラウンド後の世界の貿易体制と貿易政策」三嶺書房、1994年
池田美智子「ガットからWTOへ」ちくま新書、1996年8月
村上直久「WTO—世界貿易のゆくえと日本の選択」平凡社新書、2001年10月
バグワティ・ジャクディシュ、渡辺敏訳「保護主義」サイマル出版会、1989年
バクワティ・ジャクディシュ、佐藤隆三、小川春夫訳「危機に立つ世界貿易体制」サイマル出版会、1993年
バグゥティ・ジャクディシュ、渡辺敏訳「スーパー301条」サイマル出版会、1989年
ジェイムス　ボーバァード、佐藤英夫訳「アメリカ貿易は公正か」日本経済新聞社、1992年
石崎昭彦「日米経済の逆転」東京大学出版会、1990年
本間忠良「ウルグアイ・ラウンドが世界貿易を変えた」中央経済社、1995年
鷲見一夫「世界貿易機関を斬る」明窓出版、1996年
デスラァー、I.M. 宮里政玄監訳「貿易摩擦とアメリカ議会」日本経済新聞社、1987年

欧　文

Council of Economic Advisors, Economic Report of the President, Washington, D.C. various issues
Export-Import Bank, Annual Report, Washington, D.C., various issues
Economic Report of the President, Transmitted to the Congress, various issues
Faulkner, Harold Underwood, "American Economic History," Harper & Row, 1960,
Arndt, H.W "The Economic Lessons of the Nineteen-Thirties, Frank Cass & Co. L.T.D., Kindleberger, C.P, "The World in Depression 1929-1939"
Berglund, Abraham, "The Reciprocal Trade Agreements Act of 1934," The American Economic Review, September, 1935, Vol. xxv, No.3,
Adams, Frederick C., "Economic Diplomacy: The Export-Import Bank and

参考文献

ハーバート・スタイン著、土志田征一訳「大統領の経済学」日本経済新聞社、昭和60年8月

伊藤元重「通商摩擦はなぜ起こるのか」NTT出版、2000年3月

佐久間潮「アメリカ経済論」東洋経済新報社、1996年6月

松下満雄監修「米国の1984年通商関税法」日本貿易振興会、1985年10月

通商摩擦問題研究会編、福島栄一監修「米国の88年包括通商・競争力法」日本貿易振興会、1989年

畠山襄「通商交渉—国益を巡るドラマ」日本経済新聞社、1996年1月

田中素香、岩田健治編「現代国際金融」有斐閣、2005年2月

ローラ・タイソン著、安部司訳「誰が誰を叩いているか」ダイヤモンド社、1993年5月

宮里政玄、「米国通商代表部」ジャパンタイムズ、1989年10月

立石剛「米国経済再生と通商政策」同文館、平成12年7月

河音琢郎・藤木剛康編著「G・W・ブッシュ政権の経済政策」ミネルヴァ書房、2008年10月

新堀聰「WTOシアトル閣僚会議の決裂と新ラウンド交渉の行方」『国際金融』、第1043号、平成12年11月

真鍋竜日郎、桜内政大編著「米国経済の基礎知識」ジェトロ、2010年1月

青木健、馬田啓一編著「グローバル金融危機と世界経済の新秩序」日本評論社、2010年11月

ブレンダン・ブランウン著、田村勝省訳「ドルはどこへ行くのか—国際資本移動のメカニズムと展望」春秋社、2004年7月

伊藤隆敏＋財務省財務総合研究所編著「検証・アメリカ経済」日本評論社、2004年

青木健・馬田啓一、「日米経済関係論」勁草書房、2006年4月

白井早百合「人民元と中国経済」日本経済新聞社、2004年

川辺信雄・原輝史編「アメリカの経済」早稲田大学出版部、1994年3月

田中素香・馬田啓一編著「国際経済関係論」文眞堂、2007年9月

春田素夫・鈴木直次「アメリカ経済」岩波書店、1998年5月

山本栄治「国際通貨システム」岩波書店、1997年

小野亮・安井明彦「ブッシュのアメリカ改造計画—オーナーシップ社会の構想」日本経済新聞社、2005年

中尾武彦「アメリカの経済政策」中公新書、2008年

藤本一美「クリントンの時代」専修大学出版局、2001年8月

参考文献一覧

邦　文

玉野井芳郎編著「大恐慌の研究」東大出版会、1964年３月

有澤廣己、脇村義太郎、美濃部亮吉著「世界経済図説」岩波書店、昭和27年６月

向山巌、「アメリカ経済の発展構造」未来社、1966年３月

キンドルバーガー著　石崎昭彦、木村一朗訳「大不況の世界　1929〜1939」東京大学出版会、1982年１月

吉澤清「1934年通商協定法の成立とパックス・アメリカーナの形成」『政経研究』第34巻第４号

アメリカ経済研究会編「ニューディールの経済政策」慶應通信刊、昭和40年12月

チャールズ・ビーアド、メアリ・ビーアド、ウイリアム・ビーアド著、松本重治、岸村金次郎、本間長与訳「新版アメリカ合衆国史」昭和39年９月

河村哲二「第２次大戦期アメリカ戦時経済の研究」御茶の水書房、1998年12月

堀一郎「アメリカの戦時生産の実態について」北海道大学『経済学研究』

長沼秀世、新川健三郎著「アメリカ現代史」岩波書店、1991年７月

鈴木武雄「近代財政金融」春秋社、1957年11月

藤井茂「貿易政策の動向とその批判」、高垣寅次郎編「アメリカ経済政策の研究」有斐閣、昭和32年10月

松村文武「現代アメリカ国際収支の研究」東洋経済新報社、昭和60年６月

セイモァ・ハリス著、村松増美訳「ケネディ時代の経済」サイマル出版会、1968年３月

リチャード・N ハリス著　村松孝、加瀬正一訳「国際通貨体制史」東洋経済新報社、昭和48年２月

石崎昭彦、佐々木隆雄、鈴木直次著「現代のアメリカ経済」東洋経済新報社、昭和62年８月

佐々木隆雄「アメリカの通商政策」岩波書店、1997年11月

経済同友会編「通商拡大法と日本経済」至誠堂、昭和37年11月

中本悟「現代アメリカの通商政策」有斐閣、1999年10月

国際貿易投資政策委員会編「米国の国際経済政策」竹内書店出版部監訳、竹内書店、1972年３月

（マ行）
ミルズ　142
ミルダール（グンナー・）　138
ムーア（G・H・）　89、91、99
ムーア（J・）　163

（ラ行）
ランドール　104
リーガン　177
ルーズベルト（大統領）　18、20、21、29、45、47
ルービン　285
レーガン（大統領）　177、181、184、187、243
ローレンス　241

（ワ行）
ワグナー（ロバート・）　21

人名索引

（ア行）

アイゼンハワー（大統領）　96、104

アジェンデ（サルバドル・）　146

ウォーレス　47

（カ行）

カーン　150、163

キッシンジャー　146

クーパー（委員長）　104

クヌードセン　47

クリントン（大統領）　188、249

クローズ（Ｌ・Ｂ・）　138

ケネディ（大統領）　127、136、138、141

ゴードン　82、90、94、96、100、118

（サ行）

ジョンソン（大統領）　128

セイヤー　18

ゼーリック　263

（タ行）

タイソン（ローラ・）　241

タグウェル　21

ダンフォース　183、243

ディキンソン　21

デスラー（Ｉ・Ｍ・）　243

ドール（ロバート・）　210

ドラパー　163

トルーマン（大統領）　95、107

（ナ行）

ニクソン（大統領）　122、132、133、142、158、164、206

ネルソン（ドナルド・）　47

（ハ行）

パーキンス　21

バーク　142

バーグステン（フレッド・）　241

バグワティ　206

ハリス（セイモア・）　127

ハル（コーデル・）　18、19、28、29、139

バロッサ　241

ハンセン　96

ピーク（ジョージ・Ｎ・）　18、19、23、29、139

ヒルマン　47

フォード（大統領）　196

ブッシュ（ジョージ・Ｗ・）　186、259、287

ブロック　183、225、242

ベイカー　183

ベーカー　177、179

ヘクト　28

ヘンダーソン（レオン・）　47

ベントセン　183、225、242

ホールソン（ヘンリー・）　288

ボルカー　180

輸出統制　235
輸出保護主義　206
ユニバーサル貿易会社　32
輸入課徴金　122、123、132、158、164、206、231
輸入規制措置　143、159、215
輸入保護主義　187、206
ヨーロッパ共同体（ＥＣ）　132、154、155、160、164、215、228、234

（ラ行）

ランドール報告　104
リーマンショック　269
リーマンブラザース　275
利子平衡税　128
利子約定書　148
ルーズベルト政権　13、20、24、44～46
ルロイド・ブラジレイロ　71、112
冷戦コンセンサス　268
レーガン政権　166～169、177、178、180、182、184、186、187、189、192、206、207、210、212、213、215、225、234、241～243、245
連合国通貨金融会議　64
レンド・リース・プログラム　46
レンド・リース庁（ＯＬＬＡ）　47
レンド・リース法　46
連邦救済法　21
連邦金融銀行　194
連邦準備制度　21、128、180
ローマ条約　138
ロッキード　199

（ワ行）

歪曲的貿易障壁および慣行　248
ワシントン輸出入銀行（Eximbank）　5、11、13、24～38、40、42～46、58、66～69、71、73～76、78、79、106～109、112～114、116、117、120、122、123、144～156、160、161、165～168、181、189～192、194、196、197、202、204、212、213、251、252、257、289～291

（欧文等）

ＡＦＬ－ＣＩＯ（アメリカ労働総同盟産業別会議）　142、159、161、237
ＡＰＥＣ（アジア太平洋経済協力会議）　5、213、225、263
ＥＵ　225、234、261、272、282
Eximbankの貸付権限　46、67
ＦＴＡ交渉　274
ＧＡＴＴ協定　135、228～230、254
ＧＥ　201、204
ＯＰＥＣ　143、172
Ｒ＆Ｄ　197、199、200
ＴＲＩＰｓ　230、273
ＷＴＯ紛争処理検討委員会　232、268
ＷＴＯルール　276

貿易促進権限（ＴＰＡ） 258、263～268、270、273、274
貿易促進調整委員会（ＴＰＣＣ） 250～253
貿易調整支援（ＴＡＡ） 265、267、269
貿易転換効果 236
貿易摩擦 123、167、172、182、225
貿易リスク 151、152
ホーレイ＝スムート関税法 17、139
ホーレイ＝スムート法 17、18
北米自由貿易協定（ＮＡＦＴＡ） 4、213、224、225、233～238、260、261、263、265、267、272、274、280
北米自由貿易地域 187
保険付与権限 144
保護関税 17、18、102、103、135、205
保護主義 104、142、178、206、207、213、224、269、270、275
保護主義的 103、168、189、205、243、245、276
保護貿易主義 123、134、150、154、158、167、182、183、185、206、207、213、225、242、243、275
保証計画 145
保証と保険計画 190
補助金・相殺関税 231
ホワイト案 101

（マ行）
マーシャル援助計画 87
マーシャルプラン援助 74
マーストリヒト条約 225、261
マクダネル・ダグラス 199
南アフリカ関税同盟 266、273
ミニラテラリズム 185、186
ミルズ法案 134、159
ミレニアム・チャレンジ・アカウント（ＭＣＡ） 260、266、267
民間企業投資 50、85、86
民間固定投資 82、87、92、97
民間投資 50、80、81、83、85、86、178
民間輸出基金公社（ＰＥＦＣＯ） 150、163、251
民間輸出金融株式会社（ＰＥＦＣＯ） 202
無差別最恵国待遇原則 136
無差別多角的貿易体制 103、135
無条件最恵国原則 18、139
メキシコ政府 71、113、236
免責条項 104、105、120、140、143、205、206
モーゲッジ信用保証 86

（ヤ行）
輸出自主規制（ＶＥＲ） 159、160、165、187、227、231
輸出自主規制措置 215
輸出信用アベイラビリティ 146
輸出信用保険 147、148、151、251
輸出信用保証 144
輸出促進金融法 39、150、192
輸出促進信用計画 156
輸出促進政策 145、197、215
輸出促進戦略 168、197、245

反ダンピング法　136、187、231、246、250
非関税障壁　141、143、144、158、159、164、206、224、234、254、265
非政府組織（ＮＧＯ）　272
ピノチェト政権　146
ひも付援助信用　192
ファスト・トラック（迅速一括審議）　226、265
ファスト・トラック権限　265
ファンダメンタルズ　177、178、207
フーバー政権　17、182、187
フォードニィー＝マッカンバー関税法　17
武器貸与法　43、46、47、56、59～61、69、71、73、106、108、112、121
双子の赤字　192、221
復興金融公社（ＲＦＣ）　21、27、30、31、44、46、66
復興金融公社修正法　21
ブッシュ政権　4、258～260、262～264、266～268、272～278、280、288、289
ブッシュ（Ｈ・Ｗ・）政権　212
部門別構造協議　240
プラザ合意　167、169、175、177、178、180
ブラジル銀行　33
ブレトンウッズ協定　68、135
ブレトンウッズ体制　78、101、168
プロジェクト貸付金　148
プロセス保護のための特許法　187
紛争処理委員会（パネル）　232、268、269
紛争処理機構　229、231～233、269
紛争処理協定　232、233
米加自由貿易協定　234、260
平均関税率　226
米国通商代表（ＵＳＴＲ）　183、225、242
米国通商代表部（ＵＳＴＲ）　186、246、257
米州開発銀行（ＩＤＢ）　145
米州自由貿易圏（ＦＴＡＡ）　258、260
米州自由貿易地域（ＦＴＡＡ）　225、261、267、273
米中合同商業通商委員会（ＪＣＣＴ）　259、280、288
米中戦略・経済対話（Ｓ＆ＥＤ）　259、280、288
米連邦航空局（ＦＡＡ）　199
ペリル・ポイント　103～105、205
変動相場制　132、150、168
貿易協定機構（ＯＴＣ）　135
貿易収支　3、11、12、25、27、37、56、59、69、108～110、122、125、127、128、132、134、167～169、172、174、175、197、212、214、215、218、220、242、277、278、283、284
貿易収支赤字　123、132、142、169、174、175、177、192、212、214、215、220、221、225、241、245、261、277、278、280、283～285
貿易収支赤字拡大　175、177、178、218、220、259、278、283
貿易自由主義　78
貿易創造効果　236

電気通信機器　145、196、197
ドイツ穀物商事会社　34
東京ラウンド　143、144、186、206、
230
投資優遇税制　177
ドーハ・ラウンド　270、271
ドーハ開発アジェンダ（ＤＤＡ）　270
特定三〇一条　186、188
特許権　230
特恵関税　101〜103、120、135
ドミノ効果　234
トルーマン政権　95
ドル為替相場　150、175、177、179、
180
ドル信認　123、134
ドル高是正　167、177、178、180
ドルの金交換が停止　124
ドルの金交換性　134
ドルの金停止　158

（ナ行）
内国民待遇　229、230、236、244
ニクソン政権の新経済政策　132
ニクソン声明　123、132、133
二国間自由貿易協定（ＦＴＡ）　４、５、
258、260、263、265、267、268、
270、272〜276
二国間自由貿易交渉　260
二国間主義　213、224、226、226、238、
261、264
二〇カ国委員会　132
二〇〇二年通商法　258、265、266、
270
日米構造協議（ＳＩＩ）　238、262
日米構造問題協議　240
日米繊維紛争　160、165
日米包括協議　240
日米包括経済協議　238、2404、262
日本異質論　239、241
ニューディール　12、18〜21、23、29、
39、44、51、74
ニューディール期　45、47、48、51
ニューディール経済政策　73
ネガティブ・コンセンサス方式　233
農業信用法　21
農業調整庁　23、24
農業調整法（ＡＡＡ）　20、21、23
農業調整法による作付制限計画　23
農産物加工税　23
農産物高価格維持政策　154

（ハ行）
バーク＝ハートケ法案　134、142、159、
206
バイ・アメリカン条項　269、276
バイ・アメリカン法　245
パイス関税　17
ハイチ政府　32
八七年貿易・国際経済政策改革法　182
八七年包括貿易法案　182
八八年包括通商・競争力法　209、244、
256
「八四年通商関税法」三〇四条　182
パックス・アメリカーナ　11、12、39、
182
パナマ運河条約　146
パフォーマンスの計測　235
反ダンピング　231

（タ行）

ターン・キィ・プラント　148
第一次ルーズベルト政権　20
第一輸出入銀行　20、24、25、29
対外信用規制計画　128
対外不正慣行法　244
大規模多角間貿易交渉　141
大西洋憲章　102、135
大統領経済諮問委員会　95
大統領製造業評議会　282
タイド援助資本プロジェクト基金　252
対日包括経済協議　226
第二輸出入銀行　20、25、27
対米輸出自主規制　143
ダウ＝ジョーンズ産業平均　42
ダウ＝ジョーンズ指数　13
多角主義　185、215
多角的自由化交渉　270
多角的相互主義　29
多角的貿易機構（ＭＴＯ）　232
多角的貿易交渉（ＭＴＮ）　158、184、185、207、226
多国間交渉　249、260、267
多国間主義　213、224、225、261、264、269
多国籍企業　143、206、237、258、263
たすきがけ報復　233
多品目繊維協定　160
単一（一方的）、あるいは大規模チケット品目　147
短期取り決め（ＳＴＡ）　159
ダンケル・テキスト　226、232
ダンピング提訴　160
ダンピング防止法　143、206
地域主義　185、187、213、223、224、226、233、234、261、264、268、274
地域主義イニシアティブ　263
地域別貿易　280
知的所有権　187、224、230、233〜236、261、269、273
中国銀行　32
中国政府　32、33
中米自由貿易協定（ＣＡＦＴＡ）　274
中立性の問題　67
中立法　45、46、66
長期スタンド・クレジット枠　156
長期取り決め（ＬＴＭ）　159
調整援助　143
調整援助条項　140
朝鮮戦争　84、91〜94、96
直接貸付　68、114、116、144、190
直接貸付計画　147、153
直接輸出信用保証　146
著作権　230、236
貯蓄・投資のギャップ　221、259、283
貯蓄・投資バランス　178
貯蓄性向　84
チリ開発公社　71、112
通商イニシアティブ　238、239、262
通商関税法　182〜184、207、208、225、242、243
通商交渉特別代表部（ＳＴＲ、ＵＳＴＲ）　140、141、162
通商促進調整委員会　235
テネシー河域開発公社（ＴＶＡ）　21
デュアル・トラック・アプローチ　280

ジョンソン法　66、106
新自由貿易主義　182
新通商政策　167、181、182、215、242、245
人民元　276、277
信用保証　32、116、202、204
数値目標　213、224、238、241、261
スーパー三〇一条　186、188、213、224、225、239、244、246〜249、261
数量制限措置　231
スペイン専売公社　31
スミソニアン合意　132
生産管理局（ＰＭ）　47
政治的リスク　151
政府支出　80、81、86、87、89、90、92、94、95、100、178
セーフガード　105、136、143、186、202、205、231、269
世界銀行（ＩＢＲＤ）　145、146、197、232、269
世界貿易機関（ＷＴＯ）　213、224、225、229〜233、260、261、264、267〜270、272、273、280
世界貿易機構（ＷＴＯ）　227
一九九七年輸出入銀行再権限法　251、252
一九九二年輸出拡大法　251、252
一九九四年輸出管理・拡大法　252
一九三五年の中立法　45
一九三三年銀行法　21
一九三四年互恵通商協定法　102、139、184
一九三四年相互貿易法　29
「一九七四年通商改革法」三〇一条　181、225、242
一九二九年緊急法　25
一九八八年貿易法案　185
一九八八年包括通商・競争力法　187、188、213、241、243、244、246、247、249、253、265、266
一九四九年輸出管理法　252、253
一九四五年輸出入銀行法　40、68、73、144
一九四八年経済協力法　74
一九四六年雇用法　95、96
一九六二年通商拡大法　136、138、141、184、244
全国産業復興法（ＮＩＲＡ）20〜24、73
全国職業紹介法　21
全国貿易評議会（ＮＦＴＣ）26、28
戦争経済局　68
戦争資源委員会（ＷＲＢ）　46
全米商工会議所　276
全米製造業者協会　237
全米投資貿易連合　237
戦略的貿易政策　245
相互援助協定　121、135
相互援助法　69、108
相互関税撤廃　227
相殺関税（ＣＶＤ）　183、184、207、215、231、259、280
相殺関税法　136、145、206、246
相殺関税法の改正　187、244
双務主義　29
双務貿易協定　29、183、242

個人消費支出　50、80、82、84、85、87、92
個人所得　48、89、91、94、99
国家安全保障条項　141
国家安全保障戦略　268
国家経済会議（ＮＥＣ）　213、224、260
国家産業復興法（ＮＩＲＡ）　20
国家輸出戦略　235、248、250〜252、261
固定為替相場制　132
固定相場制　132、134、150、168
雇用拡大効果　237
コロンビア地区法　40、73、160
コンセンサス方式　233

（サ行）
サービス貿易一般協定（ＧＡＴＳ）　228、229、273
最恵国待遇（ＭＦＮ）　29、139、160、229、230
歳入法　53
サウジ・アラビア王国　71、113
サブプライム問題　269、275
産業復興庁（ＮＲＡ）　22
三九年改訂中立法　45
三二年八月のオタワ協定　17
三〇年ホーレイ＝スムート法　17
シアトル閣僚会議　271、272、274、287
自主規制協定（ＶＲＡ）　159、160
自主規制計画　128
市場重視型個別協議（ＭＯＳＳ）　186
市場の失敗　189
市場分野別協議（ＭＯＳＳ）　238、262
持続可能性　259、277、285、286
失業救済法　21
実効為替相場　169、214、242
実質実効為替レート　212、213、220、221、284
自動安定装置　100、118
資本移動の持続可能性　259、285
資本財貿易　174
資本収支対策　128
諮問委員会（ＮＡＣ）　107、204
自由・公正貿易　181、215、225、242
住宅所有者貸付法　21
自由貿易　18、29、135、139、142〜144、182、207、215、225、242〜244、261、268〜270、275
自由貿易協定（ＦＴＡ）　4、5、233、237、238、258、260、263、265、267、268、270、272〜276
自由貿易主義　154、158、167、184、213、245、258、263、267、268、282
自由貿易地域方式　234、236
受託者理事会　27
一〇カ国蔵相会議　132
商業用航空機　196、197、210
商業用ジェット航空機　202
商業用ジャンボジェット機　145
商工会議所　276
消費性向　84、85
商品信用公社（ＣＣＣ）　24、156
食肉輸入制限法　155
ジョンソン債務不履行法　45
ジョンソン政権　141

経済開発　107、162
経済協力開発機構（ＯＥＣＤ）　145、197、222
経済ファンダメンタルズ　222
経済報告合同委員会　95、96
経常収支　４、142、169、178、218～220、222、223、277、278、284、285
経常収支赤字　３、178、179、207、212、214、215、218～220、242、259、277、278、283～286
ケインズ案　101
ケネディ＝ジョンソン政権　133
ケネディ・ラウンド　136、141、142、144、159、184
ケネディ政権　122、127、138、184
「現金払自国船」方式　45
原子力委員会（ＡＥＣ）　199、200、202、204
原子力規制委員会（ＮＲＣ）　202
原子力発電所　145、197
原子力プラント　168、196、197、201、202、204
原子炉システム　201
交易条件　213、222
公共事業庁　22
航空宇宙局（ＮＡＳＡ）　199
航空宇宙産業　197、204
鉱工業生産指数　79、80、89、91、92
工場閉鎖条項　243
公正貿易　154、181、187、215、225、242、243、245、275
公正貿易主義　213、245
公正貿易論　167
高率保護関税政策　139
コード　230
五カ国蔵相中央銀行総裁　177、178、180
国際開発局（ＡＩＤ）　192、204
国際収支問題　122、127、128
国際繊維協定（ＭＦＡ）　160、228、255
国際調達（アウトソーシング）　282
国際通貨基金（ＩＭＦ）　61、65、101、108、119、124、130、132、134、145、168、181、232、269
国際通貨基金協定　65
国際復興開発銀行（ＩＢＲＤ）　65、68、71、101、107、108、112、119
国際復興開発銀行協定　65
国際貿易委員会（ＩＴＣ）　183
国際貿易機関（ＩＴＯ）　232、269
国際貿易機構（ＩＴＯ）　135
国際貿易機構憲章　101、102
国際流動性　26、110、124、134
国際流動性不足　134
国内投資　85、86、218、284
国法銀行　31
国防生産法　209
国防総省（ＤＯＤ）　199
穀物貸付金　86
国連救済復興機関（ＵＮＲＲＡ）　60
互恵通商協定　18、19
互恵通商協定法　18、19、100～105、136、139、140、184、205
互恵通商協定法の目的　19
互恵貿易協定　33
個人消費　85、86、92、97、99

外国の貿易障壁に関する国家貿易評価報告書　247
外国貿易銀行協会　150
外国貿易金融会社　25、26
外国貿易投資法案　142、206
開発途上国ＯＤＡ　258、263、267、272
価格管理局（ＯＰＡ）　47
合衆国原子力エネルギー法　201、202
合衆国国防増進法　121
合衆国輸出入銀行　5、39、76、123、160、167、251、289、291
仮売買約定書　148
カリブ海援助構想（ＣＢＩ）　260
為替政策　167、168、175、177、277、285、290
為替調整メカニズム　223
為替リスク　151、285
カンクン閣僚会議　271
関税委員会　17、103～105、140
関税および貿易に関する一般協定（ＧＡＴＴ）　78、101、102、104、135、136、141、158～160、164、167、168、185、190、192、206、215、224、226～230、232、233、244、247、249、254、263、268、269
関税譲許　102、140、141、143
関税譲許表　136
関税同盟方式　234
関税法　25、205
環太平洋経済連携協定（ＴＰＰ）　3～5、276
管理貿易　185、213、224、238、241、261
キーン法案　104
機会費用　190
企業設立権　236
危険点条項　140
キューバ政府　35
供給・優先度割当委員会（ＳＰＡＰ）　47
強制的価格統制方式　133
競争的自由化戦略　263
競争的自由主義　258、263、264、268
競争力強化政策　245、249
競争力政策　213、241、249
共通農業政策　154
京都議定書　275
金価格引上げ　132
緊急管理本部（ＯＥＭ）　46、47
緊急銀行法　21
緊急鉄道運送法　21
緊急農地抵当法　21、23
金交換請求　130、132
禁酒法修正法　21
金準備法　64
金とドルの交換　132、142
金の二重価格制　130、132
金の流出　130、134
金流出　122、124、142
クーパー法案　104
繰り延べ需要　82、84～87、96
クリントン政権　212、213、223、224、230、232、234～241、245、248～250、258～263、265、267、268、272、289
軍産複合体　52
経済援助　37、114、142、166

事項索引

（ア行）

アイゼンハワー政権　29、95、96、116
アメリカ銀行家協会（ＡＢＡ）　25、26、28、29
アメリカ国防推進法　46
アメリカ商業会議所　237、274
アメリカ通商代表部（ＵＳＴＲ）　140、183、186、188、225、242、246～248、263
アメリカ農業局連合　26
アメリカ輸出入業者協会　26
アメリカ労働連合　14
アラスカ石油輸出規制条項　243
アンチダンピング　141、269
アンチダンピング規約　141
アンチダンピング（ＡＤ）税　183、259、280
アンチダンピング法　141、269
アンデス特恵貿易法　265
一般協定　112、230
一般特恵関税法（ＧＳＰ）　183、265
一般特恵制度（ＧＳＰ）　182、242
一般納税法　53
糸と縄の取引　165
インフレーション　55、56、84、87、94、100、128、150、159、167、177、181、207
インフレーション抑制　133
ウール油　33
ウェスティングハウス　200、201、204
ウルグアイ・ラウンド　185、186、188、213、224～226、228、230、231、261、263、266
ウルグアイ・ラウンド協定　227、232、236、269
ウルグアイ・ラウンド交渉　224、227、228、230、231、261、268
エアバス　199
英米相互援助協定　102
エクソン・フロリオ条項　187
エスケープ・クローズ　142
エスケープ条項　105、120
延滞債務不履行　151
欧州共同体（ＥＥＣ）　138～140、142
欧州自由貿易連合（ＥＦＴＡ）　138
オープン・リージョナル　234
オタワ経済サミット　186
オバマ政権　4、275、276、288
オフ・バジェット　189
オン・バジェット　189

（カ行）

カーター政権　146
海外援助計画　86、87
海外信用保険協会（ＦＣＩＡ）　147、150～156、163、251、257
海外民間投資会社（ＯＰＩＣ）　150、163、251、252
外交政策　44、66、73、146、166
外国信用保険協会（ＦＣＩＡ）　123、144、145
外国の不公正貿易慣行　187、248

［著者略歴］
山城　秀市（やましろ・ひでいち）
1945年　沖縄県生まれ
1975年　日本大学大学院経済学研究科博士課程単位取得退学
1994年4月－1995年3月　ワシントン州立大学客員研究員
2000年　日本大学法学部教授
2004年7月－2005年3月　ジョージ・ワシントン大学（Washington DC）客員教授

［主要著書］
『経済学の基礎理論』（共著、高文堂出版社、1987年）
ハロルド・M・グローブス著『租税思想史』（共訳、駿河台出版社、1984年）
山上徹・堀野正人編著『ホスピタリティ・観光事典』（共著、白桃書房、2001年）
『アメリカの政策金融システム』（単著、国際書院、2007年）

アメリカの貿易政策と合衆国輸出入銀行
日本大学法学部叢書第34巻

2012年5月7日 第1版第1刷　定　価＝3600円＋税
著　者　山　城　秀　市 ©
発行人　相　良　景　行
発行所　(有)　時　潮　社
174-0063 東京都板橋区前野町 4-62-15
電 話 (03) 5915-9046
FAX (03) 5970-4030
郵便振替　00190-7-741179　時潮社
URL http://www.jichosha.jp
E-mail kikaku@jichosha.jp
印刷・相良整版印刷　製本・仲佐製本

乱丁本・落丁本はお取り替えします。
ISBN978-4-7888-0673-3